国际学术论丛 第13辑

差异

Difference

主编 金惠敏

四川大学出版社
SICHUAN UNIVERSITY PRESS

图书在版编目（CIP）数据

差异．第13辑 / 金惠敏主编．— 成都 ：四川大学出版社，2023.10

ISBN 978-7-5690-6393-6

Ⅰ．①差… Ⅱ．①金… Ⅲ．①社会科学—丛刊 Ⅳ．①C55

中国国家版本馆CIP数据核字（2023）第197634号

书　　名：差异 第13辑
　　　　　Chayi Di-shisan Ji
主　　编：金惠敏

选题策划：陈　蓉
责任编辑：陈　蓉
责任校对：刘一畅
装帧设计：墨创文化
责任印制：王　炜

出版发行：四川大学出版社有限责任公司
　　　　　地址：成都市一环路南一段24号（610065）
　　　　　电话：（028）85408311（发行部）、85400276（总编室）
　　　　　电子邮箱：scupress@vip.163.com
　　　　　网址：https://press.scu.edu.cn
印前制作：四川胜翔数码印务设计有限公司
印刷装订：成都市新都华兴印务有限公司

成品尺寸：170mm×240mm
印　　张：16.5
字　　数：260千字

版　　次：2023年11月 第1版
印　　次：2023年11月 第1次印刷
定　　价：68.00元

扫码获取数字资源

四川大学出版社
微信公众号

编委会

编辑部投稿信箱：

scdx-cy@163. com

目　录

与经典同行

格言与思想之别

尚　杰①

摘　要： 格言在近乎幽默甚至玩笑的姿势中显露思想，而当人们提到思想的时候，往往指的只是表达了什么含义，却忽视了如何表达。一切格言都是精炼的思想，而一切思想未必都以格言的形式表达。人们更能记住格言，而不是思想。思想往往以文章和著作的形式发表于现在，它是论证性的，而格言存在于各类文体的作品中。格言也是思想性的，但格言属于无需论证的雄辩，它是片断的，掺杂着感性，并因其深刻而感性的哲理，流传于后世。

关键词： 思想；格言；感性；哲理；表达

一

一切格言都是精炼的思想，而一切思想未必都以格言的形式表达。人们更能记住格言，而不是思想。叔本华晚年才出名，因为他早年的作品思想成分过重，比如《作为意志和表象的世界》第一篇题目："世界作为表象初论：服从充分根据律的表象经验和科学的客体"——呵呵，看了这样的题目，一个普通读者还有兴趣读下去吗？读这样题目的学术书，就像读圣

---

①　作者简介：尚杰，郑州大学哲学学院特聘教授，中国社会科学院哲学所研究员。

书一样，你得具有某种仪式感，要端正地坐着，不能躺着读。对于正经的书，躺着阅读是不尊敬的。人们喜欢舒舒服服地躺着读圣书是不可以的，不可以这样对待真理，因为躺着意味着消遣，躺着丧失了仪式感，是不正经的。

二

叔本华晚年写《人生的智慧》，并不是写给哲学同行看的，因此，他可以用任何姿势写，可以躺着写，可以写得不正经。他并没有事先想到自己在写格言，而是在随意些的时候，把句子写成了格言。格言与思想的区别在于，格言在近乎幽默甚至玩笑的姿势中显露真正的思想，而当人们提到思想的时候，往往指的只是表达了什么含义，而忽视了如何表达。

三

如何表达——以前人们往往将它归结为文学修辞，用了过多华丽的辞藻。这是不对的。如何表达，是属于精神个性或者精神气质的问题，是以本色出场的问题，而不是花里胡哨的问题。据说有一次曹操恶作剧，让贴身卫士穿上将军服假扮自己接待来宾，而自己穿上卫士的朴素服饰在一边站立。事后来宾私下对同僚说道："我看这个将军不像我心目中的曹操，倒是他旁边那个小卒有曹操相"——这就对了啊，就像读了几十年书的白面书生，穿上农民的衣服下地劳动，当地农民一眼就能看出此人不是自己人。格言也是这样，让句子本色出场就可以了，诚实，不要故意拽，不要用一些空洞晦涩的概念吓唬人（注释：有些思想骗子就是这样骗人的，而我们的读者们往往都心怀善意，以为遇到难懂的句子，一定是因为自己水平低，而专家的水平高，结果就上当了）。

四

格言能流传下来，是因为格言有深刻的思想，又容易记住。注意啊——不是故意记住的。记得我上大学的时候，考《国际共运史》，考卷问“列宁是在什么地方写出他的《国家与革命》一书的？”你别笑，真是这样考的。标准答案是在欧洲某城市郊区的一个小草棚里。这事我现在还能记住，是因为它实在是太特别了，属于例外，既不属于思想，也不属于格言。知识性的东西通常都需要特别痛苦地死记硬背，而且考试过后，很快就忘记了。为什么呢？一是因为不理解，二是因为即使能理解，也没兴趣去理解。换句话说，一句话首先要说得有趣，而且有趣中一定要带着思想，言简意赅，这样读者没有特意记也会记住。在思想史上，真正的思想家往往也是写作高手，其中的关键思想，往往以格言的形式流传下来。

五

我以下引用的，无论是来自叔本华，还是来自他的引用，都属于思想格言。

例如：“亚里士多德在《尼各马可伦理学》里不经意说过一句话：‘理性的人寻求的不是快乐，而只是没有痛苦。’”① 但我读哲学史的书时，发现也有作者说这句话来自伊壁鸠鲁，一个聪明的思想者，就不要追究这句话究竟是谁说的了，因为谁说的，其实并不重要，重要的是说得有道理，就像钱锺书对那些慕名想来拜访他的人说，鸡蛋好吃，就吃鸡蛋好了，不一定非得看到下蛋的母鸡。有一个极坏的坏蛋（在将近 100 年前发动“啤酒馆政变”的那个坏蛋）却说过一句很有哲理的话：“战争就像打开了一个暗室，里面藏着什么，你永远都不会知道。”

六

伊壁鸠鲁类似的说法是：“幸福在于灵魂没有纠纷。”换句话说，人们在很多情况下，其实都是自寻烦恼，而不知道健康本身就是快乐的第一源

① 参见叔本华：《附录和补遗》第 1 卷，上海：上海人民出版社，2019 年，第 437 页。以下凡引自该书，只标出页码。

泉。比如，我今天为什么要写这篇文章呢？说来读者可能不相信，是因为我已经连着多天皮肤出奇发痒，这就是我现在的痛苦所在，它沉甸甸地压在我身上，我想摆脱这种苦痛，于是现在写文章，随便写，只要尽兴就可以，关键在于写得高兴的时候我会忘记皮肤发痒，因为一心不能二用，当我精力特别集中的时候，我只对笔下字句的意思感兴趣。我现在写叔本华，暂时处于忘我状态。让我用萨特式的句式表达：我需要叔本华是为了不感觉我的存在，而叔本华现在需要的是向我显现他的存在，他现在占据了我的思想生命，为的是体现他的生命，我不再感觉我的存在，我不再存在于我身上，而是存在于他身上。我现在的紧张、放松、兴奋都来自他，他就是我敲键盘的意义，而他古怪的相貌，会从我敲键盘的姿势中冷不防地冒出来，总之他使我暂时摆脱了我自己。我现在必须不停地写，只要写，写得好坏是次要的，因为只要维持写作的状态，我就忘记了皮肤发痒；而当我长舒一口气，写完了这篇东西，痒就会回来。

七

于是，我抄写有趣的格言：

> 狗对狗来说，当然才是漂亮的生物，牛对牛也是这样，猪对猪，驴子对驴子，莫不如此。（第459页）
>
> 向一个愚人说故事，就像跟一个睡着觉的人说话一样。故事讲完了，他会问，你说的是什么？（第459页）

换成汉语成语，就简单多了：对牛弹琴。

> 一只猴子照镜子的时候，镜中不会出现福音圣徒。（第460页）
>
> 给人以教益的作品比起供人们娱乐消遣的作品更难获取名声。通过哲学著作以获取名声是最困难的，因为这些著作一来给人们的教益并不确定，二来也没有物质上的用处。（第462页）
>
> 名声总是逃离追逐它的人，但却会尾随对它毫不在意的人，因为追逐名声的人只投合自己同时代人的口味，但不在意名声的人却抗拒这种口味。（第462页）

换句话说，你努力想获得什么目标，通常很难如愿，而当你只是诚实写出自己内心真实想法的时候，其实100年甚至1000年后的人，也是这样想的，因为根本的人性并不会随着时代的变化而发生根本变化，这样的写作思想者，反而获得了不朽。

有价值的不是名声，而是借以获得名声的东西。这是因为那能够获取名声的东西就好比是实在之物，而名声则只是一种偶然、意外而已。的确，名声首要是某种外在显示，名人以此证明了对自己的高度评价并没有错。（第463页）

例如英格丽·褒曼因扮演电影《卡萨布兰卡》女主角而一夜成名。

最虚荣的国家总把荣耀挂在嘴上，并毫不迟疑地把它视为激励人们做出伟大实事和创作出伟大著作的主要原动力。（第466页）

假如一个演奏名家知道，他的听众除了一两个以外，都是由聋子组成，而这些聋子为了互相掩藏自己的缺陷，每当看到那一两个人的双手有所动作就跟着热烈地鼓掌回应，那么，这个演奏名家还会为他的听众所给予的满堂掌声而高兴吗？甚至他还知道，那带头鼓掌的人经常被人行贿收买。（第467－468页）

以上除了最后一段话，叔本华说得都挺好。这段话他之所以说得不够好，在于书生气太足了，他低估了许多人的无耻程度，其实它是没有底线的。比如一个人自己表扬自己——这实在是小菜一碟。让叔本华想不到的是，比如我相信你不相信我说的话，对此我坚信不疑，而且我自己也不相信我说的话，我对此坚信不疑。但是你不敢不来听我说话，我要的就是这个效果。换句话说，你得配合我演戏，而导演永远都是我。懂不懂？服不服？

八

通常符合礼仪的口吻，是谦虚的，比如自称“鄙人”，称自己的著作是“拙著”，还有“虚心使人进步，骄傲使人落后”——被我们视为人生座右铭。但是，叔本华说“谦虚是美德——这句话是蠢人的一项聪明的发明：

因为根据这一说法每个人都要把自己说成像一个傻瓜似的，这就巧妙地把所有人都拉到同一个水平线上……似乎除了傻瓜之外，再没有别样的人了”（第417页）。他认为一个自信的人应该持骄傲态度，并且要区分骄傲与虚荣。骄傲是发自内在的，骄傲使人沉默。骄傲通常会被人攻击，而这些攻击者只是由于自己没有值得骄傲的。骄傲就是肯定且不要忘记自己的优点，这会使我们与别人打交道时保持自信。而虚荣往往与自卑有关，虚荣就是想得到别人的赞扬。与骄傲不同，骄傲是直接的自我敬重，而虚荣则是从外在间接获得自我敬重（应该指出，虚荣心几乎人人都有）。虚荣使人健谈，夸耀自己，在这方面当今许多人近乎无耻，人在自卑求赞美时智商极低，并且容易上当，进而误判自己（参见小学语文课本中《狐狸与乌鸦》一文："乌鸦太太，您唱歌真好听"，乌鸦一张嘴，肉掉了，狐狸大喜）。虚荣心是从别人对自己的肯定中获取自信，但千万不能将自信完全寄托在这肯定中，因为别人赞美你时会出于各种各样的动机。"别人的意见一般都不是悦耳动听的，谁要是听到别人背后说他的话，还有说话的那种语气，几乎每个人都会非常气愤。"（第415页）不依赖他人的评价，便不会生这样的气。总之，骄傲的人生是积极乐观的，而虚荣却可能带来不幸。

九

一个人说了什么，与所说的话的实际效果，是两码事，既然无法决定自己的话在别人那里的效果，索性就不必考虑人家爱听不爱听，守住自己的真心话就可以了。叔本华的思想既然是从他自己身体中生发出来的，就适合他自己的性格而不一定适合别人，但又由于他头脑出众，就道出了某种偏执的真理。比如，"要么庸俗，要么孤独"（出于此书中《人生的智慧》，第381页），原话是："一个人对与人交往的热衷程度，与他贫乏的思想和总体的平庸成正比，人们在这个世界上要么选择独处，要么选择庸俗。"这话可能并非真理，但它符合叔本华性格，尤其符合"心理学"，即人们都有清静之渴望，又自视甚高，觉得平庸的是别人而非自己。他这句话的哲理，就相当于说"人之间的真心理解是不可能的"，这句话反而比"我们应该真心实意地交流"更有效果。他特别善于做思想比喻，这一点不同于诗意，他不说“羞花闭月”，而说“美貌是天然的推荐信”。

十

意愿（梦、热情、渴望、冲动、厌倦、爱、嫉妒、自寻烦恼、沉浸……），我们不知道它们的真正原因，但它们决定了我们生活的真正质量，当我们给出一个原因时，我们用错了器官，因为我们用的是大脑或智力。但用脑子想与用心想，是不一样的。脑子是计算式的目标思维（遵循因果律），而对于内心现象来说，因果律不起作用：“智力只是很肤浅的能力，只涉及事情的外表，永远不会涉及内在”——内在就像藏有丰富珍宝的储藏室，里面有魔力，不由自主的本能，但是当今世界，我们处于一个祛魅的时代，太算计了，只有脑子没有心，因此人活得并不幸福。

十一

只有一句话的小说：“当我清晨从梦中醒来，恐龙还在那里。”此刻我处于梦与醒之间，几秒钟后才完全清醒，但马上会觉得最好还在梦里（无论是美梦还是受到惊吓的梦，人们其实是喜欢在梦里的，而且做梦的期间，睡眠质量好，表明自己真是睡着了）。人类关于鬼魂的念头很可能与人们无法解释梦境有关。即使平庸的人在梦中也是有才华的：“每一个人在睡梦之时都是莎士比亚。”人们羡慕梦境，因为能实现清醒时刻所不能实现的。在用语中，会说“你这是白日做梦”，意味着痴心妄想。人在清醒时刻的任何高超的想象力都无法与梦境相媲美，因为前者来自自觉或者自为，而后者来自潜藏的无意识本能。人工智能很难模仿梦境，梦只能一个人做，两个关系非常好的人，也无法在睡前商量好了在入睡后做一样的梦。超现实主义绘画属于“白日梦”。

十二

叔本华这本书阐述的原则，在他的代表作《作为意志和表象的世界》

中都有了，而且后者更严谨，却乏人问津。这本《附录和补遗》最终使他出名，和当时欧洲人的思想情绪有关，人们厌倦了烦琐刻板的哲学。《附录和补遗》成功之处，在于返回日常生活，语言朴素之美，深刻思想与胡言乱语混杂，幽默与玩笑混杂。这些使读者在消遣思想的过程中，情绪得以释放，以至于忘记了世俗生活中的烦恼。叔本华有时故意说疯话，比如："他们甚至宣告举行'哲学家聚会'，这个表达自相矛盾，因为哲学家极少是两个同时在这世上，两个以上几乎是从来都没有过的事情。"但即使这样，读者还是喜欢阅读，这里肯定有心理问题，此书切中了那个时代人们的情绪。但不是一时的情绪，叔本华的本事在于，他的《人生的智慧》之类著作，当下仍然是长销的畅销书，在亚马逊人文类书籍销售排行榜上，常年稳居前20名。

十三

叔本华与康德有一个重大区别，康德几乎完全靠超强的智力天赋，其哲学是精雕细琢的智力精品，而叔本华的哲学却好像是从他身体里自发长出来的，身体=梗，梗生出野枝条野草，其中的智慧与情绪混杂一起，这使他极其擅长思想比喻（尼采和萨特都欠他的情）。思想毒舌头。比如，他认为真正的哲学家凤毛麟角：

> 现在的哲学家像蘑菇一样遍地涌现。

他这样说"哲学家"之间互相吹捧：

> 没有什么比两头驴子相互搔痒的时候更显得充满尊严。

而看这场滑稽戏的观众痛苦不堪：

> 因为听声音嘶哑者唱歌，看瘸子跳舞，都是痛苦的事情。
>
> 为了掩饰自己缺乏真正的思想，这些人用冗长的词语，挤成一堆大块头，还有那相当复杂的空洞句子，一眼看不到尾巴的套话——所有这些就构成了一套极难明白，但听上去显得特有学问的行话和术语（可简称"学术黑话"——引注）。他们用这些话说啊说啊，到头来却

等于什么都没说，因为我们没有获得任何思想。就像阿拉伯谚语说的：磨坊吱吱嘎嘎的声音我是听到了，但就是没有面粉出来。

总之，叔本华认为真理的语言朴实无华，而无思想的诡辩家用空洞晦涩的词语掩饰自己的无知，其实他们也没明白自己在说什么。

十四

叔本华单身无妻女，又有钱无需课题项目报销，因此无累赘敢言，例如“一个真正的哲学家同时又是大学教师，是绝无仅有的事情”（但马上补充一句“康德是一个例外”，即啥事都有例外）。因为哲学教师是政府养活的，“政府不会出钱养活跟自己唱反调的人”。“只要教会存在（教会的职责是统一思想），那大学教授的哲学就永远只能是在全面细致考虑和顾及国家的宗教以后才编写出来的……把国家的宗教的内容裹以抽象字眼并因此弄得乏味，然后罗列起来，这就是所谓的哲学了。”为什么呢，因为教授要养家糊口。

十五

叔本华毫不自谦，冷嘲热讽，时不时对读者说，关于这个问题嘛，你们不明白的话，请再看我某本书第某页。他还记仇，由于选择与黑格尔在同一时间在柏林大学上哲学课而被羞辱（选上黑格尔课的有好几百学生，选叔本华课的只有几个学生。黑格尔对这个不知名的晚辈比较大度，投票同意叔本华继续在该所大学任教），于是他只要有机会就骂黑格尔是江湖骗子，说你那个“绝对”是神啊？神养活了讲坛教授啊！神与世界的关系就是永远的课题啊！政府愿意为你的哲学付钱啊！“神的存在没什么证据，也不需要证据，因为这是不言自明的事情，我们对此根本就不需要怀疑。”这套书两卷，1000多页，首次中译本，使63岁的叔本华在中国暴得大名，他72岁逝世，留下名言：一个人旅行了一整天，到了傍晚，终于到了目的地（大意）。那些准备购买叔本华《人生的智慧》的朋友，该文也收录在《附录和补遗》中，我建议买后者，因为后者有更多的哲学。

读列维纳斯《总体与无限》之“结语”笔记①

邱晓林②

摘　要： 列维纳斯的《总体与无限》堪称晦涩难解，但从全书之核心观念尽在其中的“结语”读起或是一个理解的“捷径”。本文以逐段释读的方式，聚焦于总体性、辩证法、主体性、复多性、外在性、普遍性以及自由、善良等核心概念的理解和阐释，以期对列氏形而上学的内涵及其伦理学诉求作管中窥豹的揭示。一言以蔽之，列氏哲学表达了一种无限的他者欲望，即所谓形而上学的欲望，其根本意图则在于走出人与人之间的暴力宰制，并由此建立自由、多元而和平的社会关系。

关键词：《总体与无限》；总体性；外在性；自由；善良

---

① 本文是我已出版的著作《形而上学的欲望——列维纳斯〈总体与无限〉笔记》中的一部分。写作这样一部“笔记”性质的著作，源于我阅读列氏著作及相关研究的困惑，即相关研究的论述似乎并不难解，但一旦落实到列氏本人的著作，阅读常常就举步维艰，我遂有了对列氏著述本身进行逐段（乃至逐句）爬梳和理解的冲动，而这部笔记就是这一冲动所产生的最终结果。出于种种原因，这个最终成形的东西必然是难尽如人意的，这也就是我称其为“笔记”的缘故。事实上，这样一种生吃硬读，几乎毫不参考相关研究的做法，真的就只是一个“笔记”，离真正的研究还非常遥远。不过我也想借此表达一个观念，即思想的魅力或不在于结论而在于过程，而且再伟大的思想，其主要意义似乎也只是一场头脑风暴，指望用它去改变世界，效果往往适得其反。

② 作者简介：四川大学文学与新闻学院教授、博士生导师。近作有《向上抑或向下：现代性思想及文艺论稿》《形而上学的欲望——列维纳斯〈总体与无限〉笔记》（成都：四川大学出版社，2021 年、2023 年）等。

从某种意义上讲，本书可以从这个结语读起。当然，我也不很确定这种读法是否妥当，我的意思主要是说，这个结语堪称全书核心观念的浓缩，几乎一切关键性的表达都在其中了。

一、从相似到同一

这里是要强调本书价值理念上对形式逻辑和黑格尔辩证法的拒绝。本书的核心是探讨一种伦理学意义上的社会关系，这种社会关系不能被还原为心理学意义上的社会关系，后者表现为“以决定性的方式反映在形式逻辑内的基本范畴”。列氏以存在逻辑对抗形式逻辑。以存在逻辑看，“一个概念在它达到它的个体化时（所获得）的规定并不是由于加入了某种最终的种差而产生，即使这种最终的种差来自质料。如此这般地在最后的种中获得的个体性就会无法辨别”①。也就是说，个体化不可能在类似种差这样的形式逻辑中获得其规定。黑格尔的辩证法也与这样的个体化相对，它通过诉诸外部确定将个体还原为概念，但对于列氏来说，“个体的同一性既不在于与它自身相似，也不在于让它自己由指示它的手指从外部确定，而在于成为同一（le même）——在于成为自身本身，在于从内部自我认同”。但传统形而上学通过观看的形式逻辑将“这一个”组织到总体之中。相反，在列氏的形而上学这里，“社会关系是这样一种关系（Relation）的原初展开：它不再将自身交给会吞没其对象的观看，而是在面对面（face à face）中以从自我到他者的方式获得实现”（第 281 页）。

二、存在是外在性

“存在是外在性”，言简意赅。“外在性于是不再会有任何意谓，因为它会把那为（外在性）这种称呼进行辩护的内在性本身包含进来。”“不再会

① ［法］伊曼纽尔·列维纳斯：《总体与无限：论外在性》，朱刚译，北京：北京大学出版社，2016 年，第 280 页。以下凡引该书只在文中标注页码，页码相同处承前省略。

有任何意谓”是关键表达。其义是说，外在性不是与内在性相对而言的，否则又会成为它的相关项而被内在化。所以列氏说：“如果我们肯定一个不能溶解在客观性中的主体、一个外在性会与之对立的主体，那么外在性也并不会因此得到维持。（因为）这样外在性就会具有一种相对的意义，就如大相对于小一般。”在此意义上，必须避免一种全景视角，因为全景视角会将一切都转化为整体中的部分，而所谓外在性也就不复存在了。

列氏用“面对面”来取代“侧视”以说明外在性。外在性不为侧视所见，因为只要是被侧视之物，终归会与侧视者一起被纳入某个统觉总体，但面对面与侧视不同，“面对面从一个点出发建立自身，这个点与外在性分离得如此彻底，以至于它凭其自身维持自己，这便是自我”（第282页）。也就是说，在面对面的关系中，自我不是参照外在性定位自身的，它与外在性彻底分离，唯有如此，它才可能与外在面对面。列氏说：“人的真正本质呈现在他的面容中；在其面容内，人无限地有别于暴力，有别于那种与我的暴力相似的暴力，那种与我的暴力针锋相对的暴力，那种已经在一个历史世界——我们于其中分有同一体系——中与我的暴力相搏斗的暴力。”这段表述的关键词毫无疑问就是“暴力”二字，要深刻领会列氏在这里使用这个词语的用心所在。可以说，这涉及全书的写作意图，即反传统形而上学的同一性专制，反主客体辩证法，提出追逐无限的形而上学欲望，根本意图就是要避免人与人之间的暴力关系。为什么同一性的专制与暴力相关？其实很简单，同一性专制的统治逻辑就是消除异己，消解他异性，而他者又必然反抗，这就必然导致暴力冲突，即一种暴力和另一种暴力之间的冲突。这种暴力就来自一种“侧视”，或者说一种横向观看，即对可能危及自身同一者的警惕性观看，企图统治、支配乃至消灭他者的观看。对此，列氏主张以一种面对面的方式使其变形，以达成“主体间性空间的弯曲（courbure）”。这是什么意思呢？“面容以其并不引起暴力的、且来自高处的呼唤制止和瘫痪我的暴力。”也就是说，它让侧视的观看变形，上升并失去暴力的冲击性。这就是所谓“主体间性空间的弯曲”的含义。

如上所述，“主体间性空间的弯曲”乃是存在真理实现自身的方式，这一弯曲决定了主体性对外在性之“完全反思”的不可能性，但“‘完全反思’的不可能性并非是由于主体性的缺陷”，相反，如果外在性被反思性规定为所谓“客观”，“恰恰会意味着形而上学真理的破灭，意味着在其本义上的至高真理的失落”。这里的关键是把“主体间性空间的弯曲”和暴力性的“视角”区分开来，前者以形而上学欲望的方式朝向外在性，而后者则将外在性显现为形象，把捉为与其同一之物。在两种方式之间，列氏当然倾向于“主体间性空间的弯曲”，并且认为只要存在“主体间性空间的弯曲”，暴力的任意性视角就必然遭到抛弃。

我们始终要牢记，在列氏这里，伦理学乃是第一哲学，所以与外在性相关的“主体间性空间的弯曲”最终还得落实为人与人关系的伦理学内涵：“‘空间的弯曲’表达着人类存在者之间的关系。他人位我之上……作为他人的人从外面来到我们这里，作为（与我们）分离者——或圣者（saint）——作为面容来到我们这里。他的外在性，即他对我的呼唤，就是他的真理。”这是关于外在性之伦理学内涵的极为清晰的阐释。社会的多元就建立在对这样的外在性的确认上。

三、有限与无限

对于总体化逻辑而言，外在性及与其相连的复多性乃无限或一之沉沦，是存在之脓肿或毒瘤，必须消灭之，化解之。“相反，形而上学、与外在性亦即至上性的关联却意味着：对于有限来说，有限与无限的关联并不在于有限被其所面对者吸纳，而是在于有限寓于其本己存在，自存于己，在此世行动。”（第 283 页）这个表达很关键，虽然同样的意思已经重复多遍，但值得再次提醒，即与无限的关系，其一端必为有限的分离的存在者自身，没有这一端，也就谈不上与无限的关系。所以列氏接着提醒道：“如果善良所具有的素朴幸福把我们与上帝混为一体，那么这种幸福就会颠倒它的意义并且会变质。”这是什么意思呢？关于善良的含义我们都清楚了，即走出自我，朝向他人，而朝向他人即是好客，或许这就是列氏所谓“素朴幸福”的含义。想想我们急不可耐地出门见朋友，或是备好一切等待朋友光临时的心境，对此或可意会。但在列氏看来这里埋藏着一种危险，即我们与朋友（作为他人即上帝）之间丧失距离，要求一种没有间隙的其乐融融，果真如此，那素朴的幸福就要变质了。理解了这层意思，我们便可以领会接下来的这番表述：“将存在理解为外在性——与存在的全景性生存、与外在性产生于其中的总体一刀两断——将让我们能够理解有限的意义，而无限中间的有限之限制也无须要求无限发生一种不可理喻的沉沦；有限性也无须是一种对无限的乡愁，一种思归之病。将存在确立为外在性，就是将无限领会为（有限）对它的欲望，进而认识到，无限的发生要求分离，要求产生自我或起源的绝对任意性。”

总之，分离所具有的限制的特征不能在缺陷的意义上被理解，也就是列氏所说在相对于“无限地多”之“少”的意义上被理解，其之所以被规定为分离，是为了保证无限之溢出。打一个不一定恰当的比方，这就像往装满水的杯子里继续倒水，水会溢出来一样。就社会关系而言，这种分离的限制所保证的是“所有相对于存在的盈余之溢出本身、所有善之溢出本身”，所以说“有限的否定性应该从这善出发获得理解”。这又是什么意思？其实很简单，即有限或分离的限制，是在承认他者即盈余的意义上而言的，而不是就有限或分离自身之不足，或被他者捆绑、威胁而言的。在这个意义上，社会关系不在于重建存在整体。“相对于一的至福而言，相对它的那种否定或吸收他者从而一无所遇的著名自由而言，分离所开辟的冒险绝对是闻所未闻的。一种超出于存在之外、超出于一的至福之外的善——就是它宣布了一种严格的创造概念，这种创造既不会是对一的否定和限制，也不会是从一中的流溢。外在性不是否定，而是优越。”（第284页）这里的“优越”一词，其实也是对上述“素朴幸福”之来源的一种解释。

四、创造

上一小节谈到超出存在之外的善，它宣布了一种严格的创造概念，这一节就专门来处理创造这个话题。

关于创造，我们最容易想到的可能就是创世神话，列氏首先谈到的就是神学的创世观。但很明显，这恰恰是他无法接受的一种创造观：“神学粗鲁地用存在论的语言来处理上帝与受造物之关系的观念。它预设了与存在相符的总体在逻辑上的优先性。”“粗鲁”一词表达了列氏对于神学创世观的不客气的评价，而第二句话则非常清楚地解释了原因。只要总体优先，超越就无从谈起，而创造也同样无从谈起："但超越恰恰拒绝总体，它与一种会从外部包含它的观点格格不入……超越者，就是那不会被包含者。"如此，传统神学的创世观应该这样被改写："上帝从他的永恒中走出来以便创造世界"。这里的关键是，不能把永恒的上帝和他所创造的世界归入一个整体，因为上帝和他所创造的世界的关系就像列氏哲学意义上的无限和有限的关系，即他者与同一的关系。"然而这样一来，凭借着其先于我之创始的表示（signification），他人便与上帝相似。这种表示先于我之 Sinngebung（意义给予）的创始活动。"这个类比很清晰，而且会让我们觉得将他人比作上帝这一说法并不夸张和突兀。

在列氏看来，肯定从无到有的创造，对于传统神学创世论那样的存在论哲学来说是一个威胁和质疑。为什么被威胁和质疑了呢？因为"永恒内存在着万物的预备性共同体（la communauté préable）"。这就是列氏为什么不能接受传统神学创世论，因为所谓"预备性共同体"就是一种预定，一种命运，如果说上帝创世的话，那么他所创的世界不过就是这个"预备性共同体"的落实而已，或者最多就是把亚里士多德所说的潜能演变为现实，根本谈不上什么无中生有的创造。创造的概念之所以非常重要，是因为"对于超越所预设之分离的绝对间隔来说，没有比创造一词更好的词汇能述说它了；在创造中，被肯定的不仅有存在者之间的亲属关系，而且有它们之间的根本异质性以及它们出自虚无的彼此外在性"（第 285 页）。在这里，"异质性"和"彼此外在性"是关键词，它是列氏面对面关系中所强调的那种特征。这种异质性和彼此外在性保证了对相互限制的解除，从而也为创造提供了空间："在创造的情形中……自我的意志并不从他者的邻近中获得限制；他者作为超越者，并不限定自我的意志。诸我并不形成总体……我们从不知道在意志的自由游戏中是什么意志在暗中控制着游戏；我们不知道谁在和谁玩。但当面容呈现并要求正义的时候，便有一种原则穿透了所有这些晕眩和战栗。"难解的可能是最后一句话。那是一种什么样的原则呢？照我的理解，或许就是对于绝对他者的听从，视他人为上帝。

五、外在性与语言

头两段对全书意旨做清晰点题，即反对传统形而上学的全景式存在观。列氏讲拒绝总体，讲复多性，讲诸存在者在同一性中的和解的不可能性，瞄准的都是全景式存在观。

列氏指出："自柏拉图至海德格尔的哲学而言，全景式的实存和它的解蔽意味着存在的发生本身，因为，真理或解蔽既是存在——Seiendes（存在者）的Sein（存在）——的作为或本质德能，同时也是真理最终会引导的人的任何行为的作为或本质德能。"（第286页）这就是列氏不能接受全景式存在观的原因，这样一种全景式存在观的真理，其实就像黑格尔的绝对精神那样，一切存在者的自由意志不过都是其"狡计"的作为，也就是傀儡而已。

列氏更进一步指出实现这种全景式存在观更为隐蔽的途径，即现象学哲学："那种倾向于把意向性显示为对可见者和观念之瞄准的分析，则表明了这种作为存在的终极德能、作为存在者之存在的全景统治。"这句话需要好好琢磨一下。为什么意向性分析与全景统治有关？大家可以想象一幅文艺复兴时期的全景透视图，如果你把图中的灭点想象为意识，或许就可以理解这个问题了。或者简单一点讲，在现象学哲学的视野里，世界之存在不过是意识的显现，所以意识统领一切，这当然就意味着对存在者之存在的全景统治了。与此相对，列氏明确宣称："本书的论点之一就是，拒绝将意向行为-意向相关项（noèse-noème）的结构视为意向性的原始结构（这并不等于将意向性解释为一种逻辑关系或因果关系）。"那么意向性的原始结构应该是怎样的呢？其实就是社会关系，第二部分第一章第一节对此有详尽阐释。

第三段开头的这句话其实就是呼应意向性的原始结构的："事实上，存在的外在性并不意味着复多性之间是没有关联的。只是那联结这种复多性的关联并不填满分离的深渊，它证实这一分离。"上一段其实就已经谈到过这一点："总体的破裂，对存在的全景结构的揭发抗议——所涉及的是存在的实存本身，而非拒绝系统的诸存在者的组合（collocation）或配置。”这里的诸存在者的组合其实就是复多性的关联。构成复多性关联的诸存在者具有彼此之间的外在性和异质性，所以这种关联不会填充相互分离之间的裂缝或深渊。但它们靠什么而关联呢？“在这样的一种关联中，我们已认识到那只有在面对面中才产生出来的语言；并且在语言内我们也已认识到教导。”也就是说，是语言及其教导在诸存在者之间进行关联，并且让诸存在者相互之间摆脱“意向行为－意向相关项”的结构。

语言何以能做到这一点呢？在列氏看来，在对话中，那与我对话的他者不可能被我以适合我之内在尺度的方式所把握，因为“话语的外在性不会转化为内在性。无论如何，对话者都不能在一种内心中找到位置。他总是在外面”（第 287 页）。这就是他者不可能成为现象学意义上的意识相关项的根本原因。由此，相互分离的诸存在者之间通过对话构成一种“没有关联的关联”：“分离开的存在各‘段’间的关联是一种面对面，一种不可还原的终极关系。”“不可还原”一词是理解的关键，意思是说面对面的两端都不会被纳入某个总体，从而被还原为某个总体的部分。在这个意义上，对话者相互之间都不可能“把握”对方，因为“在思想刚刚把握住的对话者背后，一个对话者重又出现，就像在任何对确定性的否定之背后，仍有我思的确定性在”。这就是列氏说不能由作品逆推作者的根本原因。所以接下来列氏说了一句极其深刻的话：“哲学从来都不是智慧，因为哲学刚刚含括的对话者又已经挣脱了它。”可以说，列氏这整本书的工作都是在反思和拒绝那种自以为把握了一切奥义的自负的智慧。

列氏强调反哲学的智慧之思，其实就是反西方思想中那股强大的知识论传统对外在性的吞没，相反，“话语的面对面恰恰不将主体系缚在客体上，它不同于那本质上是相即的主题化行为，因为任何概念都不能抓住外在性”。黑格尔的哲学堪称这个传统的顶峰。说到底，绝对精神不过是黑格尔脑子里的绝对精神，它笼罩一切，将所有事物一网打尽，不能忍受任何徘徊于精神之外的东西。这一点在现代哲学家萨特那里也可以看到，其哲理小说《厌恶》就是对这一倾向的神经质表达。“然而，外在性的超越难道只会见证一种未完成的思想，并会在总体内被克服？外在性必须要转化为内在性吗？这种外在性是恶的吗？”这一问可谓直击要害，堪称面向整个西方传统形而上学的灵魂之问。

对于传统形而上学来说，外在性意味着一种恶，一种消散或沉沦，它是对主体性或内在性的威胁和削弱，所以要想方设法消灭它，或是拯救它。列氏哲学要恢复的恰恰就是这个被视为恶的外在性的声誉。他说："如此一种外在性在他人中敞现，远离主题化。"（第288页）外在性如何在他人中敞现呢？在对话中。"在表达中，显示与被显示者合二为一，被显示者出席到它自己的显示之中，因而一直处于任何会从它那里扣留下来的形象之外，并在我们谈到某人作自我介绍（se présente）的意义上自我呈现（se présente）：这个人说出他的名字以便于称呼，尽管他总留在他的呈现的根源处。"这个表述会让我们联想到前面所讲列氏对于我们以作品接近作者的做法的质疑。在第二部分第五章第二节里有这样一句："作品的作者如果是从作品出发而被接近，他就将只是作为内容而被呈现出来。"也就是说，在对话中我们不可能将表达者（被显示者）主题化、对象化，因为他总处于其表达的内容之外，而"我们曾将外在存在者的这种呈现称为面容，这一存在者在我们的世界内找不到任何参照物"。找不到参照物就意味着我们无法将其纳入一个总体或系统，只能任其所是。

为什么在对话中我们无法将他人主题化、对象化？因为"言辞拒绝观看，因为说话者不只交出自身的某些形象，而且他还亲身呈现于他的言辞内，绝对外在于他会留下的任何形象"。但言辞究竟是如何做到这一点的呢？列氏认为："语言是因着表示而对 Sinngebung 的不断越出。这种在大小上超出了自我之尺度的在场（呈现）并没有被重新吸纳入我的观看。"也就是说，在对话里，如果说言辞是表达者的显示，那么表达者始终是在听者通过言辞所获取的意义之外显示，而且永远不与之相即，在这个意义上，"话语（le Discours）是与神的交谈（discours），而不是与平等者的交谈。形而上学就是这种与神之间的语言的本质，它通往高于存在之处"。

六、表达与形象

先反复申说一个已经表达过的意思：表达溢出了形象，形象只是内在于我的思想的东西，只是我从他人的表达中捕获的那一部分，而非他人表达的全部。"他人的在场（呈现）或表达，所有表示（含义）的根源，并不是像一种智性本质那样被沉思（观照），而是作为语言被听到，因此是从外部起作用。”（第 289 页）这句话里几乎含有一种对感官的优劣比较，即听觉优于视觉。这是很有意思的一个思想。从前面的很多表述里我们就已经看到，列氏对观看的方式颇多微词，几乎将其等同于传统形而上学的痼疾。事实上，观看和理性的关联的确是西方思想的传统，就算是现象学直观，也还是这个传统的延伸，所以列氏揪住观看不放并不奇怪。其实海德格尔批判西方的传统形而上学，同样曾经诉诸听觉的优越性，比如“出窍地倾听存在者的天命”一类的说法。其实我们还可以联系尼采的思想，他更倾向于酒神（音乐）而非日神（造型），同样显示出对听觉的青睐。在列氏看来，观看之所以不足，是因为“所有的直观都依据某种不能还原为直观的表示（含义）。表示（含义）来自比直观更遥远的地方，是唯一的远方来客”。“更遥远的地方”是什么地方？其实就是无限。

这里对听觉优于视觉的强调，真正的意旨在于强调表达的在场性。从前面的很多表述已经可以看出，列氏赋予表达的在场性以极其重要的意义。他对于我们从某人留下的作品去猜度或是逆推某人意志、思想的做法很不以为然，因为在他看来，作品一旦产生，那表达它的意志即已消隐，而作品则并不被意志认可为它想要表达的东西。所以，表达（以言辞而实现的面容的在场）的意义不同于一般的意义，由是，表达与劳动严格区分开来。劳动产生作品，匿名的作品，可以被货币购买的作品；语言（的表达）与之不同，“在这里，我出席到我的显示之中，那不可替换且时刻警觉的显示之中”。为什么需要时刻警觉？或许是因为那已被表达并为倾听者所捕获的东西只是一种形象，而表示者（被显示者）却很容易被基于这种形象的观看固化。所以列氏认为：“劳动不是一种表达。在获得劳动成果的同时，我使生产它的邻人失去神圣性。”（第 290 页）

列氏将对从作品出发理解人性的做法的批判上升到是否正义的高度。从作品出发被理解的人性，被他称为“可互换之人的人性，（是）交互关系的人性”。从前面的论述可知，列氏反对理解的交互性和平等性，而提出一种所谓“主体间性空间的弯曲”，也就是说视他人为上帝（参结语第二小节），唯有如此，理解才是正义的。正义是什么？“正义是一种说话的权利。”但如果我们只是把人类存在者把握为他的作品的总和时，我们实际上就剥夺了他的说话的权利。由此，“正义就在于使表达重新成为可能，在表达中，人以非相互性的方式表现为独一无二的”。但问题是，如何才能做到这一点呢？列氏认为只有诉诸宗教这一条途径了：“或许就是在这里，宗教的视角得以打开。”这个问题在第三章第二节已经有过论述，在那里，列氏说道：“在这种作为宗教意识的辩护与宽恕的可能性中，内在性趋向于与存在相符合；这种可能性面对着我向之说话的他人而敞开。”（第220页）

七、反对关于中性之物的哲学

这一节表达清晰，且非常重要，其核心要义是对西方哲学中列氏所谓中性之物的批判。什么是中性之物？就是那种将存在者个体淹没或消解于其中的更大甚至是终极的神秘主体，通过这样的淹没或消解，存在的个体印记就被抹掉了，此即“中性”的含义。黑格尔的理性，海德格尔的存在者之存在，都是这类中性之物。在列氏看来，但凡沉浸于这样的中性之物，哲学就宣告终结了：“关于中性之物的哲学，不管它的各种思想运动在其起源和影响上多么不同，它们都一致地宣布哲学终结。因为它们颂扬那种没有任何面容去命令的服从。”（第290页）后一句话是关键，它点明了这一哲学观念的伦理指向。正是在这个意义上，列氏关于分离的存在者的哲学观念也获得其切实的伦理内涵：“本书对享受之分离的坚持一直受这样的必要性的引导，即那种要将自我从处境中解放出来的必要性：哲学家们已经逐渐将自我融进处境中，就像在黑格尔的观念论中理性完全吞没掉主体一样。”这就很清楚了，对个体人格的绝对尊重乃是反中性之物哲学观的根本意旨。

有意思的是，列氏不仅在唯物论中洞悉到一种中性之物的核心观念，而且还将海氏的后期哲学也归入这样的唯物论中：“海德格尔的后期哲学就变成了这种耻辱的唯物论。它把存在的开启置于人在天地间的居住之中，置于对诸神的等待和人的陪伴之中，它把风景或‘静物’升格为人的本原。”（第291页）不得不说，这是非常犀利的洞见。在列氏看来，这样的哲学迷恋的都是“并非人言的逻各斯”；事实上，这也正是海氏“道说”（Ereignis）的含义。但与之相反，列氏斩钉截铁地指出：“存在是在人与人之间的关联内上演，是欲望而不是需要在命令着行为。欲望——形而上学的、不是出于欠缺的渴望——对一个人（格）的欲望。”这一简明扼要的表达，也堪称理解列氏哲学的一把钥匙。

八、主体性

本节顺理成章地再次强调主体性的必要性。与此相关，对于存在外在性的确认乃是关键：“外在性产生于它自己的真理中，产生于一种主体域中，其产生是为了分离的存在者。”注意这句话里的“主体域”不是就人而言的主体域，而是指外在性本身。理解的关键是，恰恰需要承认这样一个不可能与自己化合为整体的外在本身，作为人的所谓分离的存在者的主体性才得以可能。分离的存在者“是一种本质的自足，它在自我展开中”，就此而言，它拒绝语境化的考察。

接着看第二段：“在形而上学的思想内，有限拥有无限观念；在这里，发生了根本的分离，同时也发生了与他者的关联——我们为这种形而上学的思想保留了意向性、对……意识这个术语。”这段话堪称对形而上学欲望的最为简明和最为精准的概括。“有限拥有无限观念”，这何以可能？但这恰恰就是形而上学欲望的本质。它之所以可能，关键就在于“在这里，发生了根本的分离”。这是什么意思呢？其实这一点在上一段里已经表达得很清楚了。谁和谁分离？当然就是有限的存在者和无限而绝对的他者之间的分离。唯有出现了这样的分离，那有限的存在者才会燃起对无限的绝对他者的欲望，因为这无限的绝对他者不在其同一性的把捉之内，所以除了欲望它，心向往之，不可能有其他的与之建立联系的方式。如是理解，我们也就知道为什么会有“同时也发生了与他者的关联”这样的表达了。

接下来需要重点理解的就是“意向性”“意识”这两个词语。首先，列氏把有限对于无限的欲望仍然命名为一种意向性，但又强调这不是一般意义上的意向性：“这种意向性是对于言辞的关注或者对面容的欢迎，是好客而不是主题化。”什么是一般意义上的意向性？就是这里所说的“主题化”。而欲望作为非一般意义上的意向性，则是“好客”和“欢迎”，其义是说欲望主体并不把与之关联的欲望对象纳入自身，而是始终与其保持既关联又分离的关系。其次，这句话也很关键："自身意识并不是我所具有的对他者的形而上学意识的一种辩证反驳。"这又是什么意思呢？关键在于理解"辩证反驳"这个说法。什么叫"辩证反驳"？只要讲辩证，就一定会讲统一，也就是说，辩证是关于统一的辩证，因此辩证反驳也是在承认统一这个前提下的反驳。明晓其义，我们就能理解为什么列氏会说自身意识并不是对形而上学意识的一种辩证反驳了：自身意识与形而上学意识是两种完全不同的意识，不在一个统一体内，否则也就不会有什么形而上学的欲望了。

如何理解分离的存在者的意向性也是一个很重要的问题。我们来看这句话："在任何对于自身的观看之前，自身意识以保持自己的方式实现自己；它作为身体植入自身之内，它把自己保持在其内在性中，保持在其家中。"要深刻地理解这句话的含义，需要回顾前面列氏关于分离的存在者身体地确立自身的阐述。分离的存在者身体地确立自身，意味着不能把分离的存在者分解为意识和对象这两个环节，然后再去解决二者如何连接或者化合的问题。"意识之与自身的关联尤其不是对于自身的表象。"这是因为在形成关于自身的表象之前，意识已经通过享受所实现的分离而得以成形，而在享受中是没有所谓与意识关联的表象的。"于是，自身意识从积极方面实现了分离，没有被还原为一种对它与之分离开的存在的否定。"这句话很重要，而理解的关键则在于"积极"二字。为什么说是积极的？因为分离的存在者是在享受中，也就是在与元素的融合中实现其分离的，所以它不是以否定外在的消极的方式获得其自身的存在的。这样的积极非常重要，"它恰恰因此而能够欢迎它与之分离的那个存在"。也就是说，这样的积极也是形而上学欲望的前提。

第三段继续讲分离的存在者，理解起来没什么难度，还是我们熟悉的那些说法，不过这些表述还是值得重温。"一个其本质被同一性穷尽了的存在者的内在的同一化，同一（le Même）的同一化，亦即个体化，不会损害某种被称为分离的关系的关系项。"（第291－292页）这意思是说，在有限与无限的关联中，有限之个体化同一性不会危及无限。接下来一大段都在说明其不会危及其关联项即无限的原因："即它不是通过那种凭借其与大全的关系和其在系统中的位置以定义自身的方式置身于存在中，而是从自身出发置身于存在中。"（第292页）这个说法很重要。试想一下我们一般意义上的存在，可以说无不是通过在某一系统中的定位被认知的。而列氏提醒我们，作为形而上学欲望之必不可少的一端的分离的存在者，它仅从自身出发，而不是从某个系统中的定位（就像 GPS 定位那样）出发，所以它才不会危及无限（虽然事实上它危及不到），或更准确地说，才不会错认无限，以一种同一性的惯性将之纳入自身。当然，列氏马上就做了重要的补充：分离“只有通过打开内在性的维度才能在存在内发生”。这也就是第九小节要谈论的问题。

九、主体性的维持——内在生活的现实和国家的现实——主体性的意义

这一节涉及一个重大的，也是列氏哲学不可回避的话题，即个人与国家的关系。从前述许多表达里可以看到，列氏着意论述的形而上学欲望需要以分离的存在者为其不可或缺的一端，而这个分离的存在者是“从自身出发置身于存在中”的，也就是说，虽然它有朝向绝对他者的欲望，但它本身拒绝任何组织、系统的收纳。然而，如果我们说国家毋庸置疑是一个系统和组织的话，那么列氏所言的分离的存在者似乎就和国家格格不入了。不过我们又相信列氏也不会走到否认人在国家中生存这一基本事实的极端地步。所以引人期待的是，他将如何处理二者之间的紧张关系呢？

我们来看列氏的表述：“由于他人的面容让我们与第三者（le tiers）发生了关系，自我与他人的形而上学关联就悄悄进入我们这样的形式，并催生了国家、机构、法律这些普遍性之根源。”这句话有两个理解点。一个是从自我与他人的形而上学关系进入以“我们”为名的共在形式。这是“由于他人的面容让我们与第三者发生了关系”。这话怎么理解呢？在第三部分第二章第六节“他人与诸他者”里有过关于这个问题的论述，在那里，列氏说道：“在‘我们之间’发生的任何事情都与所有人相关，那注视着我的面容置身于公共秩序的朗朗乾坤之中……”老实说，这不难理解，所以似乎用不着太多的解释了。

另一个是以“我们”为名的共在形式成为催生国家、机构、法律这些普遍性的根源。这意思其实是说，国家、机构、法律这些普遍性系统是为

“我们”而在的，是“我们”的需求在先，而不是这些普遍性的系统在先。这个道理看起来似乎简单而寻常，不会有人反对，但列氏却认为有加以强调的必要。他所担心的是恰恰相反的情形，即那些本来只是为“我们”的需要提供服务的诸种普遍性系统，却反过来以真理的名义对“我们”进行压制。如列氏所言：“但自治的政治在其自身内蕴含着专制。政治使那引起它的自我与他者变形，因为它根据普遍性的法则来审判自我与他者，因此就像（对自我与他者进行）缺席审判那样。”这里有一个关键词，即“缺席审判”。为什么在普遍性的法则下自我和他者就缺席了呢？

要搞清楚这个问题，需要回溯到第三部分第三章第五节“意愿的真理”。在那里，列氏虽然承认自由获得制度性保障的合理性，但又认为这种制度性的保障一方面没有使人摆脱自我主义的重负（即便它表现为对系统压制的抗议），另一方面又因为它的非人格性而显得过于冷酷，从而无法让人走向善良（在列氏这里指对他人的绝对崇奉）。这样便有了列氏的这番慷慨陈词：“如何能够将这些普遍的、亦即可见的原则傲慢地与他者的面容对立起来，而同时不在这种非人格的正义的残酷面前退却！并且从此，如何可能不引入作为善良之唯一可能源泉的自我的主体性？”理顺了这个逻辑，我们就能理解列氏为个人与国家关系问题所提供的解答了：“形而上学因此将我们带入了作为唯一性的自我的实现内，国家的作为应当在与这种实现的关联中得到定位和形塑。”也就是说，唯一的自我的实现乃国家作为的前提，而非相反。

但接下来关于自我唯一性的论述，列氏端出的还是那套我们非常熟悉的观点：“自我的不可代替的唯一性以对立于国家的方式而维持着自己，它通过生育来实现自身。”（第293页）富有讽刺意味的是，现实中有时发生的恰恰是相反的事情，即生育不是我们维持自我唯一性的途径，相反倒是国家利益诉求强加于个人身上的手段。姑且不论这点，我们先来看看列氏强调自我的唯一性的根本原因，以及如何由这个原因过渡到对生育的强调。列氏说：“我们在坚持个人（le personnel）不可以还原为国家的普遍性时所求助的，并不是某些纯粹主体性的事件，这些事件会迷失在理性现实所嘲笑的内在性的沙堆里；我们所求助的是超越的向度和视角，这种超越的向度和视角与政治的向度和视角同样实在，甚至更真实，因为在超越中，自我性（ipséité）的申辩并没有消失。”这段表述是很重要的，它阐明了在列氏那里坚持自我唯一性之根本的价值诉求所在，即不是对于单纯主体的维护，也不在于强调基于自我主义的抗议——即便它是针对专制压迫的呼声——而是朝向一种超越的向度和视角。那么我们要搞清楚的就是：这个“超越”的含义究竟为何？其实这句话里已经给出答案了，就是“自我性的申辩”。申辩什么？为谁申辩？还是要回到“意愿的真理”一节进行理解。一方面，面对历史的审判，这种申辩是为那些沉默的他者进行的，但其前提是申辩者的自我唯一性必须得到绝对的维护；另一方面，如果要让这种申辩得到无限期的承诺，就必须期待一个无限时间中的申辩主体，为此，生育似乎就是必不可少的途径。

我认为也只有在这个意义上，列氏对于生育的执念才可以理解，也就是说，只有生命的延续才能在某种意义上让正义得到承诺。我们或者替那些被侮辱的和被损害的已经长眠于地下的兄弟姐妹讨回名义上的公道，或者自己作为那些被侮辱的和被损害的人的后代（列氏所谓“儿子”）直接为自己进行申辩。所以列氏讲：“生育确保现时成为将来的前厅。它使得所谓内心的和只是主体的生活似乎躲避于其中的那种地下状态走向了存在。”或许这就是列氏所谓超越的历史内涵，而这样的超越对于列氏来说，必须以生育的不断延续所代表的无限时间来保障。其实在“意愿的真理”一节里列氏就表达过，真理要求一种无限时间作为终极条件，“这种时间既构成善良的条件，又构成面容的超越的条件”。

接下来的内容无非就是说真理判断面前的主体既不是为了进入一个总体，也不能被简单地还原为基于自我主义对总体化的抗议。这一观点前面已经阐释得比较清楚了，但接下来有些表述还需要好好理解。列氏说：“生育及其打开的视角证明了分离的存在论特征。”这是什么意思呢？我认为就是朝向无限。但对于生育打开的无限时间的维度，列氏却也有特别的说明：“但生育并不在一种主体的历史内重新焊接一个破碎总体的诸片段。生育打开一种无限的不连续的时间。”对于这个问题，在第四部分第四章和第七章都已经阐述得很清楚了，所以不再赘述。但也要提示一点，为什么要强调不连续性？其实道理很简单，因为要是没有这种不连续性，生育带来的不过就是同一的延续，就是总体化的继续统治罢了。要看到，上引的两句话实际上是有因果关系的。

接下来有个关键词，即“事实性”。列氏说：生育“将主体置于超逾事实性所预设且并不越过的可能性之处，并由此把主体从其事实性中解放出来；它通过允许主体成为一个他者，而从主体那里剥夺掉了命定性的最后踪迹”。这段话似乎是不难理解的，但其实也有值得剖析之处。主体如何从其事实性中解放出来？尤其如果一个人已经死亡，他如何还能摆脱他的命定性的轨迹？很多人根本就不相信过往的历史可以通过某种方式得到改变，像哲学家叔本华就是一个典型的例子，他反对黑格尔那种绝对精神的辩证法，认为已经产生的苦难就只能永远是苦难，不可能通过什么辩证法的运作而得到救赎。那么，我们可以说列氏也在这里玩弄辩证法吗？我知道如果我说是，那些列氏的崇拜者将会强烈地反对我。然而，如果我说不是，我又不能说服我自己。关于这一点，我在对第四部分“生育”一章的阐释里已经表达过我的看法了。

本节最后一句话是形而上学欲望的简明表达：“主体性的根本要求保存于爱欲之中——但在这种他异性中，自我性是仁慈的（优雅的，gracieuse），它卸下了自我主义的重负。”“仁慈”一词是关键。何来仁慈？通俗一点讲，它是要求和占有的反面，也就是自我主义的反面。我们和他者关联，但并不对他提出要求，不奢望和他并入一个整体（无论是以我化他，还是以他化我），而是单纯地朝向他，欲望他，崇拜他。

十、超逾存在

超逾存在？这个说法听起来很奇怪，人无论如何都是存在的，怎么可能超逾存在呢？所以，这个“存在”必然有特别的含义。我认为这一小节暗中瞄准的还是海德格尔的以操心为特征的存在论，所谓超逾存在，其实是指超逾如此这般的操心的存在。

不过我们要注意列氏对超逾存在的论述思路。何以操心的存在论不可取？因为有比操心的存在更大的东西，或者说在伦理上更有价值的东西，又或者一言以蔽之，有超逾操心的存在之局限的东西，这就是外在性。列氏形而上学欲望的一个重要前提就是坚定的外在性信仰，以及对于分离的主体性的认知。为了达到外在性，就必须走出主题化或客体化，尤其不能将外在性归结为观照外物之心理或意识结构。列氏斩钉截铁地指出："坚固之物并不被归结为由观照它的观看所具有的冷静确立起来的结构，而是凭借它与它所穿过的时间的关系得到刻画的。客体的存在是持续，是对空乏时间的填充，不带任何对作为终结的死亡的慰藉。"（第 293－294 页）这段话不难理解，但后一句耐人寻味，需要做些阐释。坚固之物在时间之流中长存，这跟对死亡的慰藉有何关联？其实答案就在这一问之中。那外在的坚固之物与我们的死亡有何关联呢？它是它，我是我，本来就没有关联，我们不能自作多情地将其主题化，以为可以寄寓点什么在它身上，这么做是非常幼稚的。如果认识到这一点，那么我们对外在性的认知以及由此而带来的存在感就完全不一样了："如果外在性并不在于作为主题呈现自己，而是在于被欲望，那么，欲望外在性的分离的存在者之实存就不再在于为存在操心。实存在一种与总体之持续不同的向度上具有意义，它能走到超逾存在之处。"（第 294 页）所以，超逾存在的关键就是走出操心的存在并燃起对外在性（他者）的欲望。不过对于列氏来说，这种对他者的欲望需要从伦理上落实为"为他人而在的善良"，而不单纯是一种认知意义上的欲望。

十一、被授权的自由

第一段不难理解，核心观念是要讲自由与外在性的关系。或许就是第一句话有点难度，我们来看一下："语言以面容的在场（呈现，la présence）开始；外在性在如此这般的语言中的在场，并不是作为肯定而发生，后者的形式意义不会再有所发展。"前半句比较好理解，但也值得强调。对于列氏来说，语言的主要意义就在于呈现面容，而这个面容却绝不等同于已经说出的语言，已经说出的语言只是一个普遍性的东西，但面容不能被普遍性溶解。后半句说外在性在语言中的在场并不作为肯定而发生，所指的或许就是这个含义，包括说语言的形式意义不会再有所发展，也是就它诉诸普遍性而言，而普遍性则没有什么新意。

余下的部分都比较好理解了，接着看这一句："与面容的关系作为善良而发生。存在的外在性乃道德性本身。”这实际上把上一小节“超逾存在”的含义说得更简明清晰了，尤其是“存在的外在性乃道德性本身”，可谓明心见性之语。“自由，这一构建了自我、处于任意中的分离事件，同时也保持着与外在性的关系，这一外在性在道德上抵抗着存在内的任何居有活动和总体化活动。”这句话一方面再次解释了何为形而上学欲望的模式（也就是自由的任意的分离者与外在性的关系），另一方面也点明了形而上学欲望的伦理内涵，即对一切总体化行为的抵抗。

接下来反复阐述的都是这个意思，关键点是自由与外在性的关系。在列氏这里，自由必须诉诸与外在性的关联，否则就不可能成立。这就是下面这句话的含义：“如果自由被置于这种与外在性的关系之外，那么在复多性内的任何关联都只会造成一个存在者被另一个存在者所掌有（la saisie）。”这或许与一般情况下我们对自由的理解不同——自由常常被理解为对关系的摆脱，但在列氏这里却恰恰相反。不过换个角度看，列氏的自由的确也在某种意义上是对关系的摆脱，具体来说，就是通过与外在性的关系而摆脱被一个总体所决定的处境。可能有人会说，这无非就是从一种关系进入另一种关系，有什么自由可言呢？要注意，在被总体所决定这种意义上的关系，跟与外在性的关系在性质上截然不同。与外在性的关系并不剥夺分离的存在者的自由，分离的存在者只是朝向外在性，与外在性虽有关联但保持自身的独立。与之相反，在一种被总体决定的关系中，一个存在者要么被别的存在者吞并，要么与之携手进入一个囊括它们的整体，从而丧失自己的面容。

在列氏这里，知识和暴力都是总体性的表现。他说：“知识或暴力在复多性内会显现为实现存在的事件。”这里的“存在”指的就是总体的存在，讲复多性会显现为实现存在的事件，意思是说所谓的复多性不过是总体实现自己的辩证环节，比如黑格尔的绝对精神就是这样一种总体的典型形态。列氏形而上学与这样一种总体化运作完全不同，如其所言：“如果形而上学的运动所走向的是如其所是的超越者，那么超越就不是指对所是者（*ce quiest*）的居有，而是对它的敬重。真理是对存在的敬重，这便是形而上学真理的意义。”（第295页）有意思的是，似乎这也是海德格尔后期哲学的取向，但列氏恐怕不会认同这一点。事实上，后期海德格尔的天地人神相互映射的思想也并没有真正摆脱人类中心主义的痕迹，因为那可能只不过是一种策略而非本体论意义上的转向。而眼下流行的所谓生态主义也不过如此，这种思想对自然的尊重不过是人类基于自身利害的考量而已。

第二段的核心观念是要讲，列氏形而上学并非一种非理性主义，更不是反对自由。上一段对知识和哲学的批判很容易让人把列氏形而上学视为一种非理性主义或反理性主义，因此列氏特别针对这一潜在的反驳做了一番辩护。他说："如果我们与以自由——作为存在的尺度——为首位的传统相反，质疑视觉在存在内的首要性，如果我们质疑人类的控制要伸展至逻各斯的层次这样一种要求——那么我们既没有（因此）远离理性主义，也没有（因此）远离自由的理想。"这段话怎么讲？大致意思是清楚的，也就是反对传统理性那种宰制一切的冲动，所以说质疑人类控制伸展至逻各斯的层次。但为什么还要"质疑视觉在存在内的首要性"呢？这需要回到第三部分第一章去寻找答案，在那里，列氏对观看和同一性的关系做了详尽的阐述，我们如果理解二者之间的关系，就不会对"质疑视觉在存在内的首要性"这一说法感到奇怪了。质疑视觉在存在内的首要性，就是质疑同一性的观看在存在内的首要性，关于这一点，我们应该早就领会了。然而还有一个问题：为什么反对理性宰制一切的冲动并没有远离理性主义以及自由的理想呢？

显然，列氏的理性是别样的理性，列氏的自由也是别样的自由。"理性和自由在我们看来乃是奠基在在先的存在结构中，这些存在结构的最初关连由形而上学的运动或敬重、正义——等同于真理——勾勒出来。"这里的关键词是"存在结构"和"形而上学"。列氏意义上的理性和自由奠基于一种别样的存在结构，它之所以别样，是因为它由一种别样的形而上学勾勒出来。基于这样一种别样的形而上学，列氏对自由有全新的理解。传统哲学把自由理解为一种摆脱束缚或突破局限的辩护，但在列氏这里，自由的任意性决定了它无需任何辩护。这里提到了两个重要的人物，即海德格尔和萨特，其哲学就是现代哲学自由观的典型表达，但其自由内涵却并没有什么新意，无论是海德格尔的"被抛"，还是萨特的"恶心"（也就是不能忍受外在性对其意识的入侵），蕴含的都不过是一种自我辩护意义上的自由观。用列氏的话来说就是，"对于自由来说，不会有比发现自身为有限这事更大的丑闻了”，其根由正在于“存在与那真正保持为外在性的事物是不相容的”。

所以，自由观的关键乃在于如何对待外在性。一种执着于摆脱束缚或突破局限的自由观，要么愤愤于外在性的重重阻碍，要么以知识或暴力的方式把外在性消灭掉。对此，列氏尖锐发问：“他人的在场难道没有对自由的素朴的合法性提出疑问吗？自由难道没有作为一种对自身的羞愧而向它本身显现出来吗？在还原为自身之时，它不是一种僭越吗？”（第296页）这一连串发问需要解释一下。其中素朴的合法性意义上的自由，指的就是上述所批判的那种以突破局限为取向的自由；对自身感到羞愧的自由应该就是列氏形而上学意义上的自由；还原为自身的那种自由，则是一种任意性的自由。第一种自由我们已经理解了，第二种自由接下来就会有阐释，那么第三种自由即还原为自身的自由是一种什么样的自由呢？列氏说：“自由的非理性并不在于它的界限，而在于它的任意性的无限。自由必须为它自身辩护。当它还原为它本身时，它并不是在至上性中获得实现，而是在任意性中获得实现。”这究竟是什么意思呢？列氏为什么要讲这样一种自由呢？他的思路或许是这样的：自由为自己辩护，它可以以一种抗议的姿态拒绝外在性的限制，但这不可取；还有一条路径，就是以自身作为本体进行辩护（就像为艺术而艺术一样），但这条路径同样为列氏所否定，因为“自由无法由自由进行辩护”。那么怎样辩护才是合理的呢？列氏说：“为存在给出理由或处于真理之中，这既非统握（理解，comprendre）也非掌握（se saisir de…），相反，是非排斥性地与他人相遇，亦即在正义内与他人相遇。”也就是说，诉诸正义（非排斥性地与他人相遇）才是自由的正确的辩护方式。这个正义意义上的自由，其实也就是上述第二种自由。

搞懂了列氏的自由观，第三段就不难理解了，无非就是说因为接纳了他人（所谓非排斥性地与其相遇），我们那股子不顾一切的自发性蛮劲就会在“不可谋杀”的道德诫令下收敛。在列氏这里，知识和暴力都是谋杀。

值得注意的是列氏由此提到了笛卡尔。笛卡尔一般被认为属于典型的理性主义传统，尤其是他的“我思故我在”所确立的主体性更被视为传统形而上学的基石之一。但我们应该还记得，列氏对笛卡尔有不同的理解，并因此而对他刮目相看。这是为什么呢？我们来看这句话：“那对真理的自由依附，认识活动，那在笛卡尔看来确定性依附于某种清楚观念的自由意志，便寻求一种并不与这种清楚分明的观念本身之光辉相一致的理由。”关键在于后半句，即“寻求一种并不与这种清楚分明的观念本身之光辉相一致的理由”。这意思是说，对于笛卡尔来说，意志之自由不只意味着依附于某种清晰明证的观念，它还寻求一种自身之外的理由，而这个自身之外的理由不是其清晰明证的观念光辉可以照亮的。这其实就是列氏的形而上学诉求，同时也是其道德诉求（也就是外在性信仰），这样的诉求并不质疑那清晰明证的观念，但可以让它“最大限度地经受失败”。这里的“失败”是什么意思呢？在我看来，它不是那种憎恨有限的自由所招致的失败（比如萨特的“恶心”），而是因意识到外在性的真理而将自己置于“不可谋杀”诫令之下的道德羞愧。

羞愧源于他者对自我的质疑，由此产生列氏哲学意义上的自由，亦即对无限的欲望。列氏认为，对自由的道德辩护“并没有一个结果的身份，而是作为运动和生活实现自身，它的本质在于一个人对自己的自由提出无限的要求，在于对其自由的彻底不宽容”。这是一个富有意味的表达，其中“对其自由的彻底不宽容”是什么意思呢？其实就是对他者的无限欲望。基于这样一种意义上的自由会将自我置于被审判的处境：“我在其中并不是孤独一人，而是受到审判。（这便是）最初的社会性：人与人的关联是在审判我的正义的严肃性中，而不是在为我开脱的爱之中。”（第 296 – 297 页）“审判”这个词听起来很严重，我们在社会关系中处于被审判的境地，这一说法恐怕很难让大多数人接受。不过，这个“审判”不是常见的法庭审判，也不是一般意义上公共生活中的道德审判，而是“对于自身的无限要求”（第 297 页）。要求什么呢？在面对面中欲望他者。这也就是列氏形而上学的伦理内涵，而对于列氏来说，“道德并不是哲学的一个分枝，而是第一哲学”。

十二、存在作为善良—自我—多元论—和平

本节的标题即是本节内容的关键词。

何谓“存在作为善良”？对此我们不应该感到难解了。“善良”的含义

即为他人而在，这也是列氏形而上学欲望的根本含义。关键是理解无限的欲望与为他人而在之间的关系。简单说来就是，无限的欲望（在列氏这里以生育为前提）使主体走出同一性的囚笼，舍此便不可能为他人而在。

“然而，‘为他人而在’并非是对陷入普遍之中的自我的否定。”这是要讲自我与为他人而在之间的关系。自我（分离的存在者）乃是为他人而在（形而上学欲望）的必不可少的前提，所以为他人而在并不否定自我。但为什么说“并非是对陷入普遍之中的自我的否定”呢？从上下文来看，列氏的本意是说为他人而在是一种面对面的关系，这种面对面的关系拒绝一个外在于关系的全景对关系两方的收纳；如果自我与他人的关系可以被一个笼罩他们的全体收纳的话，双方就在这样的收纳中同时遭到否定，亦即普遍性的否定，而面对面关系不是这样的否定。

要特别注意接下来的这道郑重声明：“整个这部书都反对这样一种理解。面对面并不是共存的一种模态，甚至也不是一项所能拥有的关于另一项的知识（其本身是全景性的）的一种模态，而是存在的原初发生，关系项的所有可能组合都要回溯到存在的这一原初发生。”这是极其重要的表述。为什么强调“存在的原初发生”？这跟一般意义上作为所谓宇宙之初的浑沌有什么区别？区别很大。后者是没有人格的，而我们知道列氏对于非人格化的存在是极为警惕并坚决否定的。这便是强调面对面关系作为存在的原初发生的意义所在：其一，面对面的关系是一种人格间关系；其二，面对面的关系杜绝或封死了一种非人格化存在作为前提的可能性，并使得善良（为他人而在）得以可能。善良就是走出自我的同一性，向绝对他者无限开放，但前提是没有收纳自我和他者的全景。“善良乃在于前往这样一种地方：任何照亮一切、亦即全景性的思想都不会先行到此，善良就是前往其不知所往之处。作为在一种源始冒失中的绝对冒险，善良乃是超越本身。”（第298页）这样一种关于善良的解释可能让人觉得非常新奇。我们当然都知道这是列氏哲学赋予“善良”一词的独特含义，而我想说的是，这也并非强制阐释，因为善良的本义就是为他者（人和物）着想，就像教养的含义就是走出自我中心一样。

总之，善良就是自我超越，是形而上学的欲望。这又意味着两个方面的否定：一是对孤独的自我主义抗议的否定，一是对非人格化理性的否定。

“把存在视为欲望，就是同时排斥孤立主体的存在论和在历史内实现自己的非人格理性的存在论。”记住这两点，对列氏形而上学的理解就不会有太大的偏差。

这里需要对排斥孤立主体的存在论这一思想再做一点说明。排斥孤立主体的存在论将是一种什么样的存在论呢？其实就是善良和欲望，而列氏将不再称其为存在论。“存在论”在列氏这里似乎已经不是一个好词了，它意味着上述列氏形而上学要否定的两个方面。欲望和善良意味着主体在超越中掌握自己，“从内部掌握自己——把自己作为自我产生出来——乃是由那已经转向外部的同一种姿态掌握自己，这一姿态之转向外部乃是为了向外倾注（extra-verser），为了显示（manifester）——为了回应其所掌握者——为了表达”。注意“把自己作为自我产生出来”这个说法，这是理解的关键。这意思是说自我不是固存在那里的东西，而是被产生出来的。如何产生？“向外倾注（extra-verser）”。这一思想在享受产生分离的自我这一观念中就已经有所表达了，即自我本身就是在对元素的沉浸中产生的，它没有先验哲学（从笛卡尔、康德到胡塞尔）中主体的那种纯粹的内在性。享受中的自我向外倾注是其题中应有之义，而形而上学欲望则是更高一级的向外倾注，其途径是以语言为媒介的表达，因为“语言的本质则是善良，或者说，语言的本质是友爱和好客”。以语言建立的与他者的关系，是一种既分离又关联的关系：“同一与他者在存在论上的分裂这一基本事实，乃是同一与他者的非排斥性的关联。”

存在作为善良的另一个关节点乃是多元论及与其相关的和平。“多元论在从自我出发而达于他者的善良之中实现出来”，而在列氏这里，不可能有一个笼罩自我与他者的全景，所以要特别强调，多元一定不是某一全体中的貌似多元，因为那样的多元终将为全体所整合。对此，列氏还有一个较为特别的说法：“唯有在此善良中，那作为绝对他者的他者才可以产生出来，同时不存在这样的事情：一种对此运动的所谓侧视（une vue latérale）会拥有某种在这一运动中掌握某种真理的权利，这种真理要高于那在善良本身中发生的真理。”何谓“侧视”？结语第二小节“存在是外在性”中专门有过解释，即同一性的侧性横看。侧视也是一种整体性收纳，所以多元论跟它是格格不入的。不过另一方面，多元论拒绝整体性的收纳，却并不意味着多元各方就没有自己的统一方式，“多元性的统一是和平，而不是构成多元性之成分的融贯一致”（第299页）。对于我们来说，这个说法似乎很容易理解，它不就是孔子所讲的“和而不同”吗？但在我看来，我们只能从字面上采用这个说法，因为孔子讲和而不同是就君子之交而言的，而所谓君子之交是说他们有共同的道德理想，并且这个道德理想对于他们而言是有列氏所说的那种普遍性约束力的。

接下来列氏把和平问题引向了他念兹在兹的生育主题：“和平从一个自我出发得到设想，这个自我确保道德与现实的汇合，就是说，确保无限时间，后者通过生育而就是这个自我的时间。”在前面的分析里，我对列氏的生育思想多有不以为然甚至调侃之意，但在这里我想肯定其所内含的某种价值关怀，即那些被侮辱的与被损害的，遭受种种不公而长眠于地下的人们，只有在无限时间的长河里，其人格尊严才有被唤回的一丝可能。这便是列氏接下来这段话的含义：“在真理于其中被陈述出来的审判面前，依然会有人格性的自我持留下来，此审判将从这个自我的外部到来；它不是来自某种非人格的理性，这理性用诡计欺骗人（格），并在他们的缺席中进行宣判。”

对于列氏来说，无限时间只有通过生育才能得到保证，而生育则在家庭中得到保障，因为家庭乃是“情欲的瞬间与父子关系的无限在其中结合为一的处境”。这个说法不难理解。我们当然可以非婚生育，但就通常的生育而言，还是家庭的方式最为可靠。而对于家庭的存在特性，列氏也有特别的界定：“家庭不单是来源于一种对动物性的理性治理，也不单标志着通往国家之匿名普遍性的一个阶段。它在国家之外自我认同，尽管国家给它保留某种界线。”这个表述里关键的是家庭与国家的关系。显然，列氏拒绝以国家的名义对家庭进行整合，原因在于：“作为人的时间源泉，家庭让主体性置身于审判之下的同时又保持说话。”这意思是说，家庭乃是主体之无限时间的诞生地，其不可遏止的超越性当然就与国家的匿名普遍性格格不入了。“在那生活于生育之无限时间内的主体的对立面，端坐着国家以其阳刚的德性所产生的孤立的和英雄式的存在者。”注意这里“阳刚的德性”这一表述，它与列氏形而上学那种好客的柔性截然对立（参第三章第三节）。“阳刚的德性所产生的孤立的英雄式的存在者”对于多数人而言可能都有一种难以抵御的感召力，但对于列氏来说却意味着同一性的自我欺瞒：“这就好像它的主体性通过在一种连续的时间中返回自身而能够避免反对自身，就好像同一性本身在这种连续的时间内并不被确立为某种纠缠，就好像在那于千变万化中仍持续着的同一性之内，‘烦闷，这一拥有不朽范围的忧愁无趣的果实’一直不曾胜出。”（第 299 - 300 页）这一表述颇富意味，关键词是“纠缠”和“烦闷”，在列氏眼里，同一性就是令人烦闷的自我纠缠，但可悲的是它并不自知。

文学与媒介

关于现代主义理论体系的一个媒介学探讨

——答匿名评审专家问

易晓明①

摘　要：笔者曾将拙作《未完成的现代主义理论体系：基于知识形态的探源》投给国内某家理论刊物，后收到编辑部转来匿名评审专家提出的几个问题。笔者针对专家提问一一作答。本文即在答匿名专家问的基础上稍作技术整理而形成。其核心论题是电子媒介如何影响了现代主义文学的形成，而关于现代主义文学的理论又应该如何从媒介学角度进行补充和完善。

关键词：现代主义文学；现代主义理论；媒介学；麦克卢汉

问：关于既有的现代主义理论体系，作者提出“未完成”论，那么这未完成的现代主义理论究竟描述的是何种理论形态？能否说浪漫主义、现实主义或者后现代主义是业已“完成”的理论？“完成”的概念是什么？“未完成”必定是一种缺陷吗？

答：首先，真诚感谢您对论文的仔细审读与深入提问，推进了论者对问题的思考。您所提出的第一个问题，凸显出现代主义所处之特殊的媒介

① 作者简介：易晓明，首都师范大学跨文化跨媒介研究中心主任，比较文学教授、博士生导师。近年关于麦克卢汉的媒介理论，特别是关于媒介对文学的塑造问题发表有多篇论文，著有《文化现代主义》，主编有《欧美文学史论题研究》等。

位置，此一位置的特殊性使得现代主义体系与浪漫主义、现实主义、后现代主义体系具有完成度的差异。论文业已添加了对现代主义媒介位置之特殊性的相应说明。

“未完成”不是基于理论形态，而是基于知识形态（如论文标题明确标出）而言的。所谓“知识形态”，指对现代主义的认知与研究在知识形态上明显缺乏媒介知识这一块，而这个知识领域的缺位对现代主义构成了一个明显而严重的问题。现代主义处于印刷媒介向电子媒介转换的临界点，这种新媒介带来的创新爆发力特别需要相应的新媒介转换的视角予以解读，尤其是新媒介的全面感官化的感知形式被放大的效应，必须由媒介美学给予揭示。

那么浪漫主义、现实主义或者后现代主义的理论体系是否“业已完成”了呢？回答：虽然同为思潮流派，但因为它们不处于媒介临界点，不涉及媒介转换带来的全新形式塑造，它们的审美与前面的流派处于同一个媒介阶段，基本上有较大的因袭性。现代主义由于电子媒介与印刷媒介的交汇，文学变革性异常突出。电子媒介的感官化审美，使媒介美学成为对审美形式解读的最大的应合理论。依然袭用之前的现实主义批评话语，将缺乏审美的有效阐释。这也就是说，因为缺乏媒介知识的视角，对转向审美的现代主义的认知便会发生明显的缺失。我们知道，媒介学本身就是研究转换、研究临界点现象的。法国媒介理论家德布雷在《普通媒介学教程》中提出：“媒介学者是研究运动和转变的专家”①，“不稳定总是会引起媒介学者更多的关注”②。现代主义处于媒介转换的时期，研究临界点与不稳定的媒介学对它的特性具有特别的有效性。尤其是麦克卢汉的新媒介理论，它本身是讲感知效应的美学理论，最能揭示出现代主义的审美内核。

而浪漫主义、现实主义处于同一个相对稳定的印刷媒介阶段，不存在媒介转换的问题，因而，对它们的认识，即使没有专门提及媒介，也不是什么显要问题，看不出其理论体系有什么明显缺失。再说，对现实主义文

① ［法］雷吉斯·德布雷：《普通媒介学教程》，陈卫星、王杨译，清华大学出版社，2014年，第51页。

② ［法］雷吉斯·德布雷：《普通媒介学教程》，陈卫星、王杨译，清华大学出版社，2014年，第53页。

学线性叙述的历史时间等认识与表述，本身已经体现出了相应的印刷媒介特征。同样，后现代主义接续现代主义，也已经是处在媒介转换后的相对稳定的电子媒介阶段，其现代主义审美的承接，其拼贴等空间特征，不用特别强调也已经负载了媒介特征。这是因为媒介影响的复杂性，对处于非媒介临界转换的思潮，远远不及对处于媒介临界点的思潮的影响突出。因而对于浪漫主义、现实主义、后现代主义，从知识形态审视，不涉及理论体系完成与未完成的问题。或者说，对于现代主义存在理论体系而言的“未完成”，不等于对其他理论体系就意味着“完成”。唯独现代主义处于印刷媒介向电子媒介转换的位置上，新媒介对转向审美的现代主义有着直接塑造，它呈现的新奇与新媒介的塑造有很大的契合性。而对于现代主义文学的已有研究，却缺乏媒介知识形态的介入，如此停留在旧的认识论路径上，现代主义的形式复杂性就无法得到有效的揭示。媒介美学最为应合于现代主义文学中的审美形式，提供了新的认识途径。譬如对于象征的勃兴、感官审美、形式与内容等，电子媒介都赋予其新的审美特性。而对于浪漫主义、现实主义、后现代主义，媒介知识已经接续前一个流派而处于惯性之中了。本文的“未完成”一语，即基于知识形态的媒介知识缺位而提出理论体系的“未完成”，意指现代主义还需要沿着这一视角继续深入研究下去。这一表述，也暗合于哈贝马斯的《现代性——未完成的工程》一文的标题。

问：论文中较为详细地描述了卢卡奇的现实主义理论观点，认为现代主义被纳入现实主义的总体论之中给予考察。但卢卡奇的理论仅是现实主义的一个分支，另一些理论家对现代主义的理解与卢卡奇不尽相同，如韦勒克。因此，是否应当说明，现实主义的总体论对于现实主义的覆盖仅仅发生于卢卡奇这条理论线索之中，笼统地归结为“现实主义”未免以偏概全。另外，现实主义与反映论的关系似乎也仅仅体现在卢卡奇这条理论线索中。

答：谢谢专家的深入提问。根据专家提出的分支意见，进行新的扩大阅读后，论文最终还是强调卢卡奇作为现实主义理论的代表，没有改为两个分支，理由陈述如下。

在19世纪现实主义文学基础上确立起来的现实主义理论，其有影响的主要是马克思、恩格斯的现实主义文论以及拉法格、卢森堡等马克思主义理论家们的学说一支；以卢卡奇为代表的西方马克思主义者的现实主义文论一支；还有以俄国的列宁以及别林斯基等文论家所代表的俄苏现实主义文论等一支。现实主义文论整体上都有马克思、恩格斯文论的影子，具有社会反映论、总体论和阶级论等共同的理论核心。由于卢卡奇继承了马克思主义的总体论与阶级意识，他与布洛赫、布莱希特、阿多诺等人的论战，表现出他对现实主义作为文学最高标准的坚持，因而他就一直被公认为现实主义文论的代表。同样属于西方马克思主义的布洛赫，赞赏表现主义，他不属于现实主义的阵营。正由于现实主义理论具有共同的基本内核——总体论、阶级论与社会反映论，所以可以以“代表”的方式表述。

其他涉及现实主义问题的理论家，远远达不到卢卡奇在现实主义理论领域的影响力。至于您提到的韦勒克，他在现实主义问题上，几乎没有任何影响力，虽然他也论述了现实主义，但若将他视为现实主义理论的一支，则显然是支撑不起来的。这种分支的处理会带来很多新问题，无法说清楚，本身就是问题。对于现实主义理念不强的韦勒克，更是如此。

学界主要将韦勒克归为“新批评”的代表，即形式主义的代表，他不在现实主义一脉。韦勒克与沃伦的《文学理论》，提出了“外部研究”与“内部研究”。他注重文学作品本身，推崇研究小说、戏剧或诗歌等纯文学结构、体裁、意象、韵律、故事模式、风格等方面的特征，这属于内部研究的立场，因而是公认的“新批评派”。而现实主义则属于社会批评。

实际上，“新批评”也难以全面地概括韦勒克批评的广大和博杂。正是由于韦勒克实践批评的广博，他的理论事实上存在难以归类的问题。

第一，韦勒克以文学批评实践见长，其范围延伸到世界、民族、国别、跨学科等方面。从他的《对照文集：19世纪德、英、美三国之间的理智与文学关系研究》《近代文学批评史》《英国文学史的兴起》《捷克文学论文集》等论著就可以看出其批评面的宽泛，他因此常被推崇为比较文学专家。

第二，其批评方法多样，思想多元，影响研究与平行研究并举，前者如《康德在英国》，后者有《四大批评家：克罗齐，瓦雷里，卢卡奇，英伽登》等。而他的《文学理论》《批评的诸种概念》《续批评的诸种概念》则是针对文学理论与批评的偏于知识的整体研究。这些与政治性、社会性的现实主义立场无涉。

第三，特别重要的一点是，立足于文学的“内部研究”立场，韦勒克不仅未表现出对现实主义的热情和赞赏，甚至还表现出了对现实主义的不认同，具体表现有四方面：

其一，韦勒克以内部批评及审美为文学本体，在论及现实主义作家与理论家时，颇有微词，显出他对现实主义评价不够客观、全面。他在《批评的诸种概念》中称：“现实主义的理论是极为拙劣的美学。”① 说到巴尔扎克时，他挑剔说：“卢卡奇吹捧这篇‘极其精深’的评论，是‘世界文学史上的一大盛世’，而论者发现巴尔扎克无非是复述故事。”② 在论俄国车尔尼雪夫斯基与杜勃罗留波夫、皮萨列夫等现实主义文论家时，其贬低的言辞随处可见。如说车尔尼雪夫斯基“他这个人好像几乎没有审美感受力”③，“他看待诸门艺术的观点同样可谓疏浅”④。言及杜勃罗留波夫，也嫌弃他缺乏文学的趣味和感受力，文笔散漫重复。⑤ 韦勒克从感受力与美感的角度出发来评论现实主义，他甚至对这几位现实主义文论家持根本的否定态度：“我们必须认识到，他们主要关心的根本不是文学，他们是革命者，文学只是战斗中的一项武器，作为批评家而论，他们历来对文本视若无睹。”⑥ 可见，其关于现实主义的言论是偏颇的，谈不上具有什么理论价值。

---

① ［美］R. 韦勒克：《批评的诸种概念》，丁泓、余徵译，成都：四川文艺出版社，1988 年，第 243 页。

② ［美］雷纳·韦勒克：《近代文学批评史》第四卷，杨自伍译，上海：上海译文出版社，2009 年，第 7 页。

③ ［美］雷纳·韦勒克：《近代文学批评史》第四卷，杨自伍译，上海：上海译文出版社，2009 年，第 325 页。

④ ［美］雷纳·韦勒克：《近代文学批评史》第四卷，杨自伍译，上海：上海译文出版社，2009 年，第 326 页。

⑤ ［美］雷纳·韦勒克：《近代文学批评史》第四卷，杨自伍译，上海：上海译文出版社，2009 年，第 333 - 334 页。

⑥ ［美］雷纳·韦勒克：《近代文学批评史》第四卷，杨自伍译，上海：上海译文出版社，2009 年，第 360 页。

其二，现实主义在韦勒克心目中没有权重。在由12篇论文组成的《批评的诸种概念》一书中，论现实主义概念的文章只有一篇，论浪漫主义概念的有两篇。而且该书英文版序言认为该书核心的三篇文章《文学研究中巴洛克的概念》《文学史上浪漫主义的概念》《文学研究中现实主义的概念》，"论及了文学史分期实践的具体问题"，"这三篇文章，尤其是具有深远影响的关于巴洛克和浪漫主义的两篇，对文学研究发生了重大的冲击，促使了西方理论界对这些问题重新作了全面的考察"。① 可以看出，序言中认为最有深远影响、尤有价值的，是其他两篇，而非关于现实主义概念的这篇。

其三，再说《文学研究中现实主义的概念》这篇文章，它主要是对西方各国现实主义概念进行梳理，并没有论及现实主义文学本身。他说："我把这种现实主义看作是一个可以不断调整的概念，一种支配着某一特定时代的多种艺术规范的体系，它的产生和衰亡均有线索可寻。我们可以清楚地把它同在它之前的时代与在它之后的时代的那些艺术规范清楚地区分开来。"② 文章的思路重在梳理"现实主义"概念在西方各国的研究情况，继而陈述现实主义与自然主义等概念的区分。由此可看出，韦勒克的阐释建立在对批评进行批评，而且是对同一现象在各国的批评进行比较批评。这个途径不足以支撑他为现实主义理论家，因为他的重点在概念。在涉及与现代主义的概念区分时，他指出："人们普遍承认的十九世纪的现实主义完全被推翻了，代之以一种个人的、原子论的、主观的现实主义。它拒绝承认事物的客观秩序。"③ 在此韦勒克看到了现代主义与现实主义的对立，他视现代主义为另一种现实主义，也就是将之纳入现实主义的视野。

其四，韦勒克强调卢卡奇作为现实主义理论家的地位，也支持了本论文以卢卡奇作为现实主义代表的处理。他说：

---

① ［美］R. 韦勒克：《批评的诸种概念》，丁泓、余徵译，成都：四川文艺出版社，1988年，"英文版序言"第5页。

② ［美］R. 韦勒克：《批评的诸种概念》，丁泓、余徵译，成都：四川文艺出版社，1988年，第217页。

③ ［美］R. 韦勒克：《批评的诸种概念》，丁泓、余徵译，成都：四川文艺出版社，1988年，第227页。

在马克思主义者中间，G. 卢卡契提出了最严整的现实主义理论。他以马克思主义的意见即文学是“现实的反映”为依据，认为，如果文学充分地反映了社会发展中的矛盾，也就是说，在实践中，如果作品显示出一种对社会关系和它对未来的发展趋向的深刻洞察，它就是一面最真实的镜子。①

又说：

由于卢卡契对德国传统的了解和他在巧妙地把现实主义和古典主义联系起来这一工作上获得的某些成功，使他在马克思主义者中间显得是一个出类拔萃的人物。②

鉴于以上原因，本文依然坚持以卢卡奇作为现实主义理论代表。现实主义理论由于具有共同内核，适宜“代表论”的提法。再者，代表论便于概括和论述与现代主义的关系，而分支的提法找不到定论。将韦勒克作为一个分支，理由不充分，还会引出上述与论文论题无关的大量辨析与说明，出现偏离论文主题即媒介与现代主义关系的枝蔓。

问：论文似乎认为现实主义对应于19世纪阶级社会，现代主义对应于20世纪的非阶级社会——技术夷平了等级。前者注重社会批判，后者注重审美自律。严格地讲，阶级与技术并非同一层面的概念。技术的高度发达并非必然导致阶级的衰亡。一些理论家认为恰恰相反。如果论文坚持这种观点，必须进一步论证。论文后续的论证都是建立在这个前提上的。事实上，现实主义/社会批判与现代主义/审美自律的区分亦非自明的。

答：确实，技术与阶级不直接属于同一层面，但也不是没有关系——技术与民主的概念相连，而民主与阶级相连。别尔嘉耶夫说：“技术原则是

① ［美］R. 韦勒克：《批评的诸种概念》，丁泓、余徵译，成都：四川文艺出版社，1988年，第228页。

② ［美］R. 韦勒克：《批评的诸种概念》，丁泓、余徵译，成都：四川文艺出版社，1988年，第214－215页。

民主原则。技术时代是民主和社会化时代。”① 技术与民主存在这种关联，民主时代就是技术时代。而民主时代又与阶级时代对立，因而技术时代也就与阶级时代有了对立，这样“技术”就可替代性地与阶级置于一个对照层面。实际上，人们经常以民主时代、技术时代、大众时代等概念描述20世纪，说明它们之间具有一定的相通性。

技术对应民主而对立于阶级的原因还在于四点。首先，技术的非意识形态性使之成为瓦解阶级意识的力量。其次，技术飞速发展，扩大了市场，而市场交换是平等的力量，技术与市场结合，推动阶级社会瓦解，成为民主的助产士和保障。再次，学术领域，已有专题理论著作如 *Horizontal Society*（翻译为“平面社会”）②，专论西方20世纪社会的非等级特质。该书提出20世纪社会从垂直的阶级社会进入了非阶级的平面社会，强调技术是民主的推动力量，民主意味着对阶级特权的削弱。最后，从媒介技术来看，电力技术，如广播，不需要识字的文化门槛，促进广泛的平等参与，这是技术与民主的直接联系，在传播学理论著作中经常被提及，是伊尼斯的《传播的偏向》中的主要观点。

您指出：“技术的高度发达并非必然导致阶级的衰亡。”对此，笔者修订观点为：新技术的高度发达所形成的技术社会，对固化阶级与阶级统治形成冲击，引发阶级社会的衰落。技术高度发达，形成技术组织的社会，导致阶级衰落，有以下表现：

其一，技术社会增加了社会流动性。鲍曼的著作名为《流动的现代性》，说的是流动性对固化阶级的冲击。承认技术社会的流动性必然承认阶级秩序的被削弱。技术增强了市场的作用，市场也是瓦解阶级的力量。

其二，技术不止于单项技术，20世纪西方形成技术高度组织化的专业社会，取代了阶级社会形式，造成阶级关系与阶级观念衰落。当然，技术社会的阶级衰落，并不等于技术社会完全没有了阶级，在技术发达的21世纪，依然存在富人阶层，甚至贫富差距还在继续扩大。但20世纪技术社会

① ［俄］H. A. 别尔嘉耶夫：《人和机器——技术的社会学和形而上学问题》，张百春译，载《世界哲学》，2002年第6期，第50页。

② Lawrence M. Friedman, *Horizontal Society*, New Haven and London: Yale University Press, 1999.

不再是世袭与固化的阶级社会，其社会的阶层具有开放性，不再以阶级社会的形态出现。社会演变为个体社会形态，庞大的中产阶级由此形成。

其三，从媒介可以看到其对社会观念价值的影响力作用的潜在影响。德布雷说："一个特定媒介域的消亡导致了它培育和庇护的社会意识形态的衰退，使这些意识形态从一个有组织的活体力量衰变为幸存或垂死的形式。"① 所以新媒介取代旧媒介的形式，会导致对应的旧的阶级结构与阶级意识衰亡。等级社会被夷平，电力的普及起到了重要作用。伊尼斯在《传播的偏向》中明确表述，印刷媒介对应阶级社会，电子媒介对应民主社会。媒介理论关于这个问题已经有不少经典论述。

最后，关于现实主义的"社会批判"与现代主义的"审美自律"，不存在自明的问题。确实是不存在自明性的。然而，现实主义的"社会批判"在现实主义理论中已经得到透彻的阐释，现代主义的"审美自律"在法兰克福学派理论家的著作中也得到透彻的阐释，"批判现实主义"的"社会批判"，与"审美现代性"的"现代主义审美"，作为直接对应性的概念，作为可用的知识范型，已被学界广泛接受。本文也是在这个意义上沿用"社会批判"之作为现实主义的特征，"审美自律"之作为现代主义的特征。当然，现实主义也有审美，但偏向社会审美；现代主义也有社会批判，但不是直接的社会批判，而是多采取象征、隐喻，是经形式中介化而寓意性否定的社会批判。知识范型是可以运用的，而无需再做专门论证。现实主义的"社会批判"与现代主义的"审美自律"问题，如果再去专门论证，论文将偏离媒介知识而跑题，影响主题论证的推进。

问：麦克卢汉理论以及电子媒介在多大程度上解释了现代主义的核心问题？现代主义完全是电子媒介以及相关媒介的产物吗？

答：文学最具广泛的社会联系，是整体生活的呈现。作为文学思潮，现代主义的出现有多方面的复杂原因，不是单一的媒介因素独家影响的结

① ［法］雷吉斯·德布雷：《普通媒介学教程》，陈卫星、王杨译，北京：清华大学出版社，2014 年，第 20－21 页。

果。只是现代主义产生的社会原因——工业社会体制以及非理性哲学思潮，无意识的心理学影响，这些思路的研究都已经存在，本文则集中论述电子媒介的影响，尤其集中在它对现代主义审美感知的影响，这是一个新视角。媒介学本身是一个交叉学科领域，媒介理论很丰富，而麦克卢汉的媒介理论，以“媒介是人的感官延伸”的论点为核心，将人类文明史划分为口头媒介、印刷媒介、电子媒介三大阶段，它们各自有不同的感官偏向。麦克卢汉媒介理论聚焦媒介带来的感官比率变化，本质上属于媒介审美理论。麦克卢汉的媒介理论体系是从现代主义获得的灵感，是在其启发下建构起来的。反过来麦克卢汉媒介理论也有效地揭示了技术感性与现代主义艺术感性的相通。无可争议，审美是现代主义的核心问题，也是麦克卢汉的媒介理论对应现代主义审美形态及艺术形式的核心问题。现代主义转向形式审美，电子媒介的虚拟性与现代主义形式审美具有同构性。麦克卢汉论及技术媒介有神话性，现代主义文学同样也有艾略特提到的著名的神话方法，技术感知与艺术感知在感知及其形式上出现高度融合。

“现代主义完全是电子媒介以及相关传媒的产物吗?”对于这个问题，肯定地回答，现代主义不会完全是电子及其相关媒介的产物，但其新的审美形态，则可以说基本是为电子媒介环境的感知属性所塑造的。

现代主义是工业化建制、非理性思潮等多方面影响的产物，现代主义同样也有社会批判等其他方面，但本文的论题集中在电子媒介与现代主义审美的关系，并认为这个视角在过去的研究中缺席，现代主义没有引入麦克卢汉的媒介美学知识来审视审美形式，因而理论体系不完整。媒介不只是一种物，电子媒介构成了环境，其影响力巨大，还构成与人的互动，形成物与人、技术与人、媒介与人的互动的新文化形态。

德布雷指出：“媒介学的中心是发现技术与文化的互动结构”，“媒介学意味着一个更为宽泛的方式来分析一个社会和超社会的文化传递”。① 那么，媒介审美的角度，就是一个比文学研究视角更宽泛的审美研究视角，它凸显人与物、人与时空、人的感官性、人与自身等多重关系，电子媒介无疑

---

① ［法］雷吉斯·德布雷：《普通媒介学教程》，陈卫星、王杨译，北京：清华大学出版社，2014 年，陈卫星“导读”，第 9 页。

对人的感官、对艺术家的感官塑造发挥了重要影响。它全面延伸感官，造成感官的勃兴。而追求感官审美的现代主义的出现，正是电子媒介影响的结果。媒介对人的感官、精神、心理都有影响。如德布雷所言，“媒介学的研究突出了人们在媒介使用过程中的潜移默化所带来的精神行为的影响，属于历史范畴”①。

媒介学揭示了媒介超出技术工具的文化意义。媒介物与人的关系，是另一种历史的范畴，不同于人与人的关系史，即阶级斗争的历史，媒介涉及人与物的关系，人与人的关系史、人与物的关系史两者一起构成广泛的文化史。比如说，媒介研究象征现象与物质技术之间的互动关系。现代主义出现象征勃兴，很大程度上确实是与电子媒介的连接性以及呈现物的外观的属性有直接关系的。当物的外观被电子媒介呈现，也就带有了夸大视点，就成为意象外观。电子媒介对现代主义文学形式的塑造是很明显的，这在于电子媒介是有赋形能力的，它重外观，偏形式因，这一点是被忽略的。相对而言印刷媒介呈现序列性，其媒介偏向思想理念，是偏目的因的。

问：在文学领域中，这个结论难以得到充分的证明。在艾略特的《荒原》、乔伊斯的《尤利西斯》、卡夫卡的小说这些公认的现代主义作品之中，电子媒介的作用未必是最重要的问题，甚至难以察觉。

答：您提出电子媒介的作用甚至难以察觉，这是非常正确的。媒介生态学理论家兰斯·斯特拉特指出，就像人不察觉空气的存在，鱼不察觉水的存在一样，媒介环境也是不易觉察的，因为人习惯于媒介环境，不太能察觉其存在，受关注的总是媒介传输的内容，而非媒介本身。麦克卢汉的著名论断是“媒介即信息”，也就是说新媒介新环境就是新信息。

本文重在论述现代主义的审美形式与电子媒介的媒介偏向的塑造的关系问题。电子媒介对艺术感知与艺术形式的塑造是显而易见的，艾略特、乔伊斯、卡夫卡作为现代主义的代表人物，都是艺术形式的创新者，他们

---

① ［法］雷吉斯·德布雷：《普通媒介学教程》，陈卫星、王杨译，北京：清华大学出版社，2014 年，陈卫星“导读”，第 7 页。

对生活、对外部世界都获得了新感知。具体而言，艾略特诗歌的时空穿越、时间的可逆，对声音的凸显，都受到电子媒介的即时性与听觉性的影响。而乔伊斯的《尤利西斯》的神话性特征，对应于麦克卢汉所论及的电子媒介的神话性，本身包含对线性历史叙事的瓦解。乔伊斯的神话并置手法，接受了电子媒介空间偏向的启示。卡夫卡被称为寓言小说家，其小说的象征性，是以电子媒介的物质性与拟像性对象征的勃兴为前提的。媒介学研究象征与物质结构的关系，从这个视角，则可以看出电子媒介是象征勃兴的根源，也是现代主义象征的物质、技术文化基础，这是理解现代主义文学象征的有效途径。

关于现代主义不只有审美意义，还有重大社会批判意义，这是不可否认的。文学的社会批判，经常就会偏向从社会制度、社会观念的途径来理解。现代主义当然不只接受媒介的作用，它也不只是对技术环境的反应，还存在对工业体制的社会建制，对这个社会的民主化维度、物质化维度、大众化维度、个体化维度等全方位的映射。这些途径都是建立现代主义的批判意义的途径。至于现代主义社会批判意义，与媒介审美是不是分离的呢？这是一个具有挑战性的新问题。

过去我们将媒介仅仅看作技术工具，其实媒介审美本身也是建构意义的方式。

第一，“媒介即信息”，就是说，信息是媒介本身所固有的，媒介作为信息，用于人的感官，也作用于心理，是文化与精神的塑造力。尼尔·波兹曼说：“每一种工具里都嵌入了意识形态偏向，也就是它用一种方式而不是用另一种方式构建世界的倾向。”① 而电子媒介的技术形态，具有反意识形态性，它塑造了现代主义文学对意识形态的抵制。电子媒介放大感官比率，则相应降低了观念价值的作用，这使现代主义形成了与现实主义观念社会价值不同的感官审美模式，一定程度上瓦解了理性与思想的集体性。这意味着，现实主义的观念意识形态与现代主义审美意识形态走的是不同的批判路径。

---

① ［美］尼尔·波兹曼：《技术垄断：文化向技术投降》，何道宽译，北京：北京大学出版社，2007年，第7页。

第二，现实主义的社会审美确实也有媒介的形式性的参与，而现代主义的媒介化的形式审美也不乏审美的社会性。齐美尔等理论家认为，现代性碎片最终是要通往总体的，其本身构想的就是新的总体性意义，只是它不再是纵向的历史总体而已。现代主义文学碎片化，但作品整体意义上，则完成了总体的社会意义建构，最终也实现了文学的社会批判。只是它不同于现实主义直接的社会批判，它经过象征、隐喻等审美形式中介化，不停留在思想观念，侧重审美的否定特质，从否定机械化的体制对人的异化、社会管理的标准化等对人性的压抑等角度，形成总体的社会意义。

现代主义是审美意识形态，不再是政治意识形态，它以审美形态否定社会现实。形式审美不等于没有社会意义，确切地说，它扩大了社会意义的呈现方式，不再直接表明社会意义。

首先，现代主义文学的社会意义不再捆绑于社会理性，现代主义质疑将审美活动等同于认识活动。感官审美、形式审美，总体上稀释了带有观念性质的认识论，但并不等于完全不包含认识。新媒介是新环境。为什么要说媒介即信息，就是这个道理。① 新媒介环境兴起审美，扩大到了感性审美范围，涉及人与万物的关系。文学中物的因素上升，人与物可以构成任意的象征、隐喻形式，形成中介表达，因而直接的理性批判有所下降。艾略特是象征主义的代表，乔伊斯的《尤利西斯》是神话隐喻结构的代表，而卡夫卡的小说被称为寓言小说。

其次，麦克卢汉认为电子媒介带来信息的马赛克，瓦解了统一的社会理性认识的历史时空。现代主义以感官审美对抗社会理性。但艺术是符号，必然带有社会性价值。

此外，媒介环境也会关联社会环境。麦克卢汉提出媒介环境由四部分组成：媒介感知环境、媒介符号环境、单一或多重媒介环境以及社会环境。新媒介文学也会联系并指向其中的社会环境，艺术家的感知同样发生在“感知－符号－社会文化”的结构中，本身也是与社会文化连接的。

最后，如德布雷所认为，媒介体现的是人与人关系历史之外的人与物

---

① ［加拿大］埃里克·麦克卢汉，［加拿大］弗兰克·秦格龙：《麦克卢汉精粹》，何道宽译，南京：南京大学出版社，2000 年，第 343 页。

的关系历史，媒介研究人与物互动的历史。电子媒介对历史总体目标叙事的瓦解，指向的是第一种历史，实际却凸显了第二种历史，后者是被忽略的，因而媒介视角事实上也扩大了物与人的关系的历史。真实时间通过图像、声音的模拟所形成的事件的工业化制作，修改了我们同过去和未来的关系。① 在这样的情形下，现代主义文学中过去与未来的关系被改变，大众的集体感知与集体心态也同样被改变。现实主义侧重表现人与人的关系，特别是阶级斗争关系，而现代主义则扩大表现人与物的关系。物的象征性，或者物统治下人的生存境遇等，都是新的视域。在技术与物的统治形成的“他者引导”的社会里（大卫·理斯曼《孤独的人群》），个体很难建构出完整的理性自我。乔伊斯《尤利西斯》中的布鲁姆，卡夫卡《变形记》中的萨姆沙，加缪的《局外人》中的莫尔索，都被表现为难以形成理性行动能力的人，无法成为自主的自我，这体现的是在他者引导的社会中人的特质，这本身就是一种社会批判。

所以，媒介不只是工具，它不只是被动的，也是可以生产意义方式的，媒介学揭示出媒介的意义生产方式是媒介与人互动。麦克卢汉指出：“没有一种媒介具有孤立的意义和存在，任何一种媒介只有在与人的相互作用中，才能实现自己的意义与存在。”② 印刷媒介与人的活动结合，出现了大量的思想宣传与具有深刻的思想批判的文学作品，呈现出文学场域中观念价值的对抗。电子媒介兴起感官审美的现代主义文学，其审美否定式的批判模式，不得不说与电子媒介自身的客观性等物质层面对思想性所形成的一定的削弱有关。一旦印刷媒介因为视听媒体的冲击而不断衰退，知识分子的社会批判和政治理想一同褪色。③ 媒介的作用是一种潜在的作用，它不像认识论给予对与错的判断。电子物质媒介兴起拟像，也兴起了文学艺术的象

① ［法］雷吉斯·德布雷：《普通媒介学教程》，陈卫星、王杨译，北京：清华大学出版社，2014 年，第 82 页。

② ［加拿大］马歇尔·麦克卢汉：《理解媒介：论人的延伸》，何道宽译，南京：译林出版社，2011 年，第 40 页。

③ ［法］雷吉斯·德布雷：《普通媒介学教程》，陈卫星、王杨译，北京：清华大学出版社，2014 年，陈卫星“导读”，第 23 页。

征文化模式，“每一种传播媒介都是一种独特的艺术形式”①。德布雷说：“不管是文化社会学、思想史，还是政治学，目前都不能对象征世界的物质基础加以解释。”② 而恰恰是关注物质与人互动的媒介学，具有一定的参照价值。印刷媒介的先后排字序列，建构历史线性叙事与历史理性中介的现实主义文学，表现为社会审美或社会意识形态的审美；电子媒介强化了个人感知的感官审美，使现代主义文学走向形式美学，而社会意义寓于其中。这正体现了麦克卢汉所说的，技术的影响不是发生在意见和观念层面上，而是坚定不移、不可抗拒地改变人的感觉比率和感知模式。③ 对于现代主义作家作品，当然也可直接谈论其社会批判意义，但那不过是一种因袭与简单的方式。而在审美中介感知形式上谈论其社会批判意义，是更恰切的方式。

20 世纪西方媒介环境变了，社会体制变了，文学对世界的体验与表达的方式也变了。追溯到媒介的话，则在于如麦克卢汉所说的，新媒介带来的是新尺度，新媒介导致主体感知世界的方式具有颠覆性。他说：

> 所谓媒介即讯息只不过是说：任何媒介（即人的任何延伸）对个人和社会的任何影响，都是由于新的尺度产生的；我们的任何一种延伸（或曰任何一种新的技术），都要在我们的事务中引进一种新的尺度。④

电子媒介与审美的潜在塑造关系在于象征，但德布雷认为目前各个人文知识领域都还不能对象征世界的物质基础加以解释。然而媒介的偏向，可以说为象征关系的解释提供了一定的基础。“就像生态学研究生物与无生命环境之间的依赖和互动关系一样，媒介学想要研究象征现象与物质技术

---

① ［加拿大］埃里克·麦克卢汉，［加拿大］弗兰克·秦格龙编：《麦克卢汉精粹》，何道宽译，南京：南京大学出版社，2000 年，第 96 页。

② ［法］雷吉斯·德布雷：《普通媒介学教程》，陈卫星、王杨译，北京：清华大学出版社，2014 年，第 2 页。

③ ［加拿大］马歇尔·麦克卢汉：《理解媒介：论人的延伸》，何道宽译，南京：译林出版社，2011 年，第 30 页。

④ ［加拿大］马歇尔·麦克卢汉：《理解媒介：论人的延伸》，何道宽译，南京：译林出版社，2011 年，第 18 页。

环境之间的依赖和互动关系。"[①] 陈卫星在"导读"中指出物境的技术层级的变化使得符号象征的功能发生变化，这些无疑都指出了媒介偏向所具有的深层影响问题。

文化具有多面形态。在语言媒介阶段，文化主要是观念价值形态，而进入电子媒介阶段，由于对象征的塑造，文化更多呈现为媒介形态与技术形态的文化，更加具有象征的审美特性。这样一来，媒介与审美成为问题的两个方面，或者说是同一个问题。在新媒介的新尺度下，观念价值不再突出，文学、艺术与文化的直观往往是媒介、技术、审美、文化的混合状态，媒介成为这种新型文化的基础，也是新型文化的潜在构成因素。

① ［法］雷吉斯·德布雷：《普通媒介学教程》，陈卫星、王杨译，北京：清华大学出版社，2014年，陈卫星"导读"，第19页。

《拉奥孔》：从诗画之辨到被阅读的音响

王诗齐①

摘　要：《拉奥孔》是德国启蒙运动时期的“自由作家”莱辛的美学著作，它区分了画和诗两种艺术体裁，画更具空间性，它善写物却不表象丑。诗是时间中的音响之流，它善绘事且表象范围更广。《拉奥孔》的艺术区分存在理论局限性，此外，其论述诗歌音响时，仅重视书面的文字形态，而忽略了诗歌的现场物理音响。联系《汉堡剧评》可发现，莱辛设置了文本的理想接受主体，即德国18世纪的知识分子与市民阶层，其具备一定审美能力、阐释技术。此外，莱辛出于理性主义的启蒙理想，并未突破中世纪以来文化人类学层面的文化等级区隔。在分析诗歌这一体裁时，《拉奥孔》重视精神性的、书面的文化形态，相对压抑了其口语性的文化形态。最后，虽然西方形而上学具有“语音中心主义”之特征，但作为具体的意义媒介，声音与文字在参与话语实践时，亦须接受知识－权力的历史性机制的塑造。口语性的文化形态，在18世纪德国的启蒙主义、18至19世纪的节奏学语境中，均未实现其政治与美学潜能。而《拉奥孔》中的诗，亦是根据书面文本来想象的无声之诗。

关键词：拉奥孔；汉堡剧评；诗与画；德国启蒙运动；语音中心主义

① 作者简介：王诗齐，中国社会科学院大学外国语学院德语语言文学专业硕士研究生，研究方向为欧洲思想史与比较文学。

一、《拉奥孔》：诗画之辨

在成书于1766年的《拉奥孔》中，莱辛描述了一种“艺术批评家”：他们沿着哲学家的道路，发现了诗和绘画中都存在着的美学规律，并试图辨析何种规律适用于何种艺术体裁。但这项工作却易于出错，尤其是德国当时的那些“艺术批评家”，他们盲目地推崇古希腊的一句格言，“画是没有声音的诗，而诗是能述说的画”①，以至于“认为这些区别②仿佛不存在”③，并以此为出发点，轻易地立论。而莱辛写作《拉奥孔》的目的，正是要阐明、区分诗与画各自的艺术规律。在《拉奥孔》的前言中，莱辛还特别说明，“画”在书中将泛指“一般的造型艺术”，而“诗”的定义也被拓宽，指能够“连续地模仿”的艺术。④ 根据朱光潜的解释，这种艺术指的是文学。

莱辛以16世纪在意大利发掘出的古希腊雕像作品《拉奥孔》为例，说明了他的观点：造型艺术是一种更具空间性的艺术，这种艺术应当模仿的是“美的物体”（Körper），而且，“在作品中，题材自身的完满，必须是引人沉迷的”⑤。总而言之，造型艺术所能延展、追求的范畴，都“必须为美而退让”“服从美”。所以，造型艺术家在制作《拉奥孔》这一雕像时，不应描述情节的高潮和顶点，即拉奥孔至为痛苦时，表情激烈、身体扭曲的模样；而是需要“遮盖”它，转而描绘情节高潮来临前的那一刻。这一方面是为了服从莱辛所说的美的准则，让雕像能够引起人们的“怜悯”，另一方面也能避免雕像将那激情的一刻长久地镌刻在空间中，将高潮无限延长，

---

① Gotthold Ephraim Lessing, *Laokoo oder über die Grenzen der Malerei und Poesie*, Stuttgart: Göschen Verlag, 1837, S. 2.

② 此处所指即诗与画的区别。

③ Gotthold Ephraim Lessing, *Laokoo oder über die Grenzen der Malerei und Poesie*, Stuttgart: Göschen Verlag, 1837, S. 2.

④ Gotthold Ephraim Lessing, *Laokoo oder über die Grenzen der Malerei und Poesie*, Stuttgart: Göschen Verlag, 1837, S. 2.

⑤ Gotthold Ephraim Lessing, *Laokoo oder über die Grenzen der Malerei und Poesie*, Stuttgart: Göschen Verlag, 1837, S. 9.

以至于显得不自然。

但是，诗这一艺术体裁，却并不服从上述规律。诗是一种更具时间性的艺术。首先，诗并非只能模仿美的事物，而是能模仿“整个无限广阔的完善的境界”。这其中也包括丑。其次，它主要诉诸的并非视觉，而是听觉，诗句所需要的是“在音调上崇高铿锵”①，也即朱光潜所说的“听起来好听”，如同在时间之流中绵延的音乐。至于视觉层面的美学效果，则由读者自行想象补完，而不要求作者细致绘出。最后，诗也没有必要像造型艺术那样，只描绘情节高潮来临前的时刻，而是可以描绘整个时间进程中的任意片刻，也包括激情的顶点。

总而言之，在《拉奥孔》的语境中，两种艺术体裁之所以服从不同的美学规律，是因为它们依赖不同的媒介。造型艺术更多被理解为空间的结晶，它表现的是视觉形象，所以缺乏时间性。造型艺术的时间性，即从高潮来临前直至高潮的这一短暂片刻，只能被间接地暗示出来，并通过观看者的审美接受来补完。而诗则更多被理解成时间的涌流，它具有音乐性，所以不需要直接的空间性。诗的空间性，即莱辛所说的要“诉诸视觉”的画面感，同样也必须借助观看者的想象来还原。

二、诗画之辨的盲视

那么，我们是否能够想象一种能在造型艺术中绵延的时间，以及一种直接在诗中展开的空间？如果我们将目光放到20世纪乃至更早的艺术形式上，便可发现，《拉奥孔》中的诸多论述都可被重新考量。

1. 绘画的时间性

就绘画的层面而言，在莱辛和《拉奥孔》的时代，某些绘画之所以被认为能够模仿现实，是因为它使用了一种“自然狡计”，在二维的平面上创造了三维的“真实幻觉”，并在一定程度上隐藏了意指过程，使其所指以“自然”的姿态浮现。《拉奥孔》一书在论述绘画和雕塑时，所论述的便主

---

① Gotthold Ephraim Lessing, *Laokoo oder über die Grenzen der Malerei und Poesie*, Stuttgart: Göschen Verlag, 1837, SS. 20 - 21.

要是图像符号的所指，比如提牟玛求斯的美狄亚，她的母爱和恨意两种激情相互斗争，令她犹豫不决。

以20世纪初崭露头角的立体主义绘画为例，克拉克和他的好友毕加索，决心沿着塞尚的思路前行，打破透视法则，重思绘画这门艺术的“元理论”。二人均有意打破这种“真实幻觉”。首先，他们修改了透视法，取消了绘画的空间性，将画布再次还原为三维空间中的二维平面，也将绘画作为指涉活动的一面暴露出来。其次，他们将一种时间性微妙地引入了绘画中。以克拉克1909年的作品《小提琴与调色板》为例，他将从不同角度看到的小提琴同时绘在了一块画布上。如果人们要从不同视角来观察同一物体，那么就须花费时间来移动位置。而观看——这个历时性的过程，被克拉克凝结在了自己静止的绘画中。因此，造型艺术就可以不仅通过对“客体”（object）的表征，来间接地暗示时间；而且可以通过对“客体”的重构，直接表征时间本身。

如果说20世纪的现代主义艺术对于莱辛而言还难以想象，那么，西班牙画家委拉斯开兹创作于1656年的《宫娥》中，也已出现“多重指涉”的魅影。福柯在《词与物》中用了整整一章来分析这幅作品，将它视为“古典表象之表象”①。首先，它表象了一个被凝冻的空间，即17世纪的西班牙宫廷，其中有小公主、她的宫女们、国王、王后和画师本人。这一表象层次正是《拉奥孔》在论述造型艺术时注意到的层次。但是，《宫娥》还有另一种层次：它表象了自身的生成史——正在绘制《宫娥》这幅画的画师出现在了画中，他身侧是《宫娥》的画布，但它的内容对观众而言是不可见的。同时，画师回头望向《宫娥》的画外，仿佛他执笔描绘的就是画作的观众们。通过遮蔽和揭露，属于古典主义艺术的《宫娥》指涉着自己的生成过程，折射出不同的时间片段。而画中人微妙的一瞥，则隐隐地（但不可能真正地）指涉画外的世界。画师凝视外部的目光，使他似乎和被凝视的观众们同时在场。此时，绘画就不再是无时间性的，它和接受者分享着共同的瞬间。

---

① 详见［法］米歇尔·福柯：《词与物》，莫伟民译，上海：上海三联书店，2016年，第17页。

2. 诗歌的空间性及其沉默

关于诗的空间性，也已有丰富的论述。语言是历时性和共时性的结合，在时间中绵延的语言符号必须借助空间形式才能被理解。例如，在《空间的语言》（“The Language of Space”）一文中，福柯提道：

> 书写在多个世纪以来都被时间统治，但无论是真实还是虚构的叙事，都并非这种从属的唯一形式，也并非最本质的形式……实际上，时间对书写所施加的严苛影响，并不是通过被书写的东西，而是通过它的一种稠密的层次——在这其中，它构建了自身独一无二的、非物质性的存在。①

福柯将时间从语言的本质中抽离出去，并且指出，时间如何通过书写本身被构建出来。

一方面，如果我们回顾《拉奥孔》中的相关论述，就能发现，莱辛所指的“诗的摹仿”更倾向对一个事件的模仿，而不是对一个场景的模仿，例如索福克勒斯的《菲罗克忒忒斯》。莱辛也提到，“先后相互承续，或其自身每一部分亦如此相承的事物，一般叫‘动作’（Handlung，或译为‘情节’），对动作的模仿是诗原本的题材”②。情节，也即对动作和事件的模仿，正是亚里士多德《诗学》的论述核心。在历史充满断裂、差异和碎片的地层中，文学承担了这样一种功能，即赋予事件逻辑、意义，以及某种整体性和连续性，因此事件才能成为情节。在这一书写逻辑中，线性的时间维度被“发明”了出来。因此，正如福柯所言，并非时间是文学这种艺术体裁的核心，而是文学通过那些书写的“稠密的层次”，建构了一种非均质的时间意识。

另一方面，就语文学的层面而言，“印欧语系”中的许多表音文字，都是在时间中延续的语音流的记号，这也正是《拉奥孔》中诗的时间性的第

---

① Micheal Foucault, *The Language of Space*, trans. Gerald Moor, *in Space, Knowledge and Power: Foucault and Geography*, ed. Jeremy W. Crampton & Stuart Elden, Aldershot: Ashgate, 2007, pp. 163 – 167.

② Gotthold Ephraim Lessing, *Laokoo oder über die Grenzen der Malerei und Poesie*, Stuttgart: Göschen Verlag, 1837, S. 88.

二个层次：它和表音文字的某种线性特征有关。虽然莱辛提倡过“人类戏剧”，并且表现出了世界主义者的倾向，但是相较法国启蒙运动的先驱伏尔泰，甚至稍晚的歌德，莱辛对东方的语言和文学的兴趣都并不算浓厚。在《拉奥孔》这样的著作中，莱辛虽然欲厘清两种艺术体裁的区别，但在具体论述中，他所选取的例证多为希腊和罗马的作品，例如维吉尔的《埃涅阿斯纪》，而极少着眼于欧洲之外的语言和文学，尤其是非表音的文字系统。如果莱辛像伏尔泰那样关注了汉语文学，那么他便可能察觉，汉字具备一种独特的空间性：在作为汉字基本构字法的“六书”之中，不仅有“形声”，也有“指事”“会意”和“象形”，它们与在空间中展开的图画十分相似。在16世纪的欧洲，就曾出现了过汉字的“象形表意神话”①，而20世纪的美国印象主义诗派更奉之为圭臬。菲诺罗萨、庞德在《作为诗媒的汉字》一文中提出：“汉字是基于大自然运行的生动速写（based over a vivid shorthand picture of the operations of nature）。”② 虽然这种神话带有未经批判的东方主义色彩，但是相较于莱辛在《拉奥孔》中对欧洲之外文学的系统性忽视，它也能提供一定的启示。

最后，颇为值得注意的是，虽然莱辛一直在《拉奥孔》中将诗视作“时间的音响”③，但是，莱辛所引用的关于诗的文献，都是各类经典文学文本，他几乎没有讨论过另一个庞大的传统，即口头文学，也很少触及文学文本的朗诵、展演。在述及维吉尔描写拉奥孔的诗句时，莱辛提道，“‘他向天空发出可怕的号哭’这句诗，只要在听觉上崇高铿锵就已足矣，而至于它的图像是否漂亮，那就大可随意”④。这说明了莱辛对诗之音响形象的重视。但是，在解释这一观点时，莱辛表示：“它既已在上文有所铺垫，而它在那孤立的印象中所遗失的，又将通过下文得到缓和与补偿，在与上下

① 蔡宗齐：《欧美汉诗研究中的象形表意神话和想象误读》，选自方维规主编：《思想与方法》，北京：北京大学出版社，2016年，第233页。

② 蔡宗齐：《欧美汉诗研究中的象形表意神话和想象误读》，选自方维规主编：《思想与方法》，北京：北京大学出版社，2016年，第233页。

③ 范大灿：《德国文学史（第二卷）》，南京：译林出版社，2006年，第176页。

④ Gotthold Ephraim Lessing, *Laokoo oder über die Grenzen der Malerei und Poesie*, Stuttgart: Göschen Verlag, 183, S. 20－21.

文的联系中，它能够产生卓越的效用。”① 由此可见，莱辛表面上谈论的是正在被朗读的诗歌，即某一时间片断中的语音流，实际上他想象的却是正在被阅读的诗歌，即一个静态的书面文本，它可以随时在与其上下文的“互文性”关系中被查阅。而“好听”也未必是实际的朗读效果，而是读者在阅读时想象中的音律。这是一种微妙的错位：在“时间的音响”中，“音响”也是被看到的，而不是被听到的。

在讨论《荷马史诗》这样的口传文学时，莱辛也主要将它视作一个纯书面的文本，例如在“把荷马描写的盾还原（再造）出来”一章中，莱辛的阅读便纯然是文本分析式的。在《拉奥孔》成书的18世纪后期，关于《荷马史诗》口传性的学说已经出现，德国语文学者沃尔夫也阐述了《荷马史诗》是集体创作的观点。而以莱辛在圣阿芙拉学校的求学经历，及其在古典语文学方面的造诣，他未必没有了解过这一学说，他却未在《拉奥孔》中提及分毫。在《拉奥孔》中，莱辛唯一讨论的有音响形象的、现场展演的诗是戏剧体诗，但莱辛反而更多用造型艺术的标准来要求它，因为戏剧的表演涉及演员的声音与形体。因此，《拉奥孔》中的声音并不真正在场，它只是借着沉默的书面文本“还魂”了。

三、诗何以无声：沉默的阅读主体

发现声音在《拉奥孔》中的缺席，对理解《拉奥孔》中划分艺术体裁的逻辑具有一定的意义。它不仅能暴露莱辛在《拉奥孔》中的理论缺陷，也能帮助读者了解文本的某些预设及其背后的知识机制。

在《拉奥孔》的整体论述中，莱辛并未明确地比较过诗与画两种艺术体裁的高下，但是在《诗与画的交互影响》一章中，可以看出，莱辛将古希腊的诗放在了比画更重要、更原初的地位上。莱辛认为，“艺术家们模仿了诗人”，“荷马诗歌的杰作，比任何绘画杰作的历史都要悠远”②，那些对

① Gotthold Ephraim Lessing, *Laokoo oder über die Grenzen der Malerei und Poesie*, Stuttgart: Göschen Verlag, 1837, S. 21.

② Gotthold Ephraim Lessing, *Laokoo oder über die Grenzen der Malerei und Poesie*, Stuttgart: Göschen Verlag, 1837, S. 129.

艺术家而言“特别有用的意见”，已经被荷马找到了。于是，艺术家们甚至在“借助荷马摹仿自然”，比如菲狄阿斯就学习了荷马，而其他艺术家又间接地通过菲狄阿斯，模仿了荷马的技巧。总之，在诗和画的区分中，莱辛认为作为文学的诗要更具有本源性；对莱辛而言，作为理想范型的诗并非口传文学，亦非现场展演的诗，而是适合一个人安静阅读的书面文本，而它的音乐性则是潜在的。除此之外，显而易见的是，在《拉奥孔》中，画或者说造型艺术，受到的限制比诗更严苛，它需要牢固地遵守美的规范，而诗则可以更自由地进行表征活动。从这个角度来看，莱辛有着某种“文字中心主义”。

那么，为什么莱辛有这种“文字中心主义”？那个隐藏着的、维吉尔和荷马的诗歌文本的阅读主体，又是谁呢？

我们可以从《拉奥孔》中的某些线索出发，并联系《汉堡剧评》来解释这一问题。首先，莱辛已经强调过，“动作是诗原本的题材”①，并且明确指出，这个“动作”指的是“情节”，此时已经可以看到亚里士多德《诗学》的影响。其次，在谈到“戏剧体诗人”时，莱辛也提到了两个很重要的戏剧效果，即“同情”（Eleos）和“恐惧”（Phobos）。一方面，当菲罗克忒忒斯遭遇身体的剧烈痛苦，并且流落荒岛之时，他因为失去了和同伴们的联系，处于“人与人的社交被完全剥夺”的状态，所以能够引起观众们的同情。另一方面，他又深陷重病，无计可施，这也会让观众们感到“不寒而栗”“毛骨悚然”。这种绝望感也可以被视作“恐惧”的一种，它和“同情”混合在了一起，加剧了同情。这之中已经出现了写作于1767—1768年的《汉堡剧评》的影子：法国古典主义者拉辛认为，“恐惧”和“同情”不能共同出现②，但是在对《菲罗克忒忒斯》的评价中，莱辛已经让它们共同出现了，而且正是观众对菲罗克忒忒斯境遇的“恐惧”加深了他们的“同情”，这一点也与《汉堡剧评》相似。最后，莱辛在评价菲罗克忒忒斯的遭遇时感慨道：“法国人没有足够的理解力来考虑它，也没有足够

① Gotthold Ephraim Lessing, *Laokoo oder über die Grenzen der Malerei und Poesie*, Stuttgart: Göschen Verlag, 1837, S. 88.

② 范大灿：《德国文学史》（第二卷），南京：译林出版社，2006年，第174页。

的心肠来感受它!"① 此时，莱辛已经开始和"法国人"，尤其是法国古典主义的戏剧观针锋相对了。因此，《拉奥孔》和《汉堡剧评》两个文本间，有一定的理论亲缘。

如果将《汉堡剧评》和《拉奥孔》进行对读，便可以发现，莱辛十分注重艺术作品（无论是诗、画还是戏剧）的效果，一方面是美学效果，另一方面是社会效果；同时，他也设置了能够接受到美学、社会效应的理想读者。在《拉奥孔》中，莱辛比较诗与画时，不管是强调造型艺术的空间性、美感原则，还是诗的时间性、音乐性，都要诉诸接受者的审美感受。例如在《诗人是否模仿了雕刻家》一章中，莱辛就提到，"人为或自然的符号"可以在想象力中唤起相同的意象，它们总是可以"重新唤起相同的快感"，尽管"产生的强度未必相同"。② 而造型艺术所追求的"美感"，就如雕像作品《拉奥孔》的美，也要使观看者得到审美体验。总之，莱辛所提倡的美，并不是那种鲍姆嘉通、康德式的理性主义的美，也不是形式层面的"客观的合目的性"的美，而是一种能够引起人好恶之情的美。相应地，莱辛也在《拉奥孔》中对接受者提出了一定的要求：这个诗与画的共同的接受主体，必须拥有一定的阅读能力，至少他要能联系某个书面文本的上下文，来对特定的段落进行阐释；同时，他也要拥有某种审美意识，至少他的"理智"和"心肠"不能像"法国人"那样缺乏。

而在更注重社会效应的《汉堡剧评》中，这一接受主体的肖像就更为清晰了。在《汉堡剧评》的第 7 篇，即写作于 1767 年 5 月 22 日的篇目中，莱辛提道："通过将戏剧视为法律的补充，开场白展示了戏剧的最高尊严。"③ 在人的"道德行为"中，有些举动虽然细微，但是它也"值得或适于置身于法律的正确监督下"，而另外一些相对难以被理解和定义的行为，

---

① Gotthold Ephraim Lessing, *Laokoo oder über die Grenzen der Malerei und Poesie*, Stuttgart Göschen Verlag, 1837, S. 26.

② Gotthold Ephraim Lessing, *Laokoo oder über die Grenzen der Malerei und Poesie*, Stuttgart: Göschen Verlag, 1837, SS. 42 - 43.

③ Gotthold Ephraim Lessing, *Hamburgische Dramaturgie*, Project Gutenberg, https://lib - 4d7or6exwlhffopjb3mielap. thanks. sbs/book/17441044/87a8b. 2003.

则“不受法律的惩处”，或者“无法对它们施加法律的惩处”。[①] 这二者都是戏剧的重要题材。在对戏剧题材、戏剧中的道德内容和教诲的强调中，莱辛已经将戏剧和严肃的启蒙意图联系在了一起。莱辛提倡的戏剧是德国的民族戏剧，同时也是一种市民阶层的戏剧；因此，我们可以判断，莱辛在《汉堡剧评》中设置的理想观众正是德国的小市民阶层。这是一个新兴的阶级，具备一定文化水准，但是缺乏实际的政治和经济权力。

总而言之，不管是《拉奥孔》还是《汉堡剧评》，都设置了一个理想的接受主体。《汉堡剧评》中，汉堡民族剧院所上演的戏剧，其启蒙对象是德国小市民阶层，而与《汉堡剧评》在时间上相距不远的《拉奥孔》，也带有一定的审美启蒙性质，它预设的接受主体依然面貌模糊，时隐时现。但可以确定的是，首先，《拉奥孔》的接受主体，也具备莱辛要求的“情感与理智”，这种“情感与理智”可能有些许英国意味，更可能是德意志民族式的，但不是法国式的。其次，这个接受主体应当是受过教育的，具有一定的“趣味”（Geschmuck）和审美能力。最后，也是最重要的是，这个接受主体有能力阅读书面文本，并且掌握了最基本的阐释技术。因此，我们可以猜测，这个接受主体和莱辛在《汉堡剧评》中的启蒙对象，即德国的市民阶层，有某种重合。

四、身体与口语文化形态

当发现《拉奥孔》预设的接受主体之后，我们便能理解，为什么《拉奥孔》中，被视作“时间的音响”的诗是被阅读的，而声音自身反而缺席了。莱辛所指的诗，应当是作为书面文本，被其接受主体在私人领域之中阅读的，并且对他们起到一定的熏陶和“教育”（Bildung）作用。《拉奥孔》的阅读主体也观看戏剧，但在阅读诗歌这种另外的艺术体裁时，他们未必会通过自己的听觉来具身地体验诗的音响之美和时间性，而是通过一系列精神性、想象性的审美技术，来理解诗中的音乐和时间。这更符合这

---

① Gotthold Ephraim Lessing, *Hamburgische Dramaturgie*, Project Gutenberg, https://lib-4d7or6exwlhffopjb3mielap.thanks.sbs/book/17441044/87a8b. 2003.

一主体的审美习性，也更便于他们得到启蒙。

因此，《拉奥孔》论述的诗是“文字中心主义”的，也是静默的。这种安排首先与18世纪德国的市民阶层的文化习性有关；其次，它也是启蒙作家莱辛的阅读和书写习惯；最后，它和中世纪成型，直至启蒙时代依然坚固的一种文化等级秩序有关：精神性的、书面性的文化形态，高于身体性的、口头的文化形态。无声的文学文本属于前一种，而文本的有声朗读和展演则属于后一种。

金茨堡在其微观史学著作《奶酪与蛆虫》中如此形容这两种文化形态：“中正平和、清晰明确的书面文化”与“口头文化中比比画画、嘟嘟囔囔和大喊大叫的言论”①。前者是“思维的产物”，而后者“几乎是身体的一种延伸扩张”②。精神性的书面文化形态，更具备抽象性，并能够在作者“不在场”（absent）的情况下展开。而身体性的口头文化形态，则需要在特定的历史时刻中，借助发言主体的“在场”（present）来展开，并可能在一定程度上诉诸感官刺激。在18世纪古典美学的视野中，后一种文化形态会受到更严格的限制。而在《拉奥孔》中，那些能够诉诸感官的艺术作品，尤其是绘画/造型艺术，也需要被“美的规范”管辖，并且表现得更克制和守中。

在18世纪的德国，这两种文化形态之间的鸿沟，与一种知识－权力的机制有关：知识阶层和官僚阶层垄断了书写、阅读。因此，书面文字，以及“精通和传播书面文化的能力”，实际上“正是权力的源泉”。③

在18世纪的德国，出现了一种叫“阅读热”的潮流，它首先体现在文学市场的扩展上：从18世纪开始，阅读的主体阶层不再仅限于知识阶层，而是扩展到了中产阶级甚至其他阶级。其次，在这样的群众性阅读热潮中，阅读的对象也发生了改变。18世纪的阅读潮流导致了“阅读癖”（Lesewut）

---

① ［意］卡洛·金茨堡：《奶酪与蛆虫》，鲁伊译，桂林：广西师范大学出版社，2021年，第125页。

② ［意］卡洛·金茨堡：《奶酪与蛆虫》，鲁伊译，桂林：广西师范大学出版社，2021年，第125页。

③ ［意］卡洛·金茨堡：《奶酪与蛆虫》，鲁伊译，桂林：广西师范大学出版社，2021年，第125页。

的出现，商业文学等新的文学形式风行一时。知识阶层无法再垄断书面文化，其文化霸权受到了挑战，所以“阅读癖”也受到了来自知识阶层的批评家们的抨击。中川勇智（Yuji Nakagawa）在《德国18世纪末的“阅读癖”》（Zur „Lesewut“ der Deutschen im ausgehenden 18. Jahrhundert）一文中指出，这些批评家们出于愤怒，把书摊批评为“精神的妓院”（Bordellen des Geistes）①。

与这些知识分子不同的是，莱辛自己就是一个出身于富裕的小市民阶层的作家。而且，经历了启蒙运动鼎盛期的莱辛，已经产生了一种成为“自由作家”（der freie Schriftsteller）的自觉，即认可精神产品的经济价值，并且致力通过自己的文化创造，来对不同阶层、不同文化程度的人进行“教育”，以达成一种普遍启蒙的目标。因此，没有理由认为莱辛也遵循这种严格的文化区隔，即精神性的、书面的高级文化形态只能被特定阶层垄断。相反，只有当德国能够形成一个广泛的阅读阶层时，莱辛所设想的启蒙方式才成为可能，即通过具有一定水准的文化作品（无论是戏剧还是其他）来进行广泛的教育，并形成合格的民族戏剧。

因此，在《汉堡剧评》和《拉奥孔》中，莱辛预设的接受主体都不是严格意义上的知识阶层，而是德国的小市民阶层，或者是具有审美能力和文本阐释能力的人。由此可见，对莱辛而言，精神性的、书面的文化产品，是可以也应当被公共化的，它可以被普遍阅读，没有哪个阶层必然被它拒之门外。

但这并不意味着，莱辛能完全秉持一种民主的文化心态，因为他依然隐隐坚持着金茨堡所说的书面文化与口语文化的区隔。按照金茨堡的论述，身体性的、口语的文化形态，是中世纪乃至更早就埋藏于欧洲文化的地层中的一股潜流。它可以与早期近代欧洲的“大众文化”及“下层阶级文化”联系在一起。这种文化形态中可以包含较为强烈的感官刺激，而且如同巴赫金的论述那样，包含“狂欢化”（carnivalzition）的因素，它能通过笑声颠倒各种等级秩序，也能运用诙谐和讽刺来解构严肃的、支配性的精神性

① Yuji Nakagawa, „Zur, Lesewut‘ der Deutschen im ausgehenden 18. Jahrhundert“, *die Deutsche Literatur*, 1989, S. 83.

文化，并借助文化仪式，策略性地抗议占据统治地位的意识形态及社会规范。

对莱辛而言，不管是造型艺术中剧烈的呼喊、扭曲的身体和过度的悲痛，还是戏剧中的哄堂大笑，都是不够美的，也不符合德意志民族的严肃、整饬。在《汉堡剧评》的第七篇中，莱辛就这样批评英国人的戏剧：

> ……这一切都存在于最滑稽、最幽默的声调中。甚至在悲剧里，他们也不曾丝毫改变这声调；而且已经司空见惯的是，在最血腥、最动人的表演之后，用讽刺来刻意引起一场哄笑，似使机智显得任性，似乎故意将一切善的印象推入被嘲弄的境地中。①

《汉堡剧评》批评的那些德莱顿式的“诙谐而愉快”的戏剧，更多是英国而非德国式的，而且，它更突出地显示了身体性、口语性的文化形态特征。“大笑”的声音，能够使得剧场观众的“同情”和“恐惧”暂时中断，他们从严肃的、启蒙的精神空间中被拉出来，并直面自己和演员们的身体，回到世俗的日常生活中。笑声中潜藏着否定性的政治力量，这甚至可能给严肃的启蒙活动“祛魅”。这种激进的、颠覆性的潜能，并未为莱辛所利用。虽然莱辛认为，让说教变得风趣是有必要的，但他最终依然希望，悲剧的收场白能够“符合我们德国的严肃”②。它既要符合德国启蒙运动对理性、秩序的要求，也要符合德国市民阶层、知识分子的审美习性，以及他们对自身民族形象的建构方式。

相应地，在《拉奥孔》一书中，身体性、口语性的文化形态也受到了较严格的管制：造型艺术因为直接作用于感官，尤其是视觉，所以不能描写高潮的顶峰以及丑恶之物，否则就冲破了精神之藩篱，落入身体的窠臼，变得过于非理性。而作为书面文本的诗，例如《埃涅阿斯纪》等，因为并非直接作用于听觉，而是作用于想象，所以在模仿时能够不受限制。而莱辛在《拉奥孔》中设置的接受主体，也有能力产生特定的审美体验，通过

---

① Gotthold Ephraim Lessing, *Hamburgische Dramaturgie*, Project Gutenberg, https://lib-4d7or6exwlhffopjb3mielap. thanks. sbs/book/17441044/87a8b. 2003.

② Gotthold Ephraim Lessing, *Hamburgische Dramaturgie*, Project Gutenberg, https://lib-4d7or6exwlhffopjb3mielap. thanks. sbs/book/17441044/87a8b. 2003.

想象将这些文本的美对象化，并感受到那时间之流中无声的音响。但这个接受主体也可能认为，在场的、激烈的形体和声音表现，可能一点都不美，它会带来刺激和反感，甚至让人觉得丑。这一判断与其说是纯美学层面的，不如说也是文化政治层面的。因此，《拉奥孔》首先审慎地限制了身体的表征（虽然莱辛也认为，号喊和哭泣未必有损人性中的高贵）；其次也相对忽略了以口语为媒介的表征活动，忽略了在公共场所中被展演的有声诗。

如果诗也和肉体结合，发出了音响，成为真正地被朗读、被展演的诗，那么它就不再是私人阅读的对象，而是进入了一个公共性的领域，例如成为戏剧诗。因为它涉及了表演者的肉体，涉及了他们的姿态、表情与声音，它就应当参考另一套更为严苛、克制的美学规范，那就是属于绘画/造型艺术的律令。在这里，戏剧体诗重新受到了限制：它可以表现激情，却不能无所顾忌地释放情绪，引起“视觉和听觉”的反感。接受了精神性的、书面的文化训练的德国市民们，未必能真正悦纳那些带有非理性因素的、身体性的口语文化形态。而莱辛在《拉奥孔》中对身体与情感进行表象时，也更愿意选择一种克制的、间接的方式，并回避诗歌的现场展演，即那在偶然的时间之流中，由肉体发出的噪音。

五、“语音中心主义”与口语性文化形态之沉浮

在《论文字学》中，德里达如是写道：“历史与认识一直被视为为恢复在场而进行的迂回。”① 因为更贴近“在场”，语音拥有相对于文字的特权：“‘听－说’系统，通过语音成分，表现为非外在的、非经验的或非偶然的能指——必定支配着整个世界历史的进程……”② 然而，在中世纪乃至18世纪德国的社会、文化场域，在莱辛等启蒙作家的审美与政治无意识中，书面的文化形态却拥有对身体性的口语文化的优先权。纵使德里达提及的“语音中心主义”，是西方形而上学的“逻各斯中心主义”的表征，而非对

① ［法］雅克·德里达：《论文字学》，汪堂家译，上海：上海译文出版社，2015年，第12页。

② ［法］雅克·德里达：《论文字学》，汪堂家译，上海：上海译文出版社，2015年，第9页。

欧洲文化与社会史的具体描述，但其中理论与历史的微妙错位，也颇值得推敲。

在论述“逻各斯”与语音的“原始本质的关联”时，德里达提出：“语音的本质直接贴近这样一种东西：它在作为‘逻各斯’的‘思想’中与‘意义’相关联，创造意义、接受意义、表示意义、‘收集’意义。”① 接下来，德里达分别举出了亚里士多德和黑格尔的例证：亚里士多德认为，言语作为“第一符号的创造者”，能够贴近心境，而心境能够映射自身与事物的“自然相似性”；而在黑格尔那里，主体在运用听觉感官时，能够既感知对象的“内部的振鸣”，同时又不必与其产生实际接触的关系，这正表征着灵魂的“原初理性”。②

由此可见，一方面，在“语音中心主义”的论证中，声音也需要借助身体，并运用听觉感官，在一种身体现象学式的框架中展开。但另一方面，这具正在发声、倾听与言说的身体是超语境的，它不是某时、某地的说话者。语音见证了主体的生成，以及意义在与心灵、与自然的关系中被构造的原初时刻；这一时刻与霍布斯的“自然状态”相似，实际上存在于线性的历史时间之外。

因此，能够贴近“在场”的言语和它的物质载体——声音，还尚未完全成为严格意义上的“话语”，它不倚仗特殊化的存在条件，并试图超越“一个特定历史时期中陈述的‘共在场域’”③。正如德里达所言，它是“非经验”也是“非偶然”的能指，正因如此，它在某种程度上也是超历史的。一个微妙的矛盾在于，这样的语音也无法在具体的经验中被听取，而只能在书面文本中被表述。

但在特定的历史背景中，口语文化与书面文化的差异，并非一般性的

---

① ［法］雅克·德里达：《论文字学》，汪堂家译，上海：上海译文出版社，2015年，第13－14页。

② ［法］雅克·德里达：《论文字学》，汪堂家译，上海：上海译文出版社，2015年，第15页。

③ 黄海容：《辞转空间：福柯语言观视野中的考古学》，《外国文学评论》，2023年第1期，第5－24页。

符号学区分，而是一种文化人类学①的区隔。当语音脱离文本的一般性描述，而成为话语实践中的一种媒介时，就必须考虑使话语成为可能的历史条件。在文化政治的层面，口语是对被支配阶级而言更经济、民主的媒介；而被视为“能指之能指”，并与逻各斯保持距离的文字，也可承担某种政治功能。德里达亦提道：

> 掌握在一个特权阶层或阶级手里的文字权始终与等级制同时存在，我们不妨说与政治分延同时存在：它分为不同群体、不同阶级和不同层次的经济－技术－政治权力，同时，它又是权力代表，是被推迟并被转让给投资机构的权力。②

“语音中心主义”描述了形而上学的一般谱系，而知识－权力的历史性机制，则塑造了口语或书面语的文化形态的等级关系，并使它们处在不断的交融、对抗与变化之中。

18世纪启蒙主义背景下的德国，拥有读写能力、性格严肃的市民阶层正在逐步“上升为德国民族意识的支柱”③，而其文化习性也逐渐浸润了德国社会。这一习性在“‘写作’这个被专制主义的国家机器在某种程度上放任自流的领域”④中被塑造，而该阶层的“教养”亦源自书面文化形态。因此，这一市民阶层与《拉奥孔》中无声的《荷马史诗》文本更为亲近，而与口头展演的荷马史诗更疏远。而书面的文化形态，也在《拉奥孔》等文本中规训着身体，并对市民阶层施行“教育”的功能。

此外，虽然在发生学意义上，亚里士多德和黑格尔的语音可以脱离言说主体的历史条件、社会关系，但口语性、身体性的文化形态无法在沉思

---

① “文化人类学”中的“文化”，在此定义为“某一历史阶段中被支配阶级错综复杂的态度、信仰和行为准则”。参见［意］卡洛·金茨堡：《奶酪与蛆虫》，鲁伊译，桂林：广西师范大学出版社，2021年，第125页。

② ［法］雅克·德里达：《论文字学》，汪堂家译，上海：上海译文出版社，2015年，第191页。

③ ［德］诺贝特·埃利亚斯：《文明的进程》，王佩莉、袁志英译，上海：上海译文出版社，2018年，第31页。

④ ［德］诺贝特·埃利亚斯：《文明的进程》，王佩莉、袁志英译，上海：上海译文出版社，2018年，第17页。

默想中完成，也无法被禁锢在书房之内，而是与直接的话语行动相关联，并需要在街头、广场、剧院等公共空间中传播。而18世纪德国的市民阶层，虽然在文化上具有优势，却“被排挤在一切政治活动之外”①。这一群体难以将政治的剧场充分转化为剧场的政治，也难以走上街头或广场去创作、朗诵和传播诗歌，实现口语文化颇具颠覆性的政治潜能。

总而言之，在形而上学的谱系里，语音因比文字更贴近“在场”，而具有优先权；但在启蒙主义的话语实践中，是书面文化构建了德国市民与知识分子的“纯粹精神”，并压抑了活生生的身体之声，占据了对现象世界、经济与政治世界之上的“在场”的阐释权。

口语性的文化形态的境遇并非总是如此。18世纪末、19世纪初的德国，孕育出了新的知识－权力机制，而与口语和身体性有关的文化形态，也得到了新的关注。福柯在《词与物》中，讨论了19世纪初“生命的分类学观念向生命的综合观念进行的过渡”②，有机体逐渐成为一种支配性的总体“知识型”（episteme）。该“知识型”不仅如福柯所论述的，包含着在空间中展开的同一性与差异性，同时也包含着一种与生命“节奏”（rhythm）相关的时间性。康凌在《有声的左翼》中提及，学者威尔曼整理了关于“节奏”的谱系学。威尔曼发现，施莱格尔以及荷尔德林等人，在节奏、有机生命与作为生命之表达的诗歌之间建立了链接。例如在施莱格尔那里，诗歌等艺术门类是“人类生理过程的节奏机制”的表现形式③；在德国人类学者毕歇尔那里，不同的节奏－诗歌模式，被进一步引用来证明种族的生理（尤其是基因）差异。在这个人种学、生理学与诗学的空间中，诗歌中的语音与节奏便是充分身体化的：它不再是《拉奥孔》中那需要靠想象来补足

---

① ［德］诺贝特·埃利亚斯：《文明的进程》，王佩莉、袁志英译，上海：上海译文出版社，2018年，第17页。

② ［法］米歇尔·福柯：《词与物》，莫伟民译，上海：上海三联书店，2016年，第273页。

③ 详见 Janina Wellmann, *The Form of Becoming: Embrylogy and Espitemology of Rhythm*, 1760－1830, trans., Kate Sturge, New York: Zone Books, 2017, p. 13，转引自康凌：《有声的左翼：诗朗诵与革命文艺的身体技术》，上海：上海文艺出版社，2020年，第63页。

的静默之诗，而是肉身发出的真实音响，在劳动、游戏等活动中清晰可辨。此处的口语文化形态，不再是《拉奥孔》中被书面文化压抑的对象，而是被人类学凝视的知识对象。但是，毕歇尔的人种学话语，和《论文字学》所批判的列维-斯特劳斯《忧郁的热带》中的“人种中心主义”有一定的相似之处，二者都将语音本质化了：列维-斯特劳斯让语音和某个纯洁的“语言共同体”建立联系，而毕歇尔则视之为人类自然特性的原初表达，二者均迫使语音再次“和神学或形而上学同谋”。

学者利维娜提出：“与其去追问艺术倾向于做什么，或形式做了什么，不如去问，它们在美学以及社会的安排中，还有怎样引而未发的潜能。”①形而上学的谱系在赋予语音特权时，以将它悬置于历史之上为代价；但对口语性的文化形态做出“美学与社会的安排”时，便无法忽视给定的历史语境。在18世纪启蒙主义时代的《拉奥孔》中，真正的诗歌之声已然缺席，它脱离了身体，只存在于市民阶层与知识分子的想象而非经验之中；而在18世纪末与19世纪的节奏谱系学中，声音被召唤回诗歌的发生现场，却依然被归纳为形而上式的自然属性。《拉奥孔》对真正的诗歌之声的回避，与毕歇尔对声音中生命节奏的痴迷，都缺乏对口语文化形态的历史性关怀，忽视了那些阅读诗歌的活生生的身体，以及那些公共空间中复杂的、多声部的展演。

结　语

在文化政治、古典语文学和美学的纠缠中，《拉奥孔》中的缪斯女神诞生了。画被浓缩成无时间的空间，而诗被浓缩为时间的连缀，它的音响被文字埋藏，成了无声之诗。因为只有在“文字中心主义”的许诺下，人们才能平和地阅读书面的文学文本，在被限制的接受视域中体验美与丑，在沉默中听见铿锵的音响，而不是通过感官直面它们，从而被过激的非理性或丑陋之物扰动。

---

① Caroline Levine, *Forms: Whole, Rhythm, Hierarchy*, Princeton: Princeton University Press, 2015, pp. 6 - 7.

《拉奥孔》中诗歌的沉默，与德国 18 世纪的启蒙事业有关：无论是《汉堡剧评》还是《拉奥孔》，都隐约地预设了一个接受主体，它是 18 世纪德国的市民与知识阶层，或至少也是有能力审美、懂得阐释的阅读者。在 18 世纪德国启蒙运动中，这个主体能接触精神性的、书面的文化形态，并学习了辨别美与丑，懂得区分文化形态的等级，完成自身漫长的“教育”之路。《汉堡剧评》中的戏剧，和《拉奥孔》中的古典造型艺术、文学，都不是功利的，却都带来了一种“文化效益”：这似乎是对康德的“无目的的目的性”的一种文化政治演绎。在这一过程中，文化间的等级秩序也得到了安排：那些在场的、以身体为媒介或表征身体的文化形态，将受到一定的规训，不管是借助美学之手，还是其他的文艺理论。

最后，语音在逻各斯中心主义的形而上学中曾被赋予过特权，因为比起文字，它与“在场”有更深的亲缘；但在文化政治的层面，声音和文字也是话语实践中的具体媒介，它们作为“能指”（signifier）的物质形态，只能在给定的历史条件中，被知识 - 权力的机制塑造、挪用。就诗歌这一文学体裁而言，便既有荷马史诗在古代希腊的口头展演，也有《拉奥孔》对史诗段落的静默引用。但是，不管是在 18 世纪的德国启蒙运动中，还是在 18 世纪末、19 世纪的节奏学谱系内，身体性、口语性的文化形态，都未能充分实现自身的政治与艺术潜能。纵使荷马史诗的音韵铿锵，它也只能在安静的诗行中被想象。《拉奥孔》的诗歌缪斯，是优雅的，也是静谧的。

论伍尔夫与女性体验的都市空间现代性

宋　文①

摘　要： 本文探讨英国现代作家伍尔夫作品中体现的现代性和女性之间的联结。通过描摹伦敦女性漫游者，伍尔夫提出存在瞬间的生命写作理念，记录现代女性都市经验的言说，凸显女性的空间视角以及在都市空间建构上做出的独特贡献，继而把女性写进现代性历史进程之中。

关键词： 伍尔夫；现代性；女性都市体验；空间建构

作为一位伦敦作家，弗吉尼亚·伍尔夫（Virginia Woolf, 1882—1941）作品体现了现代性与女性之间的联结。伍尔夫通过描摹女性在伦敦大都市中流动的身影，设想女性如何在都市立足，记载由都市给女性日常生活体验带来的变化。

伍尔夫笔下的女性漫游者，从疏离的旁观者到伦敦生活的积极参与者和记录者，可以比肩波德莱尔的现代都市游荡者。而她特有的女性空间视角及其社会地位，又使她笔下的空间具有女性都市空间的特殊性。

一、伦敦漫游者

作为生长于伦敦的女作家，伍尔夫设法抓住了伦敦作为世界商业和文

---

① 作者简介：宋文，江苏扬州人，南京理工大学外国语学院副教授。

化中心的丰富特征，刻画出了它的喧嚣与生机；她也精准地描绘了这座城市不朽的地标性建筑物；她甚至将这座城市人格化为一名鲜活的公民，认为它应当是“人们聚会、谈话、欢笑、结婚、死亡、绘画、写作、表演、裁决及立法的地方。而要想这样做，最根本的就是要去了解克罗夫人”①。克罗夫人是一位无休无止地渴望乡村闲话的真正的老伦敦人，刚刚从印度或非洲归来的殖民管理者们会径直前往克罗夫人的客厅，仿佛可以一下子被重新带回文明中心。只有在她的客厅里，“这个宏伟的大都会的无数碎片似乎才能被重新拼接到一起”②。克罗夫人代表着一种本质的保守主义，而伍尔夫在结尾处让克罗夫人死去，标志着作者将“不再用流畅、顺从的局内人之声来掩饰她作为女性和局外人的视角”③。随着克罗夫人的离去，伦敦瞬间碎裂成不同的城市景象，一个更为平等的现代城市取代了帝国主义维多利亚时代单一固化、等级森严的伦敦。

伍尔夫书写的城市，再现了 20 世纪初伦敦繁华的街道和琳琅满目的商品，采撷现代性的碎片。牛津街上流光溢彩的灯饰、堆积如山的丝绸、穿梭如织的公共汽车，汇成一条巨大的、滚动的、绚丽夺目的彩带。每周有一千条大船载着一千种货物在伦敦码头抛锚泊位，卸货交易。伍尔夫被视为“消费文化的左右摇摆的旁观者”④，她一方面抨击人们热衷于商品文化、追逐商品拜物教的物质主义，另一方面又描写女性购物者的自主、自信，并充分展示主体性的购物行为的浪漫情怀，同时，她们又被不可抵挡的商品文化诱惑，成为被商品大潮淹没的小人物。作为商品生产者和消费者的人，实际自身也经过了异化的过程而被物化和商品化，成为美感化和艺术化的客体。而这恰恰体现了现代主义文学对现代性的反叛，即清除了主客体之间、人与物之间的界限。

---

① ［英］弗吉尼亚·伍尔夫：《伦敦风景》，宋德利译，南京：译林出版社，2010 年，第 80 页。

② ［英］弗吉尼亚·伍尔夫：《伦敦风景》，宋德利译，南京：译林出版社，2010 年，第 80 页。

③ ［美］苏珊·M. 斯奎尔：《伍尔夫与伦敦：城市的性别政治》，谢文娟译，南京：江苏凤凰教育出版社，2021 年，第 89 页。

④ Reginald Abbott, What Miss Kilman's Petticoat Means: Virginia Woolf, Shopping, and Spectacle. *Modern Fiction Studies*, 1992（38）, p. 194.

现代性被集中在一个寓意深厚的人物形象身上，那就是都市游荡者。在《发达资本主义时代的抒情诗人》中，本雅明从波德莱尔诗歌中总结出巴黎城市游荡者形象（flaneur）——带着审美和哲思的眼光在街头寻觅光晕的诗人，游荡在19世纪巴黎街头的漫步者，在无所事事中寻找城市街头所能给予他的惊颤感觉。本雅明借助游荡者的眼光来观察巴黎：

> 在波德莱尔那里，巴黎第一次成为抒情诗的题材。波德莱尔的诗不是地方民谣，这位寓言诗人以异化了的人的目光凝视巴黎城。这是游手好闲者的凝视，是贵族的最后一抹余晖。他的生活方式依然给大城市的人们与日俱增的贫穷洒上一抹抚慰的光彩。①

本雅明被城市意象吸引，他注重个人体验，善用寓言和象征，并使用诗一样的语言。在拥挤的人群中漫步，他观察这座城市，兼具学者的严谨、文人的温情与“游荡者”的好奇心，“不远不近，保留足够的驰骋想象的空间，还有独立思考以及批判的权力”②。

早在1985年，女性主义批评家珍妮特·沃尔夫就在《看不见的女性漫步者：女人和现代性文学》③一文中，提出了同男性游荡者（flaneur）相对的“女性漫游者”（flaneuse）一词。她认为现代文学主要描述的是男性在大城市里短暂无名的际遇，而忽略了19世纪以来随公共领域和私人领域的划分而造成的两性分离。在18世纪的街头、咖啡馆、剧院和公园等公共场所，男人可以随意对陌生人说话，而女人却不能；直至19世纪，女人仍被局限于私密场所，而男人则自由出入人群、俱乐部和酒馆；甚至到了19世纪末，女人也不能独自去巴黎的咖啡馆和伦敦的饭馆。然而，19世纪50年代和60年代，百货商店的出现以及作为现代性重要组成部分的消费主义的到来的确模糊了公私领域之间的界限。对于游荡在20世纪的世界都市中的

---

① ［德］本雅明：《发达资本主义时代的抒情诗人》，张旭东等译，北京：生活·读书·新知三联书店，1989年，第189页。

② 陈平原：《想象都市》，北京：生活·读书·新知三联书店，2020年，第13－14页。

③ Janet Wolff, The Invisible Flaneuse: Women and Literature of Modernity. *Theory, Culture and Society*, 1985（2）, pp. 37－48.

女性漫游者来说，城市文本必然是解读女性现代性经验中社会、历史、文化、政治之符号意义的身体文本。

在写于1930年的散文《街头漫步》中，伍尔夫笔下的叙事者走出家门，以买一支铅笔为借口，把冬日傍晚的伦敦街头逛了个够，要享受冬天城市生活提供的最大乐趣。一来到街头，“我们不再全然是我们自己”①，于是她把朋友熟悉的自我身份丢在家中，成为那无名的漫步者大军中的一员，并感觉如鱼得水。她又仿佛化身为“知觉性的、牡蛎般的巨眼”，同时也是一只“嬉戏而慷慨的眼睛”②。这只巨眼带着我们平稳地顺流而下，只看见美的事物，以此饱览大都市景观：翻阅信件的职员，沏茶女人，顶楼的金箔匠，转角碰到的犹太人，旧书店以及在月光下奔跑的猫，年迈的首相在讲述国家历史。她还能进入别人的心灵待上短暂的几分钟，为我们构想买鞋的侏儒的故事，盲人的故事，文具店老夫妻的故事，街道成为日常生活戏剧的展示窗口。伍尔夫总结全文时说：“逃离是最大的快乐；冬日里漫游街头是最大的冒险。”③ 的确，当漫步街头的时候，“生活在我面前展现了无穷的深奥的素材，需要我用相应的语言去传达它的意义”④。在这篇散文中，伍尔夫集中叙述了从街头漫步到文学写作这一升华过程。

除这些散论的零星记录，伍尔夫的《达洛卫夫人》则是一篇对伦敦街景有诸多记录的小说。它一开头就向我们着力展现女性人物对现代大都市伦敦的亲身体验。女主人公达洛卫夫人克拉丽莎清晨走出家门，去为她的晚宴买花：

> 在音乐的韵律中，在脚步声中，在长途跋涉中，在怒吼与咆哮中，四轮马车、摩托车、汽车、货车，身前身后挂着广告牌的人推推挤挤，

---

① ［英］弗吉尼亚·伍尔芙：《伍尔芙随笔全集Ⅱ》，王义国等译，北京：中国社会科学出版社，2001年，第1200页。

② ［英］弗吉尼亚·伍尔芙：《伍尔芙随笔全集Ⅱ》，王义国等译，北京：中国社会科学出版社，2001年，第1201页。

③ ［英］弗吉尼亚·伍尔芙：《伍尔芙随笔全集Ⅱ》，王义国等译，北京：中国社会科学出版社，2001年，第1211页。

④ Leonard Woolf, *The Diary of Virginia Woolf*, Vol. Ⅳ. London: Hogarth Press, 1967, p. 214.

摇摇晃晃。在铜管乐队、手风琴奏出的乐曲中，在人们的狂欢声中，在铃儿的叮咚声中，在飞机于高高的头顶上方发出的奇怪歌声中，有她所喜爱的东西：伦敦，6月的此时此刻。①

克拉丽莎对伦敦生活充满了喜悦之情。她喜欢在伦敦漫步，借此她可以逃离墓穴似的家庭，是伦敦漫步赋予了她活力，邦德街及其代表的商业文明令她着迷，飞机与汽车代表的现代性物质表征，其速度与力量令她仰慕。

都市漫游者实现了米歇尔·德·塞都（Michel de Certeau）所说的“空间化操作”②，德·塞都在《日常生活实践》中揭示出漫游者用身体编织着纵横交错的城市街道，书写运动交织的城市文本，讲述既无作者也无读者的城市叙事。③ 伍尔夫笔下的女性漫游者，就是迈开自己的双脚，把街道、橱窗、建筑串联起来，用漫步构成“当下、离散、交际的流动空间”④。

如果说克拉丽莎还满足于在商业街购物，在家中做晚宴女主人的话，伊丽莎白则比母亲克拉丽莎更勇于突破私人领域对女性的局限，是主动参与能体现真正自我的公共生活的新女性。她们都在伦敦街头留下了斑斑足迹，都在两次世界大战期间的岁月里自由地卷入了沸腾都市的人群，她们是把目光献给街道，与街道息息相关的漫步者，她们是“街道所催生的人群”⑤。

二、都市空间建构者

哈贝马斯提出公共领域的问题，公共领域背后的框架同样也是现代性。

---

① ［英］弗吉尼亚·伍尔夫：《达洛卫夫人》，孙梁译，上海：上海译文出版社，2000年，第4页。

② Michel de Certeau, *The Practice of Everyday Life*. Berkeley: University of California Press, 1988, p. 108.

③ Michel de Certeau, *The Practice of Everyday Life*. Berkeley: University of California Press, 1988, p. 93.

④ Michel de Certeau, *The Practice of Everyday Life*. Berkeley: University of California Press, 1988, p. 93.

⑤ 汪民安：《城市文化读本》，北京：北京大学出版社，2008年，第140页。

齐美尔曾在柏林观察到城市生活的紧张，提出了“理性面具”这个概念。他最杰出的洞见是认为用眼睛来操作城市理性要比用嘴来操作更有效。这是一种视觉的而非口头的秩序，他称之为城市理性的、视觉超越言辞的特权。阿伦特逆转了齐美尔关于视觉和言说的观念，认为公共领域是一个言说胜于视觉的区域。她受到理想化的市民辩论活动和雅典理想的启发，认为社会中必须有一个空间，人们不再被迫以劳动的名义说话——人们可以从作为经济动物的自我再现中解脱出来，当这一切发生，他们就进入了公共领域。

19 世纪晚期之前，西方女人囿于私人领域，男人则活跃于公共领域。达芙妮·斯佩恩由此提出了“性别空间”（gender spaces）概念，指明女性与男性借以生产和再生产的权力与特权的知识被隔离开来。“空间体制”把女性和男性安排在不同的性别空间，男人的空间包含了神学、法学、医学等受社会重视的知识，而女人的空间只涉及照看孩子、做饭、打扫等不受重视的知识。社会安排为男性提供了获取受重视的知识的机会，同时却制约了女性获取这些知识的机会，这种空间组织方式造成两性长期的地位差别，促生了日常生活环境中的性别不平等现象。① 斯佩恩假设两性间最初的地位差别产生了各种类型的性别空间，这种性别空间隔离长期以来主要表现之一为大学之门对女性紧闭。伴随着男女同校制的发展，教育空间隔离最终不复存在。1920 年第十九条修正案使得妇女获得选举权，女性的社会地位才得以显著提高。

伍尔夫向来关注女性的教育和职业问题。在《三枚旧金币》中，她指出 19 世纪西方中产阶级与上等社会妇女被囚禁在家庭的牢笼之中。英国绅士的女儿们只能接受深闺教育（education of the private house），被迫学习如何取悦男性，并把婚姻视为女性唯一的职业。她们从贫穷、贞操、嘲笑和免于不真实的忠诚手中接受了免费教育，英国没有给予她们和她们兄弟同等的公平待遇，也就是说，歧视和压榨女性的暴政就产生在父权制家庭中。她们为家操心，却在国家那里一无所得，由此，伍尔夫宣称要放弃对民族国家的忠诚——“免于不真实的忠诚”，并号召建立一个由绅士的女儿们组

① 汪民安：《城市文化读本》，北京：北京大学出版社，2008 年，第 295 页。

成的“局外人协会”，在男性的社团之外，为人类的共同目标——所有人的公正、平等和自由而努力。1919 年的一项法案取消了对女性职业的限制，闺房的门猛然敞开了。绅士的女儿们从闺房的阴影中走出来，站在新旧世界之间的桥上。她们身后是家长制，“无聊、不人道、虚伪、充满奴性”①，身前是开放的世界和自由的职业，但同样也充满自私、嫉妒、竞争和贪婪。伍尔夫有三枚金币，第一枚用来鼓励女子接受教育，英国绅士的女儿们只有受到良好教育才能获得独立思想；第二枚用来鼓励女子就业，女性只有经济独立才能摆脱贫穷；最后一枚金币捐给“局外人协会”，拒绝投入涉及战争的文学和科学中。伍尔夫号召妇女成为超然的、不受父权价值影响的政治主体，从父权社会的暴政心理中解放出来。

斯奎尔通过分析伍尔夫笔下的伦敦，揭示出女性感到自己在城市中被错误地置于不公正的地位，因而希望得到调整，以寻求在都市中地位上的性别平等的现象。伍尔夫在描述伦敦的伟人故居时曾提及，卡莱尔夫妇在伦敦切恩街 5 号的家中没能用上自来水，所以这所房屋的声音是汲取井水与擦拭的声音，是地下室那个水泵和三段楼梯之上那个黄色锡制浴缸的磨难，卡莱尔太太和女仆齐心协力为卡莱尔准备热水和一日三餐，并为他打扫房间。

卡莱尔高高在上地待在顶楼的天窗下面，坐在马鬃椅上写他的《英雄与英雄崇拜》等历史文稿，而卡莱尔太太在每个夜晚与臭虫做斗争；卡莱尔雄踞顶楼，而卡莱尔太太和女仆只能聚集在厨房、卫生间、洗涤室、地下室，从事家务劳作。两个女人在社会上的地位，正如其在家中所处的地位。卡莱尔断言文人英雄在所有时代都是英雄主义最主要的形式之一，而伍尔夫让我们看到英雄背后是女人在辛劳付出这一真相。斯奎尔指出，伍尔夫描述的卡莱尔家中的空间意象明确将性别与阶级压迫密切联系起来，表明真正决定女性地位的不是家庭或阶级地位，而是劳动的形式。②

在伍尔夫小说《夜与日》中，凯瑟琳的显赫家族毫不费力地培育出一

---

① ［英］弗吉尼亚·伍尔芙：《伍尔芙随笔全集》Ⅱ，王义国等译，北京：中国社会科学出版社，2001 年，第 1099 页。

② ［美］苏珊·M. 斯奎尔：《伍尔夫与伦敦：城市的性别政治》，谢文娟译，南京：江苏凤凰教育出版社，2021 年，第 79 页。

些卓越人物，而女性却被无情地排除在外。凯瑟琳住在家里，把家整理得井井有条。她成了一项“伟大职业”的一员，这种活儿也许不会比工厂和作坊里的劳动轻松，但给人类带来的好处却不及工厂明显，且还没有得到社会的承认。而玛丽·达奇特小姐来自农村，出生于受人尊敬的辛勤劳动者的家庭，不久前才大学毕业，她开始在迷宫般的伦敦城生活、工作。凯瑟琳认为玛丽是有自由职业的那种人：“你将永远能够自豪地说，你做了一点事情。而我呢，在这样的人群里，总感到十分忧郁。”①

玛丽渴望在伦敦拥有一间能工作的房间，并能主持每两周一次的、对各种问题进行自由讨论的社团聚会。玛丽立志要自食其力，认为正是工作维持着人的生命，其他东西都不能作为依靠。玛丽的“情感教育”在于发现世间有“不同方式的爱”，与对工作持久的热情相比，她对拉尔夫的感情是如此的苍白。② 玛丽实现了伍尔夫“成为自己”的女性观，精神独立和经济独立帮助她建立起一种自足而又开放的女性自我。与伊莱恩·肖沃尔特认为伍尔夫“自己的一间屋”是一种逃避或自我放逐的观点所不同的是，安娜·斯奈斯认为女性的一间屋是被解放的私人空间，是一种积极的选择。

凯瑟琳在下午茶桌旁的招待责任和内心深处对数学的热爱之间挣扎，代表着维多利亚时代和现代女性为此所做的斗争：拒绝履行“房中天使”的“职责”，去追求自己选择的事业。斯奎尔总是把凯瑟琳的故事看作伍尔夫自己的故事，认为其中的核心人物凯瑟琳的原型是伍尔夫的姐姐凡妮莎——伍尔夫在给拉丁语老师珍妮特的信中暗示凯瑟琳是凡妮莎，她深藏着对绘画的热爱，却被同母异父的哥哥乔治逼着参加社交活动。③ 伍尔夫的父亲去世后，是凡妮莎盯着伦敦地图，带领史蒂芬家的孩子离开肯辛顿，到布鲁姆斯伯里开始崭新的生活。④ 从海德公园门时期的被边缘化，到布鲁

---

① ［英］弗吉尼亚·吴尔夫：《夜与日》，唐伊译，北京：人民文学出版社，2003年，第50页。

② ［英］弗吉尼亚·吴尔夫：《夜与日》，唐伊译，北京：人民文学出版社，2003年，第447页。

③ Virginia Woolf, *The Letters of Virginia Woolf*, Nigel Nicolsonand, Joanne Trautmann, eds. New York: Harcourt Brace Jovanovich, 1980, p. 400.

④ ［英］弗吉尼亚·伍尔芙：《存在的瞬间》，刘春芳译，广州：花城出版社，2016年，第162页。

姆斯伯里期间的快乐和富有创造力，这种空间上的改变，对于伍尔夫来说是一种重生。

三、都市体验传达者

伍尔夫曾选择珍藏父亲的戒指，这是她的第一枚戒指。利昂·埃德尔认为“这似乎代表了一场婚礼，一种赐福的宗教按手礼，一种文学继承”①。这使她获得了一种作为女性不受传统束缚的自由——工作的自由。在《自己的一间屋子》中，伍尔夫揭示女性生活、女性自我实际上受到了男权笼罩下历史和文学的双重忽视，女性心灵已被完全遮蔽在黑暗之中。

伍尔夫首先要做的是使自己从维多利亚时代女性那种自我藐视的无名状态中解放出来，在男性话语霸权主导的文坛上确立自己作为女作家的自信心。伍尔夫呼唤的是能够突破私人领域的局限，在公共领域主动参与书写城市话语，能体现真正自我和社会影响力的新女性。斯奎尔在研究伍尔夫的伦敦散文后发现，它们不仅反映了她通过“茶桌训练”学到的间接表达方式，也体现了她在两种认同之间的挣扎：一边是对她所处时代的男性文学和社会传统的认同，一边是对更具颠覆性的女性和局外人传统的认同。②

20年代初，伍尔夫的写作事业取得巨大成功，她已然在父辈文学和批判传统下证明她的创作能力。此后，伍尔夫转向之前一直在逃避的母性传统。她在一篇日记中说，“喜欢社交生活是出自真心的，我也并不觉得它应受指责。它是从母亲那儿继承来的一件珠宝——一份欢笑的喜悦”③，伦敦带给她的社交刺激，让各种想法在她脑中跳跃，这对于其创作非常重要。为了当下的事业，伍尔夫想要更自由、更广阔的交往。她用珠宝来比喻伦

---

① Leon Edel, *Bloomsbury: A House of Lions*. New York: J. B. Lippincott, 1979, p. 92.

② ［美］苏珊·M. 斯奎尔：《伍尔夫与伦敦：城市的性别政治》，谢文娟译，南京：江苏凤凰教育出版社，2021年，第43-44页。

③ Leonard Woolf, *The Diary of Virginia Woolf*, Vol. Ⅳ. *London*: *Hogarth Press*, 1967, *pp*. 250-251.

敦："是快乐的碧玉——音乐、交谈、友谊、城市风景、书籍、出版、一些重要中心的难以言说的事物，所有这一切，我现在都能拥有。"① 伍尔夫以颠覆传统的男性城市意象来表达其全新的女性美学，把威廉·邓巴尔赞美的男性气概的城市"英勇"转变成对伦敦女性乃至母性特征的歌颂。②

伍尔夫关注琐碎家务，恰是因为家务劳动可以确保私密性。从事家务劳动的女人们会信任同类人，并形成一种团结的友谊，伍尔夫在《三枚旧金币》中把这种友谊比作"局外人协会"的源头。在《岁月》的原稿中，有被删去的伦敦克丽欧佩特拉方尖碑——女裁缝的隐喻，是埃及在被英国殖民统治后，在1878年赠送给大英帝国的礼物——用一位著名女王的名字来命名的。伍尔夫原本意在对此纪念碑进行颠覆性构建，以唤起女性在家辛苦劳动过程中所结下的友谊：玛姬和艾薇拉在讨论女权主义梦想时，也在做针线活。斯奎尔认为伍尔夫把家务活变成激进话语的载体。克丽欧佩特拉方尖碑女裁缝的隐喻表明了对源自女性友谊的女权主义反叛力量的信心：坚信国王终将被女王代替，坚信父权文明终将被平等的女权社会替代。③

达洛卫夫人克拉丽莎坐在沙发上补她的绿色连衣裙，缝补本身就是将不同的部分连缀在一起，就像她坐在自家客厅里成为聚会焦点，成为宾客之间的联系人。斯奎尔看到克拉丽莎的宴会既传统也具有颠覆性。一方面，这些宴会表明女性被父权社会限定在私人领域里；另一方面，克拉丽莎的宴会让都市不同区域、不同阶层的人欢聚一堂，说明个人可以改变公共生活的方式。克拉丽莎"选择把举办宴会作为自我表达的载体和让社会变得更好的方式，也同样反映出其所属的母性传统"④。伍尔夫相信，不要理所当然地认为那些存在于大处的生活一定比小处的生活更丰富多彩。

---

① Leonard Woolf, *The Diary of Virginia Woolf*, Vol. Ⅳ. *London*: *Hogarth Press*, 1967, *p*. 283.

② ［美］苏珊·M. 斯奎尔：《伍尔夫与伦敦：城市的性别政治》，谢文娟译，南京：江苏凤凰教育出版社，2021年，第152页。

③ ［美］苏珊·M. 斯奎尔：《伍尔夫与伦敦：城市的性别政治》，谢文娟译，南京：江苏凤凰教育出版社，2021年，第195页。

④ ［美］苏珊·M. 斯奎尔：《伍尔夫与伦敦：城市的性别政治》，谢文娟译，南京：江苏凤凰教育出版社，2021年，第126页。

在《到灯塔去》中，伍尔夫以自己的父母为模板，创造出这样一种家庭模式：美丽温柔的母亲，严厉内敛的父亲，敏感早熟的孩子。其中，母亲是维系家庭成员关系的纽带和精神支柱。① 尽管拉姆齐先生是一家之主，拉姆齐夫人的伟大母性和为家庭、为丈夫牺牲与付出的精神是这些传统女性人生最闪光的地方。拉姆齐夫人非常疼爱自己的八个儿女，她甚至希望孩子们不要长得太快，“怀里永远抱着一个小娃娃，她就是最幸福的了”②。拉姆齐夫人把客厅和厨房打造得光彩夺目，宅子里物资丰富充足，花园里鲜花盛开，让拉姆齐先生在家中自在安心。特别是在餐桌上，拉姆齐夫人煞费苦心地调动每一个人的积极性，吸引大家参加讨论，营造出一种融洽无间的友好气氛。她关心家里的每一个人，包括宾客和朋友，照顾他们的生活和情绪。对拉姆齐先生来说，拉姆齐夫人是他的甘霖和雨露，他随时可一头扎进这美妙丰饶的生命之喷泉和水雾之中。③ 拉姆齐先生是拉姆齐夫人最尊重的人，而拉姆齐夫人使一切事物化为单纯，使丈夫的怒气和烦躁像破衣烂衫般地落到地上。④ 在拉姆齐夫人去世之后，拉姆齐先生无法忘却对她的感情，“他伸出了双臂，没有人投入他的怀抱”⑤。

艺术家莉莉想起查尔斯·坦斯利和冲击海岸的浪花，是拉姆齐夫人把他们联系在了一起；“拉姆齐夫人说生命在这里凝固了；拉姆齐夫人将那一刻变成了永恒”⑥。这件事有了启示的性质，“在混乱之中有了形态；外部世

---

① 董晓烨：《女性主义的悖论——从〈到灯塔去〉看伍尔夫的家庭观》，齐齐哈尔大学学报（哲学社会科学版），2009 年第 2 期，第 99 - 101 页。

② ［英］弗吉尼亚·伍尔夫：《到灯塔去》，王家湘译，北京：北京十月文艺出版社，2015 年，第 74 页。

③ ［英］弗吉尼亚·伍尔夫：《到灯塔去》，王家湘译，北京：北京十月文艺出版社，2015 年，第 47 页。

④ ［英］弗吉尼亚·伍尔夫：《到灯塔去》，王家湘译，北京：北京十月文艺出版社，2015 年，第 211 页。

⑤ ［英］弗吉尼亚·伍尔夫：《到灯塔去》，王家湘译，北京：北京十月文艺出版社，2015 年，第 168 页。

⑥ ［英］弗吉尼亚·伍尔夫：《到灯塔去》，王家湘译，北京：北京十月文艺出版社，2015 年，第 212 页。

界的漂移和流动被固定了下来”①。充满友谊和好感的片刻，完好无损地保留在记忆里，像一件艺术品留在她的心中，莉莉得到了这个启示，她将之归功于拉姆齐夫人。莉莉一边作画，一面想着，“把体会放在普通的生活经验的水平上，去感受那是把椅子，那是张桌子，而同时又感到，这是个奇迹，这使人狂喜”②；拉姆齐夫人就那么坐在椅子里，“手里的毛衣针舞动，织着那双棕红色的长袜，影子投在台阶上”③。这就成为普通生活经验的一部分，在日常生活中的奇迹、启发，仿佛在黑暗中意外擦燃的火柴。

四、结论

现代主义的一个重要主题是城市艺术家或相当于城市艺术家的人的体验，他们是给城市带来独特意识的观察者，是参与城市意识建构的生产者。迈克·费瑟斯通在其《消费文化与后现代主义》中提醒我们，我们要加强对妇女在私人领域现代性体验的研究④，奥尔森认为我们可以从表现女性日常生活的角度来解读伍尔夫的作品⑤。在《现代小说》中，伍尔夫要求人们“仔细观察一下一个普通日子里一个普通人的头脑”⑥。从都市漫游者到女性空间建构者，伍尔夫的女性人物在都市现代性的进程中发挥着主体性作用，突破私人领域和公共领域之间的界限，进入公共生活，书写城市话语，为自己以及更多的女性争取权益。同时她关注现代女性都市经验的言说，提

① ［英］弗吉尼亚·伍尔夫：《到灯塔去》，王家湘译，北京：北京十月文艺出版社，2015 年，第 212 页。

② ［英］弗吉尼亚·伍尔夫：《到灯塔去》，王家湘译，北京：北京十月文艺出版社，2015 年，第 264 页。

③ ［英］弗吉尼亚·伍尔夫：《到灯塔去》，王家湘译，北京：北京十月文艺出版社，2015 年，第 265 页。

④ ［英］迈克·费瑟斯通：《消费文化与后现代主义》，刘精明译，南京：译林出版社，2000 年，第 83 页。

⑤ Liesl M. Olson，“Virginia Woolf's ‘Cotton Wool of Daily Life’”. *Journal of Modern Literature*, 2002（26）, p. 65.

⑥ ［英］弗吉尼亚·伍尔芙：《伍尔芙随笔全集 Ⅱ》，王义国等译，北京：中国社会科学出版社，2001 年，第 137 页。

出了生命写作理念，捕捉现代日常生活的存在瞬间，采撷现代性经验的碎片。现代女性都市空间的生产与话语的生产相互叠加与渗透，改变了女性的无语与无名状态，丰富了亨利·列斐伏尔的空间理论，从“局外人”的角度把女性写进现代性历史之中。

文本与语言

布朗肖文学叙事的语言策略

柳文文①

摘　要：布朗肖文学叙事的语言策略使其小说作品晦涩难懂，这其中隐藏着他保持文学作品的独一性和自主权的意图。他用语言的否定性斩断了语言与现实之间的直接联系，使语言在其内部产生关联，成为一种只注重形式的纯文学语言，而这一切最终指向的是语言中性化的意图，使其能够向外敞开迎接一种尚未到来的意义，在最大程度上保持小说文本的开放性。布朗肖用这种语言策略在小说中构建出一个分离的情人世界和否定共通体，并指向一种朝向绝对他者的伦理诉求，他试图冲破一个以“我－你”相互关系为主导的二元社会，在中性里唤出涌现的绝对他者。本文将探讨布朗肖的叙事作品如何使用语言策略来打开叙事空间，将语言从固定和日常意义中解放出来，让碎片化的叙事最终能够超越故事逻辑本身，并通过自身运动形成一种新的意义。

关键词：布朗肖；小说；语言；共通体

莫里斯·布朗肖是20世纪法国思想界无法绕开的一个晦暗存在，他不仅有诸多影响深远的文学思想评论文集，还有大量的小说创作实践。然而，

① 作者简介：柳文文，武汉理工大学外国语学院副教授，武汉大学文学博士，主要研究方向为20世纪法国文学文论、比较文学。

布朗肖的小说并没有得到广泛关注和阅读，他倾向于把文学看作更为严肃的哲学问题，以至于他的小说游弋在文学创作与哲学研究之间晦涩的中间地带，语言让人感到陌生、难以理解。如果说布朗肖早期的文学作品还有模仿卡夫卡的痕迹，那么从20世纪50年代他对《黑暗托马》的删减改版开始，其文学叙事便进入实验阶段，并逐渐形成独有风格。他尝试在语言与文学叙事中构建出一个文学空间，在这里，语言不再是传统意义上对现实事物的指称，而是成为一种自足的存在，这其中隐藏着布朗肖保持文学作品的独一性和自主权的意图。对他来说，书写就是因为有一个文学空间需要回荡和被听到，并且可以最大限度体现出语言的差别性特征。他刻意用令人费解的语言来疏离日常语言，拆解语言与现实之间的对应关系，来抵抗文本意义的简化，在最大程度上保持文本意义开放性，用语言的实验性和纯粹虚构完成了一种朝向外部的中性书写，让语言从界限的另一边来对抗未知的生命和深奥的图景，质疑文本传达的“真理”。本文将探讨布朗肖在叙事作品中如何使用语言策略来打开叙事空间，将语言从固定和日常意义中解放出来，让碎片化的叙事最终能够超越故事逻辑本身，并通过自身运动形成一种新的意义。

一、语言的否定性

在布朗肖小说创作的语言策略中，书写与语言否定性之间的关系是至关重要的，这也是布朗肖在《文学与死亡的权利》中论述的核心问题。布朗肖所谓的否定性就是将书写的语言与它所对等的事物分离，让文学叙事回到被语言赋予意义之前的原初状态，触及语言所不能达到的地方，“艺术作品的自主权在于每一份文本——因为自身语言所具有的密度——对所有针对自己的解释进行抵制，进而对所有一般性的定义进行抵制”①。在布朗肖看来，文学语言对日常语言的刻意疏离构成文本阅读的真正意义和核心。

布朗肖用语言的否定性打开小说中人物主体间的通道，将人物之间的

① Ullrich Hasse, William Large. *Maurice Blanchot*. London and New York: Routledge, 2001, p. 23.

关系置于一种不断生成的状态，凸显其未完成性，而正是在这种未完成性中，人物之间形成的否定共通体又实现了另一个层面上的共通与分享。这种语言的否定性首先表现为语言密度的最小化，一种语言表意的枯竭。以《那没有伴着我的一个》为例，整部作品围绕“我”和“他”之间的关系展开，一个空荡荡的房间，一张书桌，人物之间寥寥几句没有前因后果的对白，我们难以捕捉到明显的叙事线索和人物之间的确切关系，布朗肖将表意信息限制在必要的最低限度之内，用极为简单的词汇取消了具体所指，以此唤起一种关于文学创作的内在性体验，借助主人公与一个莫须有的“他”的谈话，在可能性与不可能性之间开拓语言和存在的边界。小说开篇交代主人公试图与某个“他”攀谈，让“他”知道自己已经竭尽所能到达了尽头，主人公在一次次的书写体验中向“他”逼近，尽管“他”貌似在身边、在桌旁，却又始终处在一个安静和遥远的中心，我们无法从布朗肖的文本中看到这个“他”的模样，也找不到这个所谓的“尽头”在哪里。他们之间的对话没有叙事逻辑可循，一场场的即兴和偶然带来精神上的交流和冒险。“他”问：“您说，快到冬天了吧?”① 这句简单的话却把主人公难倒了，他不得不在记忆中搜寻这是哪个冬天。“当我听到他小声说‘是要经历这段时间’时，我把它和另一句搞混了：‘一天又过去了，是吧?’”②在这样的交谈中，“冬天”“一天”“这段时间”因为缺乏具体所指，与词语的现实意义产生了距离，主人公的话语与任何在场都没有关系，指向人与人之间交流的不可能性，经历了与“他”交谈的这种虚空，主人公抛出了一句回答：“我会继续从这边走，绝不从另一边走。”③“这边”和“另一边”之间的选择是一个分离的时刻，它们并无实际所指，交谈语境的缺乏消解了指示代词的指示性。布朗肖以这种方式将语言的表意性降到最低，从而悬置了对话者所处的共同语境，让对话朝向无限敞开。布朗肖用枯竭

---

① ［法］莫里斯·布朗肖：《那没有伴着我的一个》，胡蝶译，南京：南京大学出版社，2015 年，第 10 页。

② ［法］莫里斯·布朗肖：《那没有伴着我的一个》，胡蝶译，南京：南京大学出版社，2015 年，第 20 页。

③ ［法］莫里斯·布朗肖：《那没有伴着我的一个》，胡蝶译，南京：南京大学出版社，2015 年，第 51 页。

的语言表现出一种根植于孤独的疯狂和眩晕，“我”与一个不知道究竟是否存在的“他”攀谈，造成了小说叙事谜一样的氛围。可以说，布朗肖在小说中并不关注叙事的有效性和整体性，而是通过这种否定性的语言策略来探寻他所谓的“第三类关系”。“这种关系不是虚构的，也不是假想的……只要人说话并相遇，它就总在运作了。”① 主人公与“他”之间的每一次对话都存在逃离的可能性，包含着对即将发生的事件的期待，“我”与“他”之间的交谈实际上是对彼此的拒绝和远离，他们之间的关系是多重的，总在移位，不是统一化的关系，“逃离成了理解的基础……距离越大，话语就越深刻、越真实，所有来自远方的东西都是如此”②。他们之间不是通过话语来分享一种真实在场，而是在话语取消现实所留下的空白中找到一种共有的内在体验，这些枯竭平静的话语背后，是他们对“这一次”“那一天”“这边”和“另一边”这些词的密谋和共契，与其将这些词看作枯竭的语言，不如说它们是密码和符号，在“我”与“他”的交流中制造一种差异，这些词语存在的意义在于这种不可交流性本身，在“我”与“他”这个否定共通体的裂缝里产生无穷的回响。

在布朗肖的文学创作中，问句也是语言的一种否定形式，他的问句不是为了与现实建立某种关联，探寻事实真相，而是一种意义的逃离和语言的自由敞开。布朗肖将问句这种否定的语言形式在《等待，遗忘》这部作品中发挥到了极致，小说没有明确的叙事线索，完全以小片段进行碎片化呈现，其间出现的整段问句并非来自人物的对话，而是以一种只问不答的方式让小说的叙事方向朝着未知打开：“您想与我分开吗？但您怎么开始呢？您要去哪里？在哪里您不是和我分开的呢？”③ 这段问句出现在他与她在桌边的对话之后，没有引号，也无法判断这个问题是谁问的，它迫使我们重新思考他们之间的关系，在叙事期待之外等待问题的答案。这种没有

---

① ［法］莫里斯·布朗肖：《无尽的谈话》，尉光吉译，南京：南京大学出版社，2016年，第125页。

② ［法］莫里斯·布朗肖：《不可言明的共通体》，夏可君、尉光吉译，重庆：重庆大学出版社，2016年，第27页。

③ ［法］莫里斯·布朗肖：《等待，遗忘》，骜龙译，南京：南京大学出版社，2015年，第20页。

答案没有引号的问句在叙事中多次出现，是一种运动和追寻，以敞开和自由运动为特征。问题等待回答，却不以回答为终结，也不因回答它的东西而穷尽；没有回答的问句将叙事打断，同时也向未知和不确定性敞开，与某种没有尽头的东西产生了关联。此外，小说中他与她的对话大部分以问答形式展开，然而他们之间每一次追问和回答都是一场逃离，形成一种意义上的迂回或敞开，他的问题等待着她的回答，而她的回答无法让疑问平息，在他们的问与答之间形成了一种充满陌异关系的对抗，问句这种否定的语言形式将他们之间的关系投入一种潜在状态，以至于“他与她的关系，只不过是一场永久的谎言”①。他们同处一个狭长的房间，却并没有因此而亲密无间，“Sommes-nous ensemble? Pas tout à fait, n'est-ce pas? Seulement, si nous pouvions être séparés.”②（“我们在一起吗？并不是这样，不是吗？只是，我们能够彼此分开该多好。”③）这个问句消除了主客体界限，站在主体自身之外来反思他们之间的关系，他首先否认了他们在一起的事实，但这是一个反问句，而不是纯粹的否定，让事物状态无法实现直接返还，“n'est-ce pas?”用话语的滑动性保持了答案的开放性，接着又说要是他们能彼此分开该多好。显然，从小说中我们可以知道他们同处一室，那么，这个问句并不是为了寻找他们是否在一起这个答案，其核心在于问题本身以及问题所指向的那个存在，问句用自身取代了在场的一切，他和她是否在一起这个问题在问句的迂回中彻底“逃逸”了，这个问句消解了“在一起”作为日常语言的可理解性，拉开了与现实之间的距离，让他们之间的关系不断移位并生成新的样态。她也会突然问他：“事实上，你是谁呢？你不可能是你，但你是某个人。是谁呢？”“Et qui series-vous, si vous l' étiez?”④

---

① ［法］莫里斯·布朗肖：《等待，遗忘》，骛龙译，南京：南京大学出版社，2015年，第9页。

② Maurice Blanchot. *L'Attente L'Oubli*. Paris: Gillimard, 1963, pp. 41-42.

③ ［法］莫里斯·布朗肖：《等待，遗忘》，骛龙译，南京：南京大学出版社，2015年，第29-30页。

④ Maurice Blanchot. *L'Attente L'Oubli*. Paris: Gillimard, 1963, p. 57.

（“如果你成为了他，那你又是谁?”①）“你是谁?”这个问题也不是为了寻求某种身份，而是在问句中消解了“你”，使其变成一种无人称的多样性，成为一个囊括了一切可能性的内在平面，这里的“你”无法被简化为任何一个谁，只能在内在平面上不断生成建构。他们之间的问与答让存在遭受质疑，虽然同处一个房间，却让他们彼此无限分离，以至于他和她都不是眼前的真实存在，而是一个不可被还原的差异性的匿名他者，在这段陌异关系中以分离的方式重新相遇。他与她之间这种问答维持的是一种思想的亲密性，是不允许自身被抵达或被思考的尺度。

语言的否定性还表现在对陌生语言的使用，布朗肖在《死刑判决》中直接通过男女主人公对陌生语言的使用来思考语言否定性所构建的人物关系和存在状态。书中第二部分讲述巴黎遭到轰炸时，主人公与娜塔莉躲在地铁避难，他们没有使用自己的母语，而是用对方的母语结结巴巴地交谈。陌生的语言赋予他们前所未有的自由，尽管对语言和词汇掌握有限，但这种交流方式却让娜塔莉兴致盎然，充满朝气。他们的母语到了对方那里变成了一种全新的、陌生的语言，他们不熟练地使用对方的母语是对主流语言的解构，对惯常意义的摧毁。语言的否定性拉开了与现实的距离，这是他们逃离巴黎遭到轰炸的残酷现实的需要，是为了“在鲜血与武器的疯狂中寻找躲避那不可躲避之物的希望”②。然而更重要的是，当主人公与娜塔莉投入这种完全陌生的语言中，似乎才找回完全话语的能力，此时，语言以一种超出日常意义的方式沟通，与日常语言逻辑断裂时形成了空缺，并在空缺中流溢出一种最大强度的实存和可能性。这种失控的话语在潜在的无限变化中也表达出了不为人知的情感和思想，榨出了“我”原本永远都说不出的东西，而这种情感“很可能既欺骗了她，也欺骗了我”③。这是一种独立于“我”和娜塔莉的情感，这种激情源于语言的陌异性本身，语言

① ［法］莫里斯·布朗肖：《等待，遗忘》，骜龙译，南京：南京大学出版社，2015年，第43页。

② ［法］莫里斯·布朗肖：《死刑判决》，汪海译，南京：南京大学出版社，2014年，第75页。

③ ［法］莫里斯·布朗肖：《死刑判决》，汪海译，南京：南京大学出版社，2014年，第76页。

成为他们两人的存在状态，决定了他们之间的亲疏关系，与其说他们在交流，不如说是寻求异质思想的相遇，这些话越是奇怪，就越是真实，语言的否定性让主人公感受到一种粗暴真理的驱使，“因为它们完全新鲜、毫无前例”①。这些奇怪言辞先于主体而存在，它们不是意识逻辑化的产物，反而使其具有一种真实性，于主体意识的空白处显露某种不寻常的隐秘之物。这种“粗暴的真理”驱使“我”做出了某些异常的举动，“我”在交流中至少两次用娜塔莉的母语向她求婚，但事实是“我”十分厌恶婚姻，只是“在她的语言里我娶了她”②。而娜塔莉用了一个他不知道的词回答了他，词语在陌生性中被抹去自身的意义，于是语言的否定性取消了问题的确定答案，在娜塔莉的拒绝和接受之间留下了一个想象空间。“求婚”这个词没有把两人连接起来，而是表达出他们之间一种游移的情感，一种没有关系的关系，他们之间的交谈实际上处于一种无限延宕的状态，这种不确定性转化成彼此间的沉默等待，并蔓延至无穷无尽的时间之外。主人公和娜塔莉尝试在语言内部寻求交流的可能性，这种不连续的方式允许他们在说话中制造意义空白和沉默，他们用语言作为介质来实现对意义的遮挡，这一切都是通过语言的自我疏离和否定性来完成的，其中正常的交流无法完成，却是一种脱离了语言基础的重大交流的可能性，这种交流不是语言理性逻辑的表达，而是个体内心一种近乎纯粹的激情和欢腾。他们之间是被语言打断的共通体，“打断不是在有限中封闭个体的独一性，而是再次在它的界限上展开新的独一性”。他们看似在交流，实际上并没有达到日常意义上的交流目的，相反，语言的否定性赋予双方极大的自由，让他们在最大的程度上彼此分离，在语言之外不断生成新的关系。

可以说，否定性是布朗肖文学创作的语言起点，对意义缺场的体验让他的作品读起来并不容易。在他的作品中，语言的否定性意味着人物之间正常交流的不可完成和他们之间不确定的关系。语言囿于一种绝对内在性并拒绝分享，从而构建出一个否定共通体。这种语言策略让爱变得无法言

---

① ［法］莫里斯·布朗肖：《死刑判决》，汪海译，南京：南京大学出版社，2014年，第77页。

② ［法］莫里斯·布朗肖：《死刑判决》，汪海译，南京：南京大学出版社，2014年，第76页。

说，人物之间的情感难以辨认，而小说中展现出的是一种情感强度，是情感之力的流变和生成。对于布朗肖来说，小说中语言的力量就是去否定现实世界从而获得自己的世界，建构出独一无二的文学空间。他在创作中将语言的这种否定性力量发挥到了极致，将小说连续性和统一性瓦解；他拒绝小说意义被完全占用，语言的毁灭性力量从否定性反而变成了某种积极肯定性的东西，宣告了文学的本质和权利。他的作品之所以能够保持这种倔强的孤独感，就在于语言否定性所带来的意义的缺失，抑或是，意义的极度过剩。

二、语言的物质性

既然文字不指涉现实，语言的否定性是否意味着文学创作就是毫无规定性的胡说八道呢？当语言不再只是信息的载体时，它的目标又是什么？布朗肖给出的答案是语言的物质性：

> 我的希望在于语言的物质性，在于语言也是物，也是种自然物这一事实。……语言，抛却了意义——这意义是它曾经唯一想要成为的——而试图变成无意义。所有物质性的东西占据了首位：韵律、重量、数目、形状，然后是书写于其上的纸张、墨的痕迹，和书。是的，幸好语言是一种物：一种写下的物。①

语言的物质性就意味着文字不与外部意义或者现实产生关联，而是与其他文字产生关联，形成新的语言样式和风格，成为一种只注重形式的纯文学语言。这种语言在意的并不是文字所传达的意义，而是它们表现出的某种质感，那些无法被还原成信息的韵律、节奏与风格。因此，语言的否定性不是纯粹的毁灭，布朗肖将语言从现实的承载中解放出来，成为一种风格创造，他在小说创作中刻意表现出明显的前后矛盾，显得语病连篇，这并不是逻辑缺乏而导致的前后不一致，而是新话语逻辑的诞生。他要用

① Maurice Blanchot. *The work of Fire.* Trans. Charlotte Mandell. Stanford: Stanford University Press, 1995, pp. 327 - 328.

这种分裂的语言让人们去注意到这种语言本身，让语言在断裂瞬间产生的意义超出人们日常所能判断的极限，让语言走向外部，从对世界的表象认识走向一种内在体验。

《死刑判决》中的娜塔莉与雕塑师之间经历了暧昧不明的关系后，主人公试图阻止她的计划，当她问“Est-ce que je n'aurais pas du le faire?”① （“我是不是不该做?”②）他呢喃道：“C'est que probablement il le fallait, murmurai-jc.”（“或许必须如此”③）他的回答将无人称句型“Il faut...”（必须）与“probablement”（或许）并置，这种古怪的用法并不是他完全理智清晰的表达，而是一种呢喃，这是对限定语言空间的突破。对于娜塔莉去找雕塑师的行为，他一开始怒火中烧，现在却犹豫不决，当娜塔莉将这个处境的判断交给他的时候，他的这句呢喃是对事情价值的质疑和悬置，其中留下了一个无法辨识的空间。在话语的撤退中不经意地暴露了一个真相：他对娜塔莉的完全占有欲在对人性的理解面前让步了，他承认她的行为举止是充满人性的，这不完全是她的错，与此同时，他无法不感觉到痛苦。就在这句话中，局面获得了惊人的逆转，娜塔莉在里面找到的认可反而让她拥有了一种生命的骄傲力量，足以让她“用妒忌的手撕碎这些表象”④。这句话的无人称表述避免直接对娜塔莉本人所做出的判断，无论他直接回答是或者不是，都会将他与娜塔莉之间的关系置于一种困难的境地。这种悖谬的语言通过自己创造的思想而具有价值，使得故事在语言的外部得以完成。这个句子保留了与娜塔莉之间恰到好处的距离，不至于因太远而失去维系抑或是靠得太近而被嫉妒焚毁，它指向小说中一种未被显现的潜在，是骰子一掷还未落地的那一刻，保持住了事物的真相和完整性。德勒兹认为“对于伟大的小说家来说，重要的是事物保留它们谜样然而并不随意的性质：总而言之，是一种新逻辑，确确实实是一种逻辑，但不会引

---

① Maurice Blanchot. *L'arret de mort*. Paris: Gillimard, 1948, p. 123.

② ［法］莫里斯·布朗肖：《死刑判决》，汪海译，南京：南京大学出版社，2014年，第98页。

③ Maurice Blanchot. *L'arret de mort*. Paris: Gillimard, 1948, p. 124.

④ ［法］莫里斯·布朗肖：《死刑判决》，汪海译，南京：南京大学出版社，2014年，第98页。

领我们走向理性，而是能够抓住生命和死亡之间的亲密关系”①。这也是布朗肖的语言实践，他不是通过创作主体去辨认情感力量所决定的出路，而是依靠语言自身的力量，用一种非人称的视野去执行对情感价值的拷问，情感是推动这些语言变化、生成的动力。语言此时拥有了自己的生命，布朗肖所做的是让它自然呈现。这种分裂的语言成为一种形式质料，它不能简化成任何象征或意象，而是语言的自在存在。布朗肖用这种语言方式将小说中他与她的关系推向一个既联系又分离的限度，制造出了一种不确定的诱惑，其中充满强度的张力和令人无法把控的自由感，在关系的耗尽中去逾越传统的限制，从而更加接近一种极限的内在经验。

同样，这种分裂的语言让《等待，遗忘》中的他与她之间上演了一出俄耳浦斯与欧律狄刻的神话，从冥府返回人间的路上，欧律狄刻就跟在俄耳浦斯身后，后者却不能回头，这种无法接近的在场蕴含了话语间距的全部秘密。“oui, il restait presque tout le temps avec moi.”②（“是啊，他几乎时时都在我的身边。”③）“tout”（时时）代表着永恒的在场，而“presque”（几乎）却有偶尔的缺场，这形成了一种不对称性。这里的“他”实际上是一种不被限制的他异性，他的在场正是因为他从他的在场中缺失，偶尔的缺场让他从他的固有形象中逃离，是一个面孔后面的无限生成。“几乎”这个词将“他时时都在身边”这个事实投入了不确定性中，言语以其自有的方式为我们开辟了一条道路，从确定的可见转向了幽深的晦暗之处。“您看到我了吗?”“当然，我看到您，我只看到您——却还没看见。”④他看到她，却又还没看见，“看到”是视觉对物体的直接把握，“看见”则是观看的超验方式，是为了抵达一种显现，在事物既不遮蔽也不揭露的状态中获得一种启示，在“看到”与没“看见”之间“她”进入一种潜在状态，他

① ［法］吉尔·德勒兹：《批评与临床》，刘云虹等译，南京：南京大学出版社，2012年，第172页。

② Maurice Blanchot. *L'Attente L'Oubli*. Paris: Gillimard, 1963, p. 41.

③ ［法］莫里斯·布朗肖：《等待，遗忘》，骛龙译，南京：南京大学出版社，2015年，第29页。

④ ［法］莫里斯·布朗肖：《等待，遗忘》，骛龙译，南京：南京大学出版社，2015年，第56页。

“看到”她，却因为没“看见”而与她相互分离，她对于他而言，成为一个完全陌异性的在场，如此她避开了一切同一化，成为在他身边却无法被“看见”的未知者，一个绝对他者。当他说“会有人陪伴您的”，回答是“Un autre et aucun autre.”①（“另一个人，没有另一个人。”②）布朗肖用“et”连接起两个完全相反的意义，“et”标志着一个分裂的点，产生了一条不可见的意义逃逸线和语言的解域点，让思想在肯定与否定自身的循环中走向永恒轮回。此时，有没有另一个人陪伴成为一个没有意义和方向的问题，“另一个人”是在先验内在性平面上生产出来的一次事件，是一种潜藏的存在，语言在有与无的分裂中产生与“另一个人”相异的形象，这个形象与他本身相互分离，是此刻与他们处于无限距离之中的未知者。小说中多处出现这样断裂的话语：“Toujours, toujours, mais pas encore.”③（“一直如此，一直如此，却仍没到来。”④）“Si tu peux dire nous, nous sommes oubliés.”⑤（“如果你还能说出我们，那我们就是被遗忘了。”⑥）“Tu rends l'impossible inévitable.”⑦（“你把不可能的变成了无法避免的。”⑧）这些话语进程以一种奇特的方式展开，从字面意义来看，每一个句子被肯定的同时又被彻底否定，我们很难把握这些句子是要将我们推向何方，它们在肯定与否定的往返运动中造成一种令人眩晕的越界，并最终指向无法言明的晦暗深处。同样的语言也出现在《黑暗托马》中对安娜之死的描写，她的死亡充满生命的激情，“在那已经合封、已经死亡的她的内中深处，最深刻的

---

① Maurice Blanchot. *L'Attente L'Oubli*. Paris: Gillimard, 1963, p. 78.

② ［法］莫里斯·布朗肖：《等待，遗忘》，骜龙译，南京：南京大学出版社，2015年，第61页。

③ Maurice Blanchot. *L'Attente L'Oubli*. Paris: Gillimard, 1963, p. 74.

④ ［法］莫里斯·布朗肖：《等待，遗忘》，骜龙译，南京：南京大学出版社，2015年，第57页。

⑤ Maurice Blanchot. *L'Attente L'Oubli*. Paris: Gillimard, 1963, p. 78.

⑥ ［法］莫里斯·布朗肖：《等待，遗忘》，骜龙译，南京：南京大学出版社，2015年，第60页。

⑦ Maurice Blanchot. *L'Attente L'Oubli*. Paris: Gillimard, 1963, p. 83.

⑧ ［法］莫里斯·布朗肖：《等待，遗忘》，骜龙译，南京：南京大学出版社，2015年，第65页。

激情形成了"；她是无法再现的存在，"非活物的苏醒"，"在死亡里，满溢着生命"。① 安娜之死才真正彰显了安娜的存在，让垂死的她变得格外动人。死亡作为否定性力量让安娜超越了她本身的真实性，在语言之外获得了永恒的存在。分裂话语之间的距离排除了连续性和理性逻辑，布朗肖通过分离来寻找言语所承担的不可见之物，这需要以一种悖谬的形式来完成，他让语言自身遭受质疑，从而对其进行深刻的反思。这里面存在一个哲学使命，他要用这种纯文学的语言来探索同未知的关系，以及文学与死亡的亲密性。此刻，语言指向一种事物和概念的双重缺场，以至于无法被归类到人类理性可思考的范围之内。

在《那没有伴着我的一个》中，布朗肖通过人称代词的非常规使用将自我分裂开来。这种断裂让主体变得模糊，令它成为一种根本的不确定性，事情只有在这时才变得更加丰富有趣，主体已经在语言中消解，它的生成让位于一种新的未知，其中隐藏着某种隐晦的力量。"事实上，你是谁呢？你不可能是你，但你是某个人。是谁呢?" "不要怀疑，我选择做遇到我的那个人。"（"Qui es-tu, en réalité? Tu ne peux pas étre toi, mais tu es quelqu'un. Qui?" " Ne doute pas, dit-il doucement. Je choisis d'etre ce qui me trouve. "）② 这时主体被体验为消失，它呈现出来的时刻是它自身的缺失，这是一种"主体悖论"，道出了一种"自身"内在的不可能性，处在感官经验之外，它通向可能性的极限，是一种不可能性，也是一个不可命名的世界。"你应该到楼下看看你在不在那儿。"（"Tu dois voir en bas si tu y es. "）③ 这句不规则的表达产生了形式的流变，让语言脱离了其常量的状态，这句表达中有两个关键常量，一个是人称代词"你"，另一个是表示空间的"楼下"，不规则的表达构成了语言的一个解域点，使语言趋向形式或概念的极限。

---

① ［法］莫里斯·布朗肖：《黑暗托马》，林长杰译，南京：南京大学出版社，2014 年，第 101 - 103 页。

② ［法］莫里斯·布朗肖：《等待，遗忘》，骜龙译，南京：南京大学出版社，2015 年，第 43 页。Maurice Blanchot. *L'Attente L'Oubli*. Paris: Gillimard, 1963, p. 58.

③ ［法］莫里斯·布朗肖：《那没有伴着我的一个》，胡蝶译，南京：南京大学出版社，2015 年，第 35 页。Maurice Blanchot. *Celui Qui Ne M'accompagnait Pas*. Paris: Gillimard, 1953, p. 55.

这是一种超越语言的状态，通过对语言代词的反常应用将主体在这种情景中一分为二。这句话语言上至少存在两个偏差，如果没有空间的界定，主体可以看看自己，然而一旦加上了空间位置的常量，整个语言表达的氛围就产生了绝对的变化，主体逃离自身，到了一个异于主体所在的空间，打破了空间的连续性。主体“我”以及与“我”对话的“他”都是那没有伴着“我”的一个，当“我”要求他“给我一杯水”，他回答说：“我不能给您。您知道的，我什么也做不了。”① （“Donnez-moi un verre d'eau.”“Je ne puis vous le donner. Vous le savez, je ne puis rien faire.”②）“我”与自身，与他都无限分离，主体外在于自己，这是主体自身不充分性的体验，只有与自身分离，处在一种空无之中，才能够通达生存的一切形式。首先，布朗肖笔下的主人公经历的是一种自我的瓦解，他们的内部世界与外部世界的间隔感消失了，连作为个体存在的人的实在性也摇摇欲坠。其次，这种分裂的语言表明了小说中人物之间是一种背离正常的互动关系模式，我们甚至可以怀疑在小说中是否有除了“我”之外的另一个人的出现，这种语言阻断了主体与真实世界的意义联系。布朗肖用语言的断裂表现出对主体自身的质疑，这种与自我疏离的语言表现形式是一种现代性的后果：“在现代主义和后现代主义中充斥着犹疑和疏离，自我由此与正常介入自然和社会的形式相分离，而在这里，自我常常以其自身或自身的经验作为对象。”③小说语言的这种断裂和反常性标志着他者的僭越，这个他者在作品中是一种缺席，必须在词语、行动、意图抑或是主体之外得以建构，是断裂之处的中性之声。在此，布朗肖勾勒出了他所谓的“第三类关系”，这种关系“绝不把我和我自己，和另一个自我联系起来”，而是“得到一种同我根本不可企及的东西的关系”。④

---

① ［法］莫里斯·布朗肖：《那没有伴着我的一个》，胡蝶译，南京：南京大学出版社，2015 年，第 65 页。

② Maurice Blanchot. *Celui Qui Ne M'accompagnait Pas*. Paris：Gillimard，1953，p. 96.

③ Louis A. Sass. *Madness and modernism: Insanity in the Light of Modern Art，Literature and Thought*. Cambridge，MA：Harvard University Press，1992，p. 102.

④ ［法］莫里斯·布朗肖：《无尽的谈话》，尉光吉译，南京：南京大学出版社，2016 年，第 128 页。

布朗肖在小说中进行着一场大胆的书写游戏，他让句子处在一种极端的张力中，不满足于对文本意义的单一解读。语言这种物质性的在场在布朗肖的文学创作以及阅读的过程中恰恰具有某种本质性，它是生命和情感流动的介质，是情感强度的表现，此时的语言不是将意义聚拢在一起，而是制造分离，是肯定与否定之间的双重扭曲，他将语言从其传统用法和意义中解放出来，语言不与意义直接产生关联，甚至不与说话主体产生关联，而是作为一种纯文学语言在文字结构的分裂和不稳定性中寻求一种隐秘的思想，召唤绝对他者的到来。我们可以借用汪民安评论巴塔耶的一句话来概括：这种语言是布朗肖式的“反省，它最终以一种压抑了的急迫、一种不过于爆发的敏感、一种病态的痉挛方式导向虚空”①。这里的虚空并不是空白或一无所有，而是一种潜在和敞开，以谜一样的方式承担了小说中人物关系的诸多可能性。

三、语言的中性化

布朗肖小说语言物质性所表现出的这种回环矛盾风格意味着什么？他要揭示出秩序化语言之下隐藏的密码，用这种特定的语言表现形式瓦解传统稳固的语言规则，将写作置于变化之中，让语言走向外部，化作一种中性的语言。布朗肖在《无尽的谈话》中指出，中性的言说就是隔着一段距离言说，它既不揭示也不隐藏，介于肯定与否定之间，将同存在的关系悬置，在这种间距中未知者才得以保存和思考。② 语言的中性化包含了布朗肖对文学创作的一种至高的野心，他要让那最根本的、非世界的东西能够被言说并被完成，而未知者只能用不属于任何可能性范畴的中性语言来思考和言说，从而保持文学的一种彻底开放性，使其定位在所有的批评和阐释之外，表现为一种文学的本质的孤独。

在《那没有伴着我的一个》中，他十分突然地问道：“您为什么笑?”

---

① 汪民安：《色情、耗费与普遍经济：乔治·巴塔耶文选》，长春：吉林人民出版社，2003 年，第 3 页。

② ［法］莫里斯·布朗肖：《无尽的谈话》，尉光吉译，南京：南京大学出版社，2016 年，第 582 页，第 747 页。

“因为我并不孤单。”“因为您不在这儿?” “您想知道我在哪儿吗?”① 他突然问“您为什么笑”，而实际上“我”并没有笑。这个问话似乎是从外部传来的，与“我”的状态根本分离，他的问话让“我”陷入了沉默和深思，连贯性中断让交谈产生了距离。沉默看似阻断了对话，实际上它参与了话语，减缓了话语流动的速度，让话语在这个断点的空间里逃逸，朝着一个无序散乱的黎曼空间蔓延。交谈的断裂瓦解了交流的基础和理解的统一性，这里“您为什么笑?”指向的是一个外部平面，将本来并没有笑的“我”带离了在场，以一种出乎意料的方式接近“我”，“我”在沉默中找到了“不孤单”这个答案，与前面的问题貌似有一种奇怪的脱节，当他以自己的方式解释说“因为您不在这儿?”，交流在这个弯曲的黎曼平面上达到了微妙的平衡，对话循着裂缝，在并置共陈、彼此不相依附的残瓦断片之间得到闪电式的澄明。这是一种分裂性的思维逻辑，里面存在一种间距，其中产生了语言的逃逸线，允许对话在一个新的平面上交换，这也是布朗肖所说的“话语的呼吸”②。他看到了“我”的不在场，尽管“我”表面上没有笑，“我”的笑意来自在这种不孤单中享受到的愉悦。“我”告诉他，我此时正看着窗外的一个美丽的小花园，触摸到最深处的记忆，结结巴巴的交流拉长了时间的距离，“我”与他此刻无限分离，彼此接近的是对方的陌异性。语言和现实之间始终存有的空白指向一种外部，超出对话主体的自主性运作，这种毫无逻辑断裂的对话方式就像是两个互不相关的人之间的偶然互动，中性语言的距离阻碍了交流的直接性，而试图在语言内部抵达现实中无法触及的未知。这种未知就是潜藏在一张平静的脸之下的笑容和站在他身边的却没有伴着他的那一个。

《在适当时刻》这本小说中，朱迪特看见克劳迪娅与主人公在一起，当克劳迪娅试图将朱迪特扶起，朱迪特突然坐起，从记忆深处嘶喊出“Nescio Vos（我不认识你)”③，随后晕倒。这句无意识的拉丁语将主人公、朱迪特

① ［法］莫里斯·布朗肖：《那没有伴着我的一个》，胡蝶译，南京：南京大学出版社，2015 年，第 55 页。

② ［法］莫里斯·布朗肖：《无尽的谈话》，尉光吉译，南京：南京大学出版社，2016 年，第 141 页。

③ Maurice Blanchot. *Au Moment Voulu*. Paris: Gillimard, 1951, p. 137.

与克劳迪娅引入了一个共同的真相：他们彼此之间并不认识，这句连朱迪特本人都不知来由的拉丁语“Nescio Vos”并不属于任何人，它只是一句中性的语言，在他们之间形成一个逃逸的通道，破坏了他们之间凝固稳定的表象，撕破了他们三人之间模糊暧昧的关系，将他们投入一种未知，而这种未知意味着回归的狂喜。这是一种差异的回归。当朱迪特说出“我不认识你”，主人公也做出同样的回应，他们之间似乎达成了隐秘的共识，他们的关系又回到原初那种陌生的状态，向彼此重新敞开，迎接新的可能性，此时，同一性被差异性替代，他们之间的关系不再是稳定不变的，而只是一个不断生成的过程，这种关系就像杜拉斯小说中男人与女人的关系，他们处于一种消解之中，既亲近相处，又不可触及，爱仿佛是缺失的，但在这种缺失中，它又醒目地在场。这句突如其来的“Nescio Vos”，与其说是文学中的语言，不如说是哲学的，它要激起一种惊讶，让好奇的、观察的甚至是反叛的精神得以诞生。在“Nescio Vos”中，他们三人以一种最为偶然的方式相遇和说话，让语言的中性力量显得神奇而又危险。

布朗肖试图用中性语言冲破一个以“我 - 你”相互关系为主导的二元社会，在中性里召唤绝对他者的出现，这个他者远远超出了我们对他的认识，他以缺席的方式占据了在场的中心。无论是《那没有伴着我的一个》中的主人公与他，还是《在适当时刻》中三人之间的暧昧关系，抑或是《等待，遗忘》中的他与她，《黑暗托马》中的托马与安娜，布朗肖让中性的他出场来搅动这些现实中的关系，从而将这些人物投入一种不确定性中。人物现实中的关系被悬置起来，中性的语言表明了逃出自身、凝望他者的欲望与冲动，“我”对面的这个他或者她不再是曾经认识、能够稳定把握其本质的那个人，而是在他们眼前不断与之分离，成为一个陌异于当下存在的他者，从而让他们之间产生全新的联系。这就是布朗肖所构建伦理学的基础，一种文学的共同体。

布朗肖文学创作的语言策略使其作品表现得晦涩可疑，他用语言的否定性斩断了语言与现实之间的直接联系，让语言在文字内部自我繁衍，在文字的堆叠和变异中形成了一种全新风格的语言，在现实与虚构之间，在肯定与否定之间产生了一个巨大的意义虚空，而这一切最终指向的是语言中性化的意图。在布朗肖看来，中性的语言拒绝接受一切先在意义，中性，就是为了保持语言的空无，使其能够迎接一种尚未到来的意义。中性的语言包含了某种野蛮原始的东西，这种东西能够撼动秩序化的表面，或许这就定义了布朗肖作品的当代性，他的语言与时代小心翼翼地保持着距离，不属于既定的社会框架，也无法被束缚，总是在作品内部勾画出独有的逃逸路径，指向外部，在一个开放的空间内自我蔓延、生成。布朗肖以语言的实验性和纯粹虚构完成了一种朝向外部的中性书写，从而跻身 20 世纪最富创造性的先锋作家之列。

不可言说的世界：克莱斯特、卡夫卡、麦卡锡[1]

［美］伊恩·弗雷什曼[2] 撰

杜红艳[3] 译

摘 要：本文通过海因里希·冯·克莱斯特、弗兰兹·卡夫卡以及科马克·麦卡锡作品中三种有关马的简短而神秘的想象来审视书写文字与不可言说的世界之间的张力。通过分析这几位作者对某种Sprachkrise（或曰语言危机）的参与和克服，文章指出文中引用的三个文本都是在给定的历史时刻与崇高相遇的典范，它们分别代表着克莱斯特的浪漫主义、卡夫卡的现代主义和麦卡锡矛盾的后现代主义。追溯克莱斯特的浪漫主义怀旧遗产，进而关注卡夫卡对美国的“痴迷”以及麦卡锡对美国景观的生态田园视野，将有助于洞悉这几位作者如何努力揭露和突破语言的局限——这正是人类的极限。由此，言

---

① 本文译自《比较文学研究》第56卷，2019年第1期，第59－78页（*Comparative Literature Studies*, vol. 56, no. 1, 2019, pp. 59－78）。

② 作者简介：伊恩·弗雷什曼（Ian Fleishman）是宾夕法尼亚大学法语、意大利语和日耳曼语语言与文学系副教授，电影与媒介研究中心主任。他目前的研究集中于巴洛克、当代电影等领域。他在*German Quarterly*, *French Studies*, *Mosaic*, *The Journal of Austrian Studies*, *The Germanic Review*等权威学术期刊上发表了多篇相关的学术文章，另有研究成果*An Aesthetics of Injury: The Narrative Wound from Baudelaire to Tarantino*（2018），*Performative Opacity in the Work of Isabelle Huppert*（2023）等。

③ 译者简介：杜红艳，博士，现为西南交通大学外国语学院英语系助理教授。学术研究兴趣包括中西比较文学、英美文学和弥尔顿研究。

说的必要性可能会超越其自身，并转变为一种具有道德生产力的存在的狂喜。

关键词：克莱斯特；卡夫卡；麦卡锡；浪漫主义；现代主义；后现代；崇高；语言危机；马

在也许是科马克·麦卡锡《骏马》（*All the Pretty Horses*，1992）的一个关键时刻，年轻的牛仔约翰·格雷迪·科尔（John Grady Cole）做了个梦。他和他的同伴因被指控盗窃马匹和过失杀人而入狱。黄昏时，他们静静地坐着，听到了远方的噪音——他们听见了音乐：

> 他们又坐在那里，没有人再吭声，不一会儿，房间就昏暗下来。坐在房间另侧的那位老头儿开始鼾声大作。他们听见远处村庄传来阵阵的喧闹声，狗吠声，妈妈呼唤孩子的声音，还有不知从什么地方的廉价收音机里，传来正在播放着的牧场音乐，其中夹杂着歌手声嘶力竭的假声叫喊。在这难以言说的夜里，听了实在令人感到痛苦不堪。①

但在这无言的囚禁中，约翰·格雷迪梦见了自由，梦见在无尽的、阳光照耀的平原上与马一起奔跑。如果这个梦消解了狭窄的监狱的黑暗——借用桂冠诗人罗伯特·哈斯（Robert Hass）的一行诗——将它向一个“自光影尚未分开的/世界”②（world/of undivided light）打开，那么对这“无名之夜”（nameless night）③ 显然雄辩的命名似乎也承诺了它自己的反面：这个世界将超越语言的牢笼而存在。

---

① ［美］科马克·麦卡锡：《骏马》，尚玉明、魏铁汉译，上海：上海译文出版社，2001 年，第 159 页。

② ［美］罗伯特·哈斯：《在拉古尼塔斯沉思》，选自《当代美国诗双璧：罗伯特·哈斯/布兰达·希尔曼诗选》，陈黎、张芬龄译，哈尔滨：北方文艺出版社，2016 年，第 15 页。

③ 此处《骏马》一书的中译者将其译为“难以言说的夜里”。但在与本文作者的沟通中，他表示由于原文为“nameless night”，且文章在紧接着的部分论述了此处的“为无名命名”实为一个悖论，因此译者在此处将其译为“无名之夜”。

由此，这个无名的夜晚使人想起了另一首更早的诗的最后一节——胡戈·冯·霍夫曼斯塔尔早期的《外部生活之谣曲》（“Ballad of the Outer Life”）。诗中，对（人类）存在意义的一种真正的信仰危机最终被一个单词推翻了，这个单词本身似乎并不能指代什么，却比其单纯的指称意义意味着更多：“而那说‘黄昏’的却已道明了许多，/从这一个词中流淌出了哀伤和深意。”① 这个有恢复力的词在另一位作者身上的作用更显著，他将在几年之后揭开语言危机创伤的序幕，而这一危机深刻地标志着世纪之交的德语文字：此时似乎不是单词所表示的本质必不可少，而是这个单词本身——它是近似于音乐音型的声音图像。② 霍夫曼斯塔尔的“黄昏”（evening）与麦卡锡的“无名之夜”（nameless night）有一个共同点，那就是：几个世纪以来，这个 Trauer（或曰痛苦），都有一种咒语般的能力，可以进入一个不可言说的世界。

接下来，我打算通过海因里希·冯·克莱斯特、弗兰兹·卡夫卡以及科马克·麦卡锡作品中三种有关马的简短而神秘的想象，来审视口头或书面文字与不可言说的世界之间的张力。这三位作者揭露和突破了语言的极限和人类的极限，他们渴望的正是这个不可言说的世界：不仅是一个不可言说的（unspoken）世界或是一个难以言表的（unspeakable）世界，而且是一个想象中的天堂，它迫切地、主动地不可言说，否则它将会被描述它的那种语言破坏。然而，正是通过这种无言（unspeaking），通过摆脱语言的束缚，克莱斯特、卡夫卡和麦卡锡的尝试——虽然短暂而不牢靠——向本体敞开了大门，言说的必要性超越了其自身，转变为

① ［奥］胡戈·冯·霍夫曼斯塔尔：《外部生活之谣曲》，选自《风景中的少年：霍夫曼斯塔尔诗文选》，李双志译，南京：译林出版社，2018，第15页。

② 如 Rainer Nägle 指出：“所有这些令人绝望的问题的答案只是一个词语——‘夜晚’。夜晚不是作为一个事物，而明显是作为说出的这个词语。这个词语附带的所有潜在所指和联想……成为了一个魔法公式，它处于所有不连贯的现实之上。”参见 Rainer Nägele, “Die Sprachkrise und ihr dichterischer Ausdruck bei Hofmannsthal,” *The German Quarterly* 43, no. 4, 1970, pp. 720-732.

一种存在的狂喜。①

因此在某种意义上，所有这三个文本都与崇高有关：这种崇高超越了人类的感知力，同时挑战了人类想象力的缺陷和基于当前目的的概念性呈现（表现）。因为如果美只与形式有关，那么崇高就来源于无形：来源于我们与一个客体的相遇，该客体明显对我们的认知构成无穷无尽的威胁（哪怕不是对我们自己本身的威胁）。从康德的角度来看，优美源自对明显的目的性无目的地欣赏：在缺乏可辨别功能的情况下，欣赏美好的形式。但是对于马的这种特殊情况，我们面对的仅仅是对坚持的美一种特别偶然的欣赏，实际上取决于所讨论的特定马匹与预想的概念或理想是否相符，而这个概念或理想是由效用决定的，由它的形式与它的隐含功能的符合程度决定的（实际上，这匹马是康德坚持的三种美的显式例子之一，另外两种是人与建筑）。也许正是出于这个原因，作为埃里克·贝克（Erik Baker）所谓大自然的“人类学取向”的象征，马和骑马成为克莱斯特、卡夫卡和麦卡锡探究这个问题的主题。② 在

① 不可否认，这里与伊曼纽尔·列维纳斯（Emmanuel Levinas）所说的一种必要的“不说”（unsaying）概念有些相似。通过这个概念，一种伦理的说法（ethical saying）可以抵制主题化并将其简化为本体论的说法（ontological said）。在这里我旨在证明对于本文讨论的作家来说，与世界合一的伦理是如何取代现实本身的问题的。列维纳斯将伦理学视为第一哲学，甚至将其视为本体论的首要课题，其任务是审问而不是立即将其纳入（已经存在的本体论）问题之中（to be, or not to be）。列维纳斯承认，这也是“方法问题”（problème méthodologique）：这里出现了一个方法论问题，即是否可以通过在主题……中表现自己来使说……的原始元素背叛自己，这种背叛又是否可以减少；通过将主题归于本体，是否可以同时认识并释放主题所留下的标记。一切都以背叛为代价来展现自身，甚至是那些不可言说的（unsayable）。正是通过这种背叛，对不可言说之事的轻率才成为可能，而这可能正是哲学的任务所在。因此，“不说”是列维纳斯所指的对不可言说的轻率行为的必要工具：概念化不可言说并表达不可言说的（哲学）尝试。Emmanuel Levinas, *Autrement qu'être ou au-dela de l'essence*, The Hague: La Haye, M. Nijhoff, 1974, p. 8; and Emmanuel Levinas, *Otherwise than Being: or, Beyond Essence*, trans. Alphonso Lingis, The Hague: La Haye, M. Nijhoff, 1981, p. 7 (translation modified).

② Eric Baker, "Fables of the Sublime: Kant, Schiller, Kleist," *Modern Language Notes* 113, no. 3, 1998, pp. 524 - 536, p. 528. 可同时思考德里达对康德将马排除在错误之美（既不与终极也不与目的相联系的美）之外的评论。Jacques Derrida, *La Verité en Peinture*, Paris: Flammarion, 1978, p. 122; and Jacques Derrida, *The Truth in Painting*, trans. Geoff Bennington and Ian MacLeod, Chicago: University of Chicago Press, 1987, p. 107.

康德的描述中，如果优美证实了人类与自然和谐相处的怀疑，使我们的行为看起来好似（as if）——而且这一假设（希望会变得更加清楚）是必不可少的——我们与周围世界的运行方向（orientation）联系在一起，那么至少在最初阶段，当面对存在的总体性时，崇高就使我们面临感知、想象力以及表现力等方式的不足。简言之，我建议我们将崇高本身视为一种语言危机，同时也应将其视为克服这种危机的机会。

这些思路对我们思考让·弗朗索瓦·利奥塔（Jean-François Lyotard）与康德的崇高的持续互动可能会有所帮助，特别是关于利奥塔创造的“分歧”（différend或differend）这一概念。在发明意义的新模式中，感觉的不可言说的痛苦经由它被升华为一种乐趣：

> 在分歧中，有些“要求”被表达出来的东西却遭受了无法表达的不公正。因此，以为自己将语言用作交流手段的人们，通过这种伴随着沉默的痛苦（以及伴随着新习语发明而带来的愉悦）认识到了他们是被语言要求的对象……他们意识到要表达的内容超出了他们目前可以表达的，并且他们必须允许创造尚不存在的习语。①

分歧是那种不稳定的间隔，在这种间隔中，承认一种超越语言的经验的痛苦被炼金术炼成了一种发明新的表达形式的乐趣。正是出于这个原因，利奥塔通过为它找到一个习语，从而将哲学和文学两者的任务确定为对分歧的见证。通过仔细关注文中克莱斯特、卡夫卡和麦卡锡三个文本在主题和结构上的相似之处，我们可以分离出这样一个习语体系：一种连贯的无言的语法。正是通过这种“不说话”的方式，这几位作者试图超越一种与（坚持的）美的效用联系在一起的语言，并获得一种崇高的语言。

现在清楚的是，我所描述的就是所谓的直接美学（aesthetic of

---

① Jean-François Lyotard, *Le Différend*, Paris: Éditions de Minuit, 1983, pp. 29 – 30; Jean-François Lyotard, *The Differend: Phrases in Dispute*, trans. Georges van den Abbeele, Minneapolis: University of Minnesota Press, 1988, pp. 22 – 23.

immediacy)①：一种试图逃离符号，进入与真实无中介的接触，或更精确地说，非中介地与现实的接触。对崇高的康德式解释的问题在于，它不像存在于我们之中那样存在于物体之中："它是一个（自然）物体的表现，它的表现决定了理智将自然的不可实现性视为一种思想的体现。"② 面对如此压倒性的东西，它首先导致我们不理解的痛苦（康德称其为"不愉快[unlust]"），在重新确认我们的理性力量超越自然之后，我们发现了乐趣——康德告诉我们，这种运动可与振荡（vibration）相比较：对物体快速地交替的吸引和排斥。与埃德蒙·伯克（Edmund Burke）不一样，对康德来说，崇高为我们的思考提供了原始的、动物性的东西。康德认为，一种对崇高的体验变成了崇高，恰恰是因为它使我们更加意识到自己的理性，也就是说：我们的人性使我们成为人。崇高的感觉不是来自外部，而是来自内部：它由我们的理性能力投射到被观察的物体上。但自然本身仍是遥不可及的；主体和世界之间的分裂仍然没有改变。

尽管是完全不同的范式，下文将探讨的浪漫主义诗学、现代主义诗学以及也许更令人惊讶的后现代主义诗学仍都试图克服这种二元关系，并试图超越笛卡尔式的主体性，传达一种不仅严格地存在于我们自身，而且也存在于世界之中的经验。如果克莱斯特的文本假设（同时让人产生疑问）将这种超越的可能性作为一种有希望的假设，那么卡夫卡则是通过散文来实现它。对克莱斯特来说，紧随康德之后的写作以及对本体的流放是一次最初看来可能超出了所有和解范围的危机。但是对于卡夫卡的现代主义来说，它迅速超越了正确的康德范式，这种痛苦而怀旧的失败将成为庆祝表达自由的机会，而这种自由的表达是与真实事物的联系点。然而，伴随着卡夫卡对现实的现代主义式坚持的，是一种出人意料的对文本现实的后现

① 经与作者沟通，作者表明他在此处描述的是一种对世界的"直接"经验："I mean a yearning for a 'direct' experience of the world (not mediated through language or through anthropocentric paradigms)"。——译者注

② Immanuel Kant, *Kritik der Urteilskraft*, ed. Otfried Höffe, Berlin: Akademie Verlag, 2008: 268; and Immanuel Kant, "First Section, Second Book: Analytic of the Sublime," in *Critique of the Power of Judgment*, ed. Paul Guyer, trans. Paul Guyer and Eric Matthews, Cambridge: Cambridge University Press, 2000, p. 151.

代主义式断言。麦卡锡走得更远了，他证明即使对客观的、文本外的现实已经失去了信心，我们仍然可以继续庆祝这种表达。如果说克莱斯特的浪漫主义是直接美学的早期迭代，那么卡夫卡的现代主义则既是它的鼎盛时期，也是它失败的原因。在麦卡锡矛盾的后现代主义中（其矛盾性需要在适当的时候加以探讨），我们可以观察到这种美学的来世及其隐含的道德观。

克莱斯特

> 人对那匹戴着马鞍和马嚼子站在他面前、不让他骑的马说，如果我拥有你；如果我只拥有你，就像你刚从树林里出来时那样，一个自然的未经驯服的孩子！我想带着你去那里，轻轻地，就像带着一只小鸟一样，越过高山和幽谷，无论我想怎样；如此，你和我都会很好。但是他们教会了你艺术，我对艺术一无所知，就如我赤裸着站在你面前；如果我们要彼此了解，我将不得不去赛马场拜访你（上帝保佑我）。
>
> ——海因里希·冯·克莱斯特，《没有道德的寓言》（1808）①

尽管一开始看起来很无聊，但这里引用的简短文字（整体上也是如此）使浪漫主义这一宏伟计划受到质疑，也就是说：它使人们回归想象的与自然统一的追求变得复杂了，使得堕落后的人与世界合一的可能性变得不确定。关于克莱斯特所谓的1800年和1801年的"康德危机"② 已有很多研究，直到今天，人们仍在争论他以这一主题写给爱人的信在何种程度上仅仅是浪漫主义的姿态。他在给未婚妻的信中写道："我的最高目标沦陷了，我什么都没有了"③ ——事实上，克莱斯特是否真的读过康德仍然是一个有

---

① Heinrich von Kleist, "Fabel ohne Moral," in *Sämtliche Erzählungen*, *Anekdoten*, *Gedichte*, *Schriften*, ed. Klaus-Müller-Salget, Frankfurt am Main: Deutscher Klassiker Verlag, 2005, p. 353.

② 克莱斯特一度将达到精神境界的圆满作为自己人生的最高目标。但康德的哲学理论给他带来了极大的影响，克莱斯特因此陷入对人类认识能力的深深怀疑之中，即所谓的"康德危机"。——译者注

③ Heinrich von Kleist, *Sämtliche Werke und Briefe*, ed. Helmut Sembdner, Darmstadt: Wissenschaftliche Buchgesellschaft, no. 2, 1983, p. 634.

争议的话题。但是，在克莱斯特的所有作品中，人们都清楚地感受到这样一种忧虑，即作为思考、说话的对象，世界本身对于我们来说也许是无法企及的。在一篇有关木偶戏的文章中，克莱斯特对这种通过知识回归纯真的方式表达了温和的信念。① 与那篇文章不同的是，在当前这个文本中，人类理解的装备，那些马所学到的艺术（或 Künste），明确地阻止了所有这种回家（homecoming）的希望。然而，正如上面提到的两年后首次发表的《论木偶剧院》（“On Marionette Theater”）的结论，克莱斯特自相矛盾地提出认识是解决它表现出的问题的唯一可行方案。克莱斯特的寓言颠覆了自己，通过侵扰一种远超有序的话语能够表达的意义来破坏其自身有序的话语。这样，我们可能最终选择在他面前与安德烈兹·沃明斯基（Andrezej Warminski）和卡罗尔·雅各布斯（Carol Jacobs）对话，不是谈论克莱斯特的康德危机，而是谈论康德的克莱斯特危机。② 正是他对康德观点微妙而又重要的驳斥将指明我们所关注的克莱斯特浪漫主义：康德的认识论忧虑在表面上被当作一种对本体论的挑战。

《没有道德的寓言》这个文本的标题蕴含着丰富的信息。到底什么是没有道德的寓言？通过对这种说教方式进行有趣的戏仿，克莱斯特不仅检验了作为德国启蒙运动的宠儿即寓言形式的局限性，而且更广泛地规范了文学的道德化：拟定了一个自觉的寓言而拒绝提供传统上会提供的格言。克莱斯特并未认真考虑一种文学的思想，期待的寓言内容最终（或至少在表面上）也并不存在。但还有什么比这个文本打算表达的意思更明显的呢？也许克莱斯特的寓言最令人震惊的是它对主题的直示：人类用十分明确的语言告诉马它自己的象征意义以及它对期待的象征意义的失望，告诉马它完全没有能力去表现它打算表现的自由和与自然的统一。因此这不是一个寓言，不是一种叙事，而是通过话语甚至是辩证法来组织的一场辩论。但

---

① Heinrich von Kleist, “Über das Marionnettentheater,” in *Sämtliche Erzählungen*, pp. 555 – 563.

② Carol Jacobs, “The Style of Kleist,” *Diacritics* 9, no. 4, 1979, pp. 70 – 78; Andrzej Warminski, “Appendix I: A Question of an Other Order: Deflections of the Straight Man”, in *Ideology*, *Rhetoric*, *Aesthetics*: *For de Man*, Edinburgh: Edinburgh University Press, 2013, pp. 203 – 214.

它的论点具有讽刺意味，因为它不打算成功：如果这是没有道德的寓言，那么它就是没有终点的辩论。

在一篇选用了康德、席勒和克莱斯特对马的思考的文章中，埃里克·贝克揭示了这个看似轻松愉快却寓意深远的哲学意义，并深刻地将其置于崇高的问题之内。例如，贝克通过这一案例概括了席勒的思想运动，描绘了“马从原始的自然状态到驯化、到以暴力推翻奴役的方式来休息的三个阶段”的画面：

> 这可以读作人类（无论是个人还是整个文化）通过它前进到审美自由状态的连续阶段的寓言：从前象征的、天堂般的统一，到陷入自我的意识，再到存在与意识、自然与文化、形式与内容、精神与物质的统一。①

但如贝克所指，正是第三阶段的重新统一把马从人类学上的剥削和弱化中解放出来，这似乎是克莱斯特寓言中所缺乏的：“如标题所宣告的，克莱斯特文本的完整性是基于‘丢失’的符号和‘无’的符号。”② 因此，贝克将寓言解读为一次恰当的失败：“崇高只能在其表现失败的情况下才能表现出来。”③ 尽管拥有敏锐的洞察力，这句话也许很容易超越克莱斯特短篇小说的精妙之处：如果这种缺乏、这种“无”的确是某种形式开放性的标志，例如崇高的无形式性，那么也许它不仅指向这种表达的失败，而且还指向表达这种不可表达的事物的新生潜力，即通过突出显示语言的不足，克莱斯特也将其开放到超出语言的地方。

克莱斯特的文本从一开始就明显与语言有关：这在人与马的卡通化对话前提下得到了明显体现——在另一种部分地由说话的动物定义的讽刺性逆转体裁中，马始终完全保持沉默，完全没有表现出理解的迹象。这两个

---

① Eric Baker, “Fables of the Sublime: Kant, Schiller, Kleist,” *Modern Language Notes* 113, no. 3, 1998, p. 531.

② Eric Baker, “Fables of the Sublime: Kant, Schiller, Kleist,” *Modern Language Notes* 113, no. 3, 1998, p. 534.

③ Eric Baker, “Fables of the Sublime: Kant, Schiller, Kleist,” *Modern Language Notes* 113, no. 3, 1998, p. 534.

可能的对话者仅通过物种，即人类（der Mensch）和马（das Pferd）来识别。但假设寓言叙事内容的前提条件是两者都拥有将人与兽区别开来的语言能力，鉴于此，“如果我们要彼此了解”，故事结局所威胁的前往赛马场的旅程就是必要的。克莱斯特就是通过这种方式将自己的艺术（诗歌艺术、语言艺术）与马所学的艺术进行比较。寓言开始说的“如果我只拥有你”就立即从占有和驯化的角度得以解释，使渴望的解放变得不可能。然后，文本的其余部分从逻辑上不仅概述了这一解放的必要条件，更重要的是概述了实现这些解放的不可能性。

尽管这完全是论证式的安排，这篇寓言也暗示着自身衍生能力的崩溃。文本由三个看似简单的句子构成，每个句子用分号对称地分隔。多个从句过度累积是克莱斯特表述的典型特征。这不仅是指这里的句子有多短：作者似乎想强调这种精心设计的、头脑冷静的修辞思考的清晰度。然而，这些并置也不可避免地产生结巴的效应，这种结巴的效应被诗学重复（第一个短语“如果我只拥有你”和之后的词语“艺术”）放大了——然后，它们被最后的类虚拟式半韵律“将不得不”聚集在了一起。即使这样产生的韵律成形很慢，但在最后一句话的结尾，它最终在马被唤起奔跑的那一刻发展成了奔腾的抑抑扬格（“我将不得不去赛马场拜访你”）。即使没有特别明显地表达出来，事实上也几乎是被压制了，但在第一个完整句子的结尾处，这些诗性语言的入侵以及这种含混不清的节奏性抒情和富有表现力的感叹，却以这种典型的象征形式背叛了寓言持续呈现的符号：它们如同尖钉（spikes），以象征的顺序出现在克里斯蒂娃所谓的阴性空间（Kristevan chora）中，同时也出现在现实中。[①] 克莱斯特的文本确实是辩证的。论点：与自然统一；对立面：自我意识、驯化。在话语层面上没有发生（实际上

---

① 对于克里斯蒂娃，尤其是在她的《诗性语言的革命》一书中，符号学代表的更多的是语言的音乐方面，而不仅限于指称功能，它是一种韵律，而不是一种外延；chora 是这种预兆状态的间隔。符号学的精神分析含义在这里并非无关紧要：在它出现在拉康的镜像阶段（即自我认知的时刻）之前，符号学代表了一种无差别的存在状态，即丧失了自我，既令人向往又令人恐惧，与克莱斯特寻求的统一并无不同。Julia Kristeva, *Révolution du langage poétique: L'avant-garde à la fin du XIXe siècle*, Paris: Éditions du Seuil, 1974.

是被明确拒绝）的合题（synthesis）并不意味着它不存在；相反，它不是在（反）寓言的内容中而是在它的形式中发生。

克莱斯特坚持使用的虚拟语气（反复出现的 hätte，wollte，dünkte，sollte，müßte，以及最后的 wollten）始终朝着它拒绝提供的用以弥补缺陷的合题迈进——它也同样坚持认为自己并不具备完成合题的条件。当然，这里讨论的损失是无法复原的，这是文本的公开信息，即其论点。但是，如果寓言的所指承认失去的东西即与世界的裂痕再也无法弥合的话，这并不一定会减少其能指的承诺：毕竟，骏马的奔腾在被拒绝的时刻被有节奏地呈现出来。这种有节奏的品质的目的不是通过语言而是作为语言本身来获得体验。这里有各种各样的浪漫主义讽刺意味：不是消除主体和客体之间的分歧（例如消除人与马之间的区别），而是弗里德里希·施莱格尔（Friedrich Schlegel）所谓的不断交替的自我创造和自我毁灭（der stete Wechsel zwischen Selbstschöpfung und Selbstvernichtung）①，这与在吸引和排斥之间的崇高振荡类似。那么，也许文本最中心的时刻看起来是最次要的，或者似乎仅仅是一种（等同抑抑扬格的）离题：最后括号中的祈祷“上帝保佑我”（God keep me）。如果这个祷告出卖了说话者对自己被驯养的可能性的恐慌，那么它也强调说他还没有被驯服：毕竟，这里的人类，在被驯马技术驯服的马匹面前赤裸裸地站着。

卡夫卡

> 假若真是印第安人了，马上准备好，骑上飞奔的骏马，在空中斜着身子，不断为马蹄下颤抖的地面而战栗片刻，直至放弃马刺，因为没有马刺，直至扔掉缰绳，因为没有缰绳，刚一看见眼前是一片割得很平整的原野，马已身首异处。
>
> ——卡夫卡《盼望成为印第安人》(1913)②

---

① Friedrich Schlegel, “Athenäums-Fragment 51,” in *Kritische Friedrich-Schlegel-Ausgabe*, ed. Ernst Behler, Paderborn: Ferdinand Schöning, 1958, p. 172.

② ［奥］卡夫卡：《盼望成为印第安人》，选自《卡夫卡中短篇小说全集》，杨劲译，北京：人民文学出版社，2015 年，第 22 页。

卡夫卡将克莱斯特的祈祷转换成一个乐观的愿望：盼望成为印第安人。尽管卡夫卡对克莱斯特的崇拜（特别是他对这位前辈那本最广为阅读的中篇小说《米迦勒·寇哈斯》[*Michael Kohlhaas*，1810] 的赞美）是广为人知的，但我很少看到有人将克莱斯特的《没有道德的寓言》和卡夫卡的《盼望成为印第安人》放在一起比较。[①] 如克莱斯特，卡夫卡写的单句以 "if only" 开始——几乎立即开始将这个 if 转换为 is（或者如我们所见，转换为 was）。正如大卫·韦伯里（David Wellbery）所指，文本的主旨可以解释为从条件式（were）到陈述式（there were）的转折，这完全取决于时间连词"直到"（until），标志着"从虚拟愿望转换到虚构实现的未完成时"[②]。暂缓篇幅，我们追溯了从最初的 were 到矛盾的 erzitterte（将颤抖 [would tremble] /被震颤 [trembled]，在德语中这个词可以是虚拟式或陈述式，可以是现在时或过去时）的微妙转换，最终变成限定词，如果矛盾的话，则变成过去陈述，剩余的词都写在其中（gab，warf，sah，etc.）。因此，我们可以将句子翻译并提取为虚拟语气倾塌之后的陈述句式，将其缩写为"假

① 例如，加布里列尔·施瓦布（Gabriele Schwab）在她最近的《想象的民族志》（*Imagined Ethnographies*）一书中，将卡夫卡的文本置于欧洲文化想象力及其对美洲印第安人作为他者的幻想中，并指出卡夫卡对高贵的野蛮人的浪漫主义观念论述动摇了人们对自然界的无限欲望和联系。Gabriele Schwab, "Restriction and Mobility: Desire, Transference, and the Cultural Imaginary," in *Imaginary Ethnographies: Literature, Culture, and Subjectivity*, New York: Columbia University Press, 2012. 此外，奥利弗·西蒙斯在讨论卡夫卡和德勒兹的文章中，基于他们的 if-then 句式简要地对这两个文本进行了对比。Oliver Simons, "Diagrammatik—Kafka mit Deleuze," in *Die Räume der Literatur: exemplarische Zugänge zu Kafkas Erzählung "Der Bau"*, ed. Dorit Müller and Julia Weber, Berlin: De Gruyter, 2013, pp. 107 – 124.

② David Wellbery, "Kafka's Wish," podcast lecture, *Master Classes in the Humanities*, Indiana University, Bloomington, Nov. 4, 2011. 我们很难超越韦伯里对卡夫卡文本单句精妙而丰富的理解，在这里我要感谢韦伯里多年前慷慨地与我分享他这篇文章的早期版本。

若……直到……它……（If one were... until... it was）”①。对这种隐藏语法的认真关注表明了一种运行准康德式启发法的愿望——与绝对命令（categorical imperative）或审美判断本身相同的“好似”（as if）。但卡夫卡的作品更进一步，将这种虚拟式表达为陈述的完成。它最初只是一个思想实验，但很快就得以实现。实际上，每个子句都执行最后的意义——如果“马上准备好”仅是第一个子句的说明，那么“骑上飞奔的骏马”会立即意识到这种准备状态，并稳定地发展为一种诗意的语言，经过仔细的聆听，不仅有头韵，而且可以更加尖锐地体现出扬抑抑格（另一种与马飞驰相似的声音）：“为颤抖的地面而战栗。”很快，马刺和缰绳被搁置一旁，人和马逐渐成为一体。因此，文本从对它初始的假设的怀疑变成了明确的放任：“直至放弃马刺。”现在，作者已经取消了那些束缚，这些束缚会阻止与渴望的马（与世界）和谐一致。卡夫卡的文字很好地实现了它的开场白：将其愿望变为现实。

但是不仅马刺和缰绳消失了，而且马匹本身或至少它的上半身都消失了：“马已身首异处。”（without horse’s head and horse’s back）在此过程中，骑手被转变为韦伯里所认同的各种各样的半人马座雕像（一个马的身体与一个人头）。他指出这是卡夫卡作品中的缝合点（a quilting point）——与卡夫卡最具代表性的故事如怪诞幻影的大甲虫（ungeheures Ungeziefer）有关；与《乡村医生》（“Ein Landarzt”）中的马夫（Pferdeknecht）有关；尤其是与年轻的卡尔·罗斯曼（Karl Rossmann）有关，他是作者第一本未完成的小说的主人公，是唯一一个除了所有的K. 之外拥有名字的人，他的姓氏“不可翻译，除非翻译成马－人(Horseman)”②。正如沃尔特·本杰明（Walter Benjamin）在评论这些文本之间的关系时所说的那样：“这个愿望包含了很

① 此处的句式缩写根据引文来看应为“If one were... until... there were”。经与作者沟通，作者的解释如下：“The ‘es gab’ in German is essentially an ‘it was’ once translated into English. But the reason I opted for ‘it was’ rather than ‘there were’ is because the latter might appear subjunctive rather than indicative in English and I wanted to mark that distinction.”总的来说，作者想要强调此处并不是虚拟式而是一种陈述式。——译者注

② David Wellbery, “Kafka’s Wish,” podcast lecture, *Master Classes in the Humanities*, Indiana University, Bloomington, Nov. 4, 2011.

多。他在美国发现了它的完成，展现出它的秘密。它的主人公的名字表明美国是一个非常特别的案例。”① 骑手和马匹相互融为一体，成为这个Rossmann——与克莱斯特那匹甚至不允许被人骑的马完全不同。在这种情况下，我们应该注意，卡尔·罗斯曼最终定居在俄克拉荷马州的自然剧院，事实上就是在赛道上进行试演：经过短暂的犹豫之后，卡尔·罗斯曼前往德比赛马场，寻找大自然与文化之间的和解，而这正是克莱斯特所说的一般人都拒绝冒险的地方。本杰明提出，自然剧院的艺术不是通过象征性语言而是通过暗示性的手势（几乎是动物性的手势）来进行的：“由此，他达到自己渴望的目标的方式只能是一个赛马场。”②

就像在这个手势剧院中（本杰明称其为Gestik），卡夫卡在引文中还通过消除话语结构、句法甚至意义来摆脱语言的束缚。重复的“直到”和重复的“因为没有”使人联想起克莱斯特文本中的重复，但是在这里克莱斯特的系统语法被分解为一个连续的句子：就像身体（人和马）开始模糊并融合在一起，这里的语言也不再限制说话者。最后一行中解放性的“没有”，即没有马刺、缰绳、马颈和马头，与克莱斯特标题的“没有”（without）的开放性完全一样：如作品中的某种伤口（wound），允许它进入一个超越能指范围的领域，获得一种比象征结构的含义更为深层的含义。我之所以说“伤口”，是因为这个过程存在一定的暴力：例如，如果颤抖的骑手和颤抖的地面相互映照，而这种相互映照（通过其矛盾的、扬抑抑格的颤抖）充当了愿望和实现之间的枢纽，暗示一种与自然的和谐共处，那么它也必然暗示了一种分裂的危险。我认为这不是别的，正是康德式崇高

---

① Walter Benjamin, “Franz Kafka—Zur zehnten Wiederkehr seines Todestages,” in *Gessammelte Schriften*, vol. 2, ed. Rolf Tiedemann and Hermann Schweppenhäuser, Frankfurt am Main: Suhrkamp Verlag, 1977, p. 417; and Walter Benjamin, “Franz Kafka: On the Tenth Anniversary of His Death,” in *Illuminations: Essays and Reflections*, ed. Hannah Arendt, trans. Harry Zohn, New York: Schocken Books, 2007, p. 119.

② Walter Benjamin, “Franz Kafka—Zur zehnten Wiederkehr seines Todestages,” in *Gessammelte Schriften*, vol. 2, ed. Rolf Tiedemann and Hermann Schweppenhäuser, Frankfurt am Main: Suhrkamp Verlag, 1977, p. 418; and Walter Benjamin, “Franz Kafka: On the Tenth Anniversary of His Death,” in *Illuminations: Essays and Reflections*, ed. Hannah Arendt, trans. Harry Zohn, New York: Schocken Books, 2007, p. 120.

的短暂振荡（*brief vibration*）①。

这种形式上的开放不仅是卡夫卡小说的一个持久特征，对于利奥塔来说，这也是一个明显的现代主义崇高的标志——更具体地说：他将其称为忧郁的崇高（melancholic sublime），一种对存在的怀旧，一个由无形以及文本的抽象暗示（或唤起）的对看不见的真理强烈的浪漫主义向往。② 我们似乎最终已经获得了一种真正的直接诗学。但是，这里出现了令人惊讶的后现代转折：因其令人迷惑地转变为文学小说的传统时空即过去时态。卡夫卡的句子不仅使这种活生生的体验进入过去时态，而且还颂扬了自己的审美观，甚至开始倒退——抹去整个世界：缰绳、马刺和曾经的马匹。它已将与世界渴望的统一性削弱为一个过去的事件及对该事件的虚构。这种抹去带有某种威胁，是一种再次崇高的东西：甚至连景观都被夷为平地（the "heath shorn smooth"），或者是被耕种，好像这是一匹刚刚画出来的马的图像。对直接（immediacy）的现代主义尝试并没有消解文本，因为它已经使这种风景的真实存在恢复为虚构的文本。借用弗里德里希·尼采的一句话："现实世界"最终成为一个寓言。

---

① 我在这里所描述的类似于提摩西·莫顿所说的"批判再现"（而不是他的作品试图解构的更为幼稚的变化）："如果氛围有节奏功能，那么它实际上就是一种共鸣：一种特定频率和振幅的振荡。剩下的……是一个我们无法完全摆脱的'我'的脆弱，但至少可以让它振荡，以这样的方式……溶解它的形式，尽管是短暂的。" Timothy Morton, *Ecology without Nature: Rethinking Environmental Aesthetics*, Cambridge, MA: Harvard University Press, 2007, p. 168. 此外，作者也试图思考一种后现代崇高（或者更准确地说，后人文主义崇高），具体参见 Timothy Morton, "Sublime Objects," *Speculations: A Journal of Speculative Realism*, no. 2, 2011, pp. 207 – 227. 也可参见 Timothy Morton, *Realist Magic: Objects, Ontology, Causality*, Ann Arbor: Open Humanities Press, 2013; Ian Fleishman, "The Rustle of the Anthropocene: Kafka's Odradek as Ecocritical Icon," *The Germanic Review*, no. 92, 2017, pp. 40 – 62.

② Jean-François Lyotard, *La Condition postmoderne: Rapport sur le savoir*, Paris: Éditions de Minuit, 1979; Jean-François Lyotard, *The Postmodern Condition: A Report on Knowledge*, trans. Geoff Bennington and Brian Massumi, Manchester: Manchester University Press, 1984.

麦卡锡

那天夜里，他梦见高原上群马奔腾。春雨过后，绿草如茵，山花似锦。放眼望去，蓝黄相间，色彩十分绚丽。他梦见自己在马群中，跃马飞驰。高原上月桂树和栗子树长势茂盛，在阳光下闪烁着亮光。在马群中，骏马飞身悬蹄，追逐着年轻的母马和小马，而小马驹跟随着母马个个扬蹄奔驰，马蹄踏着吐艳的山花扬起团团的花粉尘雾，在阳光照射下格外晶莹而闪着金光。他们沿着群山奔驰，马蹄声碎，宛如急流奔泻而下。马儿的鬃毛与尾巴在疾风中摆动，宛如漂浮在滚滚激流中的泡沫。马蹄的得得声在山谷中形成的共鸣宛如一曲悠扬悦耳的音乐组曲。公马、母马，还有小马驹毫无畏惧地在高原上这组乐曲声中奔驰着。这个自由空间与大自然回声的结合就是世界本身，那是语言难以表述而只能靠音乐来赞美的。

——麦卡锡《骏马》(1992)[①]

由此，我们返回到本文开篇提到的约翰·格雷迪在监狱中的梦。我们应该意识到此处有一种克莱斯特式的弦外之音：盗窃马匹、报复性暴力和随之而来的与梦境相反的监禁。这使得麦卡锡的约翰·格雷迪·科尔（Cole）与克莱斯特的米迦勒·寇哈斯（Michael *Kohl*haas）之间的相似性越发明显。[②] 在整个《边境三部曲》中，麦卡锡的情节重复了克莱斯特中篇小说的结构和主旨：财产的不当损失，尤其是马匹的失窃，以及随后主人公企图纠正这一错误带来的暴力。虽然众所周知克莱斯特的著作为 E. L. 多克特罗（E. L. Doctorow）的历史小说《拉格泰姆时代》（*Ragtime*，1975）提供了依据，但据我所知，麦卡锡同等重要的美国互文作品却从未被探索过。这可能部分是因为区分麦卡锡的特殊后现代主义与我们对这个术语的习惯联想（嬉戏的混成曲、叙述的碎片化、讽刺的或不可靠的叙述）是他

---

① ［美］科马克·麦卡锡：《骏马》，尚玉明、魏铁汉译，上海：上海译文出版社，2001 年，第 159 页。

② 此处作者在原文中将 Kohl 斜体，强调两个主人公名字的相似之处，即 Cole 与 Kohl。——译者注

对待自己的资料和材料的认真态度；我甚至想要崇敬地说，他采用并改编了这些陈旧的、带有非同寻常的温柔和感激之情的元叙述。在这种语境下，在最终转向上述的梦之前，人们必须阅读另一个梦的论述，即麦卡锡的《三部曲》总结的一种阐释学实践（与卡夫卡的《审判》［*Trial*］最后几章中对寓言《法律之前》［“Before the Law”］的争论无异），在这里我们将其作为对后现代文学和思想状况的评论：

> 所以，认为世界上每样东西都只是单独存在，完全是胡说。整个世界，一切东西的样板早早以前就做好了。整个世界的故事，也就是我们所了解的世界，不可能存在于宇宙的运行机制之外。同样，这些运作演绎机制也不可能存在于它们自身的历史发展之外。这样，你的生活并不是世界简单的写照，而是世界的本身，它不是由梦啊、时间啊这些东西构成的，而是由信仰构成的。它不替代其他的任何东西，也没有任何东西可以替代它。①

如果我们听到了关于康德试图调和经验主义（实例）和理性主义（样板）的遥远回声，那么我们必须承认，它们在这里被归纳为一个明确的后现代范式：“世界的故事，是……世界的本身。”尽管麦卡锡认识到不再有任何可信的元叙述，而且话语之外别无他物，但他还是抵制了否认这个世界的诱惑。尽管这个世界很可能是推论的（discursive），他还是拒绝否认这个世界的本质——以及对它崇拜的本质。如果卡夫卡在不经意间将世界转换为一个寓言，那么麦卡锡便再次将其转变成一首赞美诗。这就是为什么我在后现代主义之后主张一种浪漫主义——或者正如我很想在标题中表达的那样：后现代浪漫主义（postmodern romanticism）。毕竟，这就是浪漫主义讽刺的完美体现。正如施莱格尔所言，它必须最终成为真诚的：“完美的、绝对的讽刺不再是讽刺的，而是真诚的。”② 这使我们想起先前提炼的卡夫卡的愿望：“假若……直到……它……”（If one were... until... it was）这是一种审美立场，提出了克

---

① ［美］科马克·麦卡锡：《平原上的城市》，李笃译，上海：上海译文出版社，2002年，第281页。

② Friedrich Schlegel, “Athenäums-Fragment 51,” in *Kritische Friedrich-Schlegel-Ausgabe*, ed. Ernst Behler, Paderborn: Ferdinand Schöning, 16: 144.

莱斯特寓言中缺少的任何道德都拒绝提供的道德承诺。

埃德温·阿诺德（Edwin Arnold）在一篇有关麦卡锡小说中的梦和幻想的文章中写道："约翰·格雷迪拥有一个超验时刻，在这个时刻，地球本身就变成了有生命的存在，就如他骑的马。"① 前面引用的引人入胜的遐想就是一个这样的海洋般的时刻（oceanic moment）（请注意对泡沫［spume］一词的选择：例如泡沫或前进的波浪），因为这些一起"奔跑"的颜色就像马群一样："放眼望去，蓝黄相间，色彩十分绚丽。"在《边疆三部曲》（引用的小说是其中第一部）中，约翰·格雷迪被反复地奉为技术最精湛的骑马者，其中许多文字都在描写他与马的互动以及对这些野生动物的驯服。一些描述他们之间这种互动的冗长段落的目的是要瓦解马的意志并使它服从，但与此相反，引文中的约翰·格雷迪不骑马并且也不打算这样做："他梦见自己在马群中，跃马飞驰。" （in the dream he himself could ran with the horses）这里的 could 并不是虚拟的，但是我们可以选择以虚拟的方式理解它——也就是说，它暗示一个类似于卡夫卡的愿望，并且显然与主人公的职业背道而驰：这是一种不去主宰马匹而是成为一匹马的愿望。在这里，这匹马终于摆脱了人类学意义上的剥削，被给予了克莱斯特的寓言所否认的身份。但讽刺的是，寓言的答案一直都是它明显放弃的：解决难题的简单得出奇的方法从来都不是尝试去骑马，而是与克莱斯特那个想要成为骑手的人一起，不去骑马。

总体来说，麦卡锡的《骏马》首先是对不可遏制的暴力的估算。恰当地说，即使它可能看起来是一篇直截了当的田园小说，是一种对纯粹自然体验的庆祝，但这里的"地面"，如卡夫卡的地面一样被马蹄践踏，花也被踩在马蹄下，散发出金色的花粉烟雾，与遍布文中的金色阳光几乎无法区分。但是，尽管有这样的图像和明显的抒情主义，麦卡锡的《边疆三部曲》已不再是一部不具讽刺意味的质朴的田园小说，也不是一部直截了当的西部小说。更确切地说，它是一种忧郁的庆典，庆祝一个因文明入侵而受到

① Edwin T. Arnold, " 'Go to sleep': Dreams and Visions in the Border Trilogy," in *A Cormac McCarthy Companion: The Border Trilogy*, ed. Edwin T. Arnold and Dianne C. Luce, Jackson: University Press of Mississippi, 2001, pp. 37 - 72, p. 51.

威胁的正在消失的世界。正是出于对这种“正在消失”的认识，对人类与自然共同命运的认识，乔治·格里明（Georg Guillemin）恰当地将麦卡锡的方法称为一种生态田园主义（ecopastoralism）。此外，在格里明的描述中：“作为一种半驯养半野生的动物，马体现了这种生态田园主义的媒介世界观（mediating worldview）”① ——它摒弃了传统自然与文化之间的区别。在约翰·格雷迪的梦中，所有这些区别都被搁置了——尤其是人与马之间的区别。盖尔·摩尔·莫里森（Gail Moore Morrison）认为约翰·格雷迪是一种“半人半马”的状态②，格里明称他为“半人马座型”③，但很明显，（人类的）自我在这群马中找不到任何位置：文本描述了所有的母马、马驹和公马，但没有描述奔跑在其中的主人公。在此语境下，他的梦变成了说明，或者更确切地说，是观点的实现，如前所述，“这匹马和所有的马共有一个灵魂，而它各自的生命乃是由全体马使之成形，最终难免一死。……如果一个人能认识一匹马的灵魂，那么他就能认识所有马的灵魂”④。在严格意义上的酒神狂喜之中，马已不再是人类征服自然的象征，而是象征着对个性化原则的超越性搁置。在他的梦中，约翰·格雷迪确实与周围的环境融为一体——实际上他已经融入了他周围的世界。

麦卡锡的语言也在消解中欣喜。在这里，作者的语言是通过抹去进行的，没有任何标点符号来阻碍它自由地向前运动：我们拥有的是关键的重复的短语（“in the dream”“in the sun”），将每个新句子都标记为一个主题的变体或同一短语的不同表达选择，就好像每个变体都可以纠正、替换或撤销之前的重复一样。在这个冗长的连续句中，每一个令人屏息的短语都不假思索地进入下一个句子，模仿麦卡锡在另一部小说中所说的“不停弯

---

① Georg Guillemin, *The Pastoral Vision of Cormac McCarthy*, College Station: Texas A&M University Press, 2004, p. 136.

② Gail Moore Morrison, “All the Pretty Horses: John Grady Cole’s Expulsion from Paradise,” in *Perspectives on Cormac McCarthy*, ed. Edwin T. Arnold, Jackson: University Press of Mississippi, pp. 173 - 193, p. 181.

③ Georg Guillemin, *The Pastoral Vision of Cormac McCarthy*, College Station: Texas A & M University Press, 2004, p. 133.

④ ［美］科马克·麦卡锡：《骏马》，尚玉明、魏铁汉译，上海：上海译文出版社，2001 年，第 110 页。

动的马腿”① （the endlessly articulating legs of the horses），这些马也在加速的、狂喜的连词叠用中经历着转变：“他们沿着群山奔驰，马蹄声碎，宛如急流奔泻而下。马儿的鬃毛与尾巴在疾风中摆动，宛如漂浮在滚滚激流中的泡沫。……公马、母马，还有小马驹毫无畏惧地在高原上这组乐曲声中奔驰着。”——一点一点地回忆起那被抹去的卡夫卡的马，那被抹去的身体和装备。我们可能会注意到，这些鬃毛（manes）是名字（names）的字母变位；正是通过这种无休止的表达，麦卡锡获得了一种无法表达的东西，一种通过不命名来命名的方式，让人想起出现在这一幕之前的“无名之夜”。

但是这种不命名的方式并不是约翰·格雷迪梦中所独有的表达方式。在一个未出版的剧本中，麦卡锡认为语言阻碍了这种直接体验：

> 在我看来，越来越多的语言是一种偏离，我们因此必须失去这个世界。所有命名的事物都将在抽离它自己之时固定。……语言是一种包容世界的方式。被命名的事物变成它命名的事物。它受到监视。我们被放进花园，而我们把花园变成了看守所。②

正如那个梦为监禁中的约翰·格雷迪提供了一种想象中的逃离，这段文字为摆脱习惯性的语言限制提供了一条出路。麦卡锡巧妙地运用了节奏上的共鸣，舍弃了标点符号或约束性的语法，几乎再次达到了一种抑抑扬格（“on a high plain where the spring rains”和“ran with their dams and trampled”），最终在达到“the ground resounded”处达到高潮。通过这种策略，作者渴望消散有所指的语言，而转向一种基本的（在最严格的意义上）音乐性：“共鸣宛如一曲悠扬悦耳的音乐组曲……与大自然回声的结合就是世界本身（a resonance that was like music... that resonance which is the world）”。正如阿诺德描述的约翰·格雷迪的梦：

> 这里有一个言语之外的经历……梦提供了直接的、无中介的瞬间，

---

① ［美］科马克·麦卡锡：《血色子午线》，冯伟译，重庆：重庆出版社，2013年，第209页。

② Edwin T. Arnold, “‘Go to sleep’: Dreams and Visions in the Border Trilogy,” in *A Cormac McCarthy Companion: The Border Trilogy*, ed. Edwin T. Arnold and Dianne C. Luce, Jackson: University Press of Mississippi, 2001, p. 32.

提供了对世界的“共鸣”物理的、基本的认识。该术语是指一种声音或感觉的增强或丰富。在物理学中，它描述了一个振荡的物体对另一个物体的影响：第一个物体的运动被转换到第二个，从而使两个物体一起运动。在这个意义上，……梦……使约翰·格雷迪短暂逃离了当下所在的“拘留所”。①

这种共鸣再一次成为崇高的振荡。彼此融为一体的身体使人回想起卡夫卡的类半人马座和马的合一。为了实现这种统一，麦卡锡建议有必要放弃任何“征服”——对马的以及对秩序井然的话语的征服。格里明总结认为，这种“人与自然之间的田园和谐‘不能被说’，因此无法被论证”②。正是出于这个原因，这里麦卡锡的语言必须包含它自身的毁灭以及自身的无言。③

---

① Edwin T. Arnold, “‘Go to sleep’: Dreams and Visions in the Border Trilogy,” in *A Cormac McCarthy Companion: The Border Trilogy*, ed. Edwin T. Arnold and Dianne C. Luce, Jackson: University Press of Mississippi, 2001, p. 53.

② Georg Guillemin, *The Pastoral Vision of Cormac McCarthy*, College Station: Texas A&M University Press, 2004, p. 124.

③ 因此，格里明也用克里斯蒂娃的享乐观（Kristevan jouissance）来形容此事：“治疗效果是通过离题的悲叹来恢复它的自我迷失感……忧郁的寓言揭示了它自身悲伤的反面。通过断言与所谓的忧郁症的主观经验共存，无论何时寓言化的那种无法言说的迷失赋予迷失的能指以象征性的愉悦，甚至是赋予忧郁的享乐一种失而复得的喜乐”，忧郁话语就会揭示悲伤的反面。Georg Guillemin, *The Pastoral Vision of Cormac McCarthy*, p. 99. 这里的引用来自 Kristeva, *Black Sun: Depression and Melancholia*, New York: Columbia University Press, 1989. 这是解读麦卡锡的一种流行视角，理由很充分。此外，克里斯汀·科利尔彻底解决了《边境三部曲》中的互文性和自体性叙述问题，并提供了之前学术研究中有关该主题的详细总结。Christine Chollier, “Autotextuality, or Dialogic Imagination in Cormac McCarthy's Border Trilogy,” in *A Cormac McCarthy Companion*, pp. 3 - 36，尤其是第33页，第4至6注释。琳达·汤利·伍德森在对麦卡锡的边境小说进行克里斯蒂娃式的阅读中，也认为互文性以及对语言与现实之间关系的质疑是小说的基础：麦卡锡通过探究《血色子午线》中语言与现实之间的关系奠定了基础之后，继续在《骏马》中探索了语言如何改变现实、现实如何改变语言以及真理的本质问题。Linda Townley Woodson, “Leaving the Dark Night of the Lie: A Kristevan Reading of Cormac McCarthy's Border Fiction,” in *Cormac McCarthy: New Directions*, ed. James D. Lilley, Albuquerque: University of New Mexico Press, 2002, pp. 267 - 284, p. 271.

结 语

但是，仅从语言危机的角度来考虑这种“无言”（unspeaking）的做法将形成一种误导。尽管这种体验确实无法通过话语和语言的再现获得，但这种经验最终并不是无法通过语言获得。而且正如我期望已经变得清楚的是，将这三个文本当作一种不断进化的富有成效的“无言”诗学来阅读是可能的。我在引言中提到罗伯特·哈斯的《在拉古尼塔斯沉思》（“Meditations at Lagunitas”），不仅是因为坚信他“自光影尚未分开的/（最初）世界”这行诗带有挑衅的跨行连续似乎很恰当地描述了《骏马》中主人公的梦境，也是因为这一冥想为霍夫曼斯塔尔的民谣（与其说是一首诗，不如说是一首歌）提供了恰如其分的伴奏：如霍夫曼斯塔尔，哈斯深入地思考了含义、迷失以及“另一个观点：/因为这世上没有一样东西/可与黑莓的刺藤相对应，/一个词于是成了其所指之物的挽歌”①。也正如霍夫曼斯塔尔的诗以“黄昏”一词令人费解的深刻性来结束，哈斯以近乎礼拜式的重复充满希望地结束他的诗歌：“在某些时刻身体和词语一样/神圣，美好的肉体持续的日子。/此等柔情，那些个午后和傍晚，/说着黑莓，黑莓，黑莓。”② 因此，这首诗首先出现在标题为《赞美》（*Praise*）的诗卷中并不偶然：这里渴望的是一种近乎礼拜仪式的而非有所指的语言——因为正如麦卡锡所说：“世界本身……是语言难以表述而只能靠音乐来赞美的。”这是他的结论，他的愿望类似于克莱斯特的祈祷。这几位作者并没有放弃对语言的希望，而是为它感到高兴——在为崇高创造一种习语的过程中。浪漫派想要与世界统一为一体，这个不可实现的愿望首先被实现，然后被收回，然后再次出现。这篇文章经由这三个文本暗示：通过见证这

---

① ［美］罗伯特·哈斯：《在拉古尼塔斯沉思》，选自《当代美国诗双璧：罗伯特·哈斯/布兰达·希尔曼诗选》，陈黎、张芬龄译，哈尔滨：北方文艺出版社，2016年，第15页。

② ［美］罗伯特·哈斯：《在拉古尼塔斯沉思》，选自《当代美国诗双璧：罗伯特·哈斯/布兰达·希尔曼诗选》，陈黎、张芬龄译，哈尔滨：北方文艺出版社，2016年，第16页。

种分歧（将无法言说的痛苦转化为最终可以表达的愉悦感），我们很可能会找到一种作为这个世界的一部分生活在它之中的方法——即使这是一种假象。

理论工具箱

什么是比较？

——回应朱利安对“比较”概念的贬黜

金惠敏①

摘　要： 人们通常是在概念的或认识论的意义上定位和定义“比较”的，即认为在所有可付诸比较者的背后都存在某种同一性，这样的“比较”，其目的就是以差异来证实和确认同一。法国汉学家兼哲学家朱利安因此对“比较”是轻蔑和排斥的。但这只是“比较”的一重含义，经常被忽视的是，“比较”还有另一重意义：进行比较活动的是具体的个体，因而任何比较尽管一方面是概念性的，它进行概念化思维，但另一方面也是比较主体整个身心的延伸；同样，比较的对象也是既被表象化，亦存在对表象化的抵制和“拒捕”，具有不为表象所穷尽的特性。欲使“比较”具有价值，就需要恢复其存在论性质，一言以蔽之，将“比较”作为“间在”。

关键词： 比较；差异；间在；朱利安；德勒兹；海德格尔

多年来，中国学界对“比较文学”作为一门学科的存在一直存有一些争议，但很少有人对作为文学研究方法的“比较”持有什么反对意见。恰恰相反，否认“比较文学”作为一门学科之存在价值的一个主要理由是

① 作者简介：金惠敏，四川大学文学与新闻学院研究员。

“比较”之作为研究方法无处不在，非“比较文学”所独有。学界普遍认为，“比较”是一个好东西，是一种出真知、得灼见的好方法。但是，“比较”这种正面的形象最近突然被法国汉学家兼哲学家弗朗索瓦·朱利安打破了，且蹊跷的是，朱利安对“比较”以及“差异”的讨伐竟得到不少中国比较文学教授的喝彩。

朱利安控诉“差异”的主要罪状是其与“认同”难解难分，甚至说，“差异是一个认同的概念”。具体言之，第一，当差异开始其差异化即显示为差异时，就等于假定了一个“作为共同认同的初始文化”作为差异化的起点，而“世界上所有的复数形态之文化只不过是初始文化的变形”。显然，有一个“认同在差异的上游”，这就是说，差异从起源上便被归在认同的名下或内部。但问题是，“这个更普遍的认同会是什么呢?”第二，“在制造差异时，认同与差异构成对峙的一组”。是的，差异以认同为前提，没有对认同的假定，便不会有差异。任何差异都是相对于认同而言的。反之亦然，即没有差异，也不会回溯发现认同。差异与认同既相互对立，又相互依存。第三，“在差异的下游，认同是差异要达到的目的”。差异以认同为目的和归宿，朱利安以问作答：“差异如果不是为了凸显某种特殊认同，还有别的用途吗?”这是说，差异的存在不过是为了证实认同这个家园。关于差异的本质，一言以蔽之，其概念自始至终都处在“同化的逻辑”之中。这才是差异的问题所在。

在对差异与认同的论述中，朱利安同时也将“比较”作为与之相连的关键词，例如他说在研究远东和欧洲思想时，他“并不假设它们有一个共同框架——即整理和罗列相同或不同事物的框架——而进行‘比较’(comparer)”。这就是说，“比较”即是那种制造了他所排斥的差异和认同的活动。因而，他声明，虽然数十年来他一直在中欧之间“思索”，但“我不做比较（Je ne compare pas），或者说，我只有在限定的时间之内并且针对限定的片段进行比较”。①

① 本文有关朱利安的援引均出自朱利安：《间距与之间：如何在当代全球化之下思考中欧之间的文化他者性》，卓立译，载方维规（主编）：《思想与方法：全球化时代中西对话的可能》，北京：北京大学出版社，2014年，第20－39页。该书收录了朱利安的法文原稿，引文中括号内的法文即根据此稿添加。

不言而喻，朱利安是连同差异、认同一道放逐了“比较”；而如果说“比较”还勉强可用的话，他认为，那它只能是具体的比较，而不能是超越对象之实际存在的抽象和概括。这样的比较其实也不能称为“比较”，因为即使最低限度的比较也必须以比较对象的出离自身和相向而行作为其前提。

在此不能不指出，朱利安对差异和比较的理解只是因袭了西方形而上学的一个传统，即只是在概念之内来思考差异和比较。概念是一种表象，而非存在本身。囿于概念，是决然达不到存在本身的。这正如德勒兹所尖锐批评的：“只要差异服从于表象（représentation）之要求，其自身便没有被思考，且亦不能被思考。”① 黑格尔早就发现差异自身在康德时空范畴中被遮蔽或过滤的悲剧，因而主张以他本人所重新赋义的“理性”（Vernunft）取代康德之将现象与物自体相分裂的“知性”（Verstand），让差异在“理性”之内找到栖身之地。黑格尔的“理性”是主观理性与客观理性的统一，因而为康德“知性”所排斥的世界本身、外物、他者、杂多便被收纳在这样一种“理性”之中。简单说，黑格尔哲学所推崇的“理性”乃是“对有限和无限之同一性的意识”，在此，“知识与真理”获得了统一。② 尽管如此，德勒兹仍不感满足，他坚持认为，黑格尔的“理性”不过是一种被无限放大了的“表象”，差异如果不是被此“表象”清除，也依然是被它征服和压制。但是，对于我们而言，重要的是无论是黑格尔抑或德勒兹，显然都有让差异回归其自身的意向和执着。

这种恢复差异的趋向也同样表现在海德格尔的“存在论差异”之中。在海德格尔看来，存在借助差异化运动而展示自身，因而差异本身即包含了存在。以“此在”（Dasein）为例，如果说“此”就是人或其“差异”，那么“此在”也可以再命名为“异在”，即差异之存在。正是在这一意义上，海德格尔指出：“人与存在相互转让。它们相互归属。”③ 而依此，则传

---

① Gilles Deleuze, *Différencce et Représentation*, Paris: Presses Universitaires de France, 1997, p. 337.

② G. W. F. Hegel, *Jenaer kritische Schriften*, *Hauptwerke*, Band 1, Hamburg: Felix Meiner Verlag, 2018, S. 92.

③ Martin Heidegger, *Identität und Differenz*, *Gesamtausgabe*, Band 11, Frankfurt a. Main: Vittorio Klostermann, 2006, S. 40.

统所谓之“同一与差异”的关系就必须被更新为人与存在的共属关系。海德格尔的“存在论差异”所要打击的目标显然是那个形而上学的差异观：“如果形而上学将存在者如此这般地从整体上加以思考，即是说，将其思考为至高无上的、奠基一切的存在者，那么它就是如同神学－逻辑学那样的逻辑学。”① 而神学－逻辑学之下的“差异”，不过是柏拉图理念或中世纪上帝的一个存在论证明，同时也是一个概念性的、依赖于同一性的认识论差异，真正的差异便被同化和淹没了，这是海德格尔最担忧的结局，如其所揭露的：“只要形而上学是在整体中思考存在者，那么它就是从差异的差异者这一角度来表象（stellt... vor，即 vorstellen 之拆分，动词‘表象’——引注）存在者，而不是将差异看作差异。”②

关于欧洲形而上学之将差异表象化，从而使差异本身丧失殆尽，海德格尔在另一处还有更清晰的描述和批判：

> 只有当我们在其与存在者的差异中思考存在、在其与存在的差异中思考存在者之时，我们才算是实际地思考了存在。差异由此而依其自身地（eigens）进入视线之内。如果我们试图将此差异表象（vorzustellen）出来，那么我们立刻就会感到一种诱惑，即把差异当作一种关系来把握，这种关系将我们的表象加诸存在和存在者。由此，差异便被降格为一种区别，降格为我们知性（Verstandes）的一件产品。③

不能再明白无误了，海德格尔的观点是，存在和存在者不接受表象化，二者之间的差异同样不接受表象化，此表象化在本质上乃康德之“知性”范畴，赋予事物以关系和区别，结果是真正的存在、存在者及其差异便遁迹无形了：差异只能依其本身即自然而然地呈现出来。显然，在海德格尔

① Martin Heidegger, *Identität und Differenz*, *Gesamtausgabe*, Band 11, Frankfurt a. Main: Vittorio Klostermann, 2006, S. 76.

② Martin Heidegger, *Identität und Differenz*, *Gesamtausgabe*, Band 11, Frankfurt a. Main: Vittorio Klostermann, 2006, S. 76.

③ Martin Heidegger, *Identität und Differenz*, *Gesamtausgabe*, Band 11, Frankfurt a. Main: Vittorio Klostermann, 2006, S. 68 - 69.

看来存在着两种差异：一是事物依其自身而绽放的差异，一是被概念化、逻辑化、表象化的差异。

可惜，朱利安似乎仅仅知晓为德勒兹和海德格尔所否弃的差异，而不了解另有一种归属于事物本身的、自然而然的差异，一种德勒兹所谓的“自在差异”（la différence en elle-même）。于是朱利安的难题在于，如果我们只能在“表象”层面讲述“差异”，那么我们如何能够创造出他所竭力举荐的“间距”和“之间”呢？不经过表象，我们何以能够知道事物之间存有“间距”和“之间”呢？所谓“间距”和“之间”已经将诸事物在概念上分门别类了，而这恰恰是朱利安避之唯恐不及的研究方法。借助必然被表象化的“间距”和“之间”，我们注定不能如其本然地看见他者，也不能实际地反躬自省我们真实的主体，表象化的“外在性”使我们永远处在对象的外面。“一个从外在的解构”断然是一个表象化的解构：没有表象，就没有外在。从外在不可能通向他者，“外在性”不是“通向他者性之路”。

作为比较学者，我们既不能完全站到海德格尔和德勒兹这一边，也不能全然漠视朱利安的警告，而是应该一方面牢记事物本身的差异，另一方面则时刻警惕这样的差异之被同一或表象化所过滤。比较既是概念性行为，也是存在者本身的表象性延伸。比较是存在者所发起和展开的比较，而存在者本身即包含并能够反思存在。对于比较的对象，亦可如是而观之：对象一方面被概念化地比较，另一方面同时以其自身的存在而抵制比较，是“拒捕”。一言以蔽之，“比较”乃是笔者所谓的“间在”① 活动。“间”是指话语的链接，而话语的底部则是存在。

① 参见金惠敏：《间在论与当代文化问题》，载《社会科学战线》，2022 年第 1 期，第 135－144＋282 页。

什么是“表征危机”？

［德］温弗莱德·诺特① 撰
樊 柯② 译

摘 要：表征危机是从20世纪末延续至今的一个重要争论。表征危机的症状在三个领域表现得尤其明显，它们分别是文学、艺术与传媒领域，哲学领域，符号学领域。在文学、艺术与传媒领域，表征危机表现为现代绘画和现代文学中指涉对象的消失，以及数字与大众传媒中指涉对象与现实世界之间的距离不断增大。在哲学领域，由于符号活动无限衍义这一观念的提出，现象学语境中的表征危机成为与“在场”和“显现”相关的观念的危机。在古典符号学领域，自我指涉概念使古典符号学面临悖论，因为符号在传统上被定义为“一物代一物”，也就是代表他物的某物，因此，符号的自我指涉对古典

① 作者简介：温弗莱德·诺特，曾任德国卡塞尔大学语言学、符号学教授，跨学科文化研究中心执行主任（2009年以前）；现任巴西圣保罗天主教大学认知符号学教授（2010年以后）；视觉符号学国际协会和教育符号学国际研究所的荣誉成员。诺伊特著有学术论文400余篇，学术专著或编撰著作31部，以15种语言文字出版于世界各地，学术贡献主要集中在普通符号学、认知符号学、传媒符号学、语言学、文学、图像理论、系统论、文化研究等领域。诺伊特的代表性成果有《符号活动过程的起源》（1994）、《传媒符号学》（1997）、《表征危机》（2003）、《传媒中的自我指涉》（2007）等。

② 译者简介：樊柯，西安石油大学副教授，文学博士。研究方向为文学研究、文化研究。

符号学构成了一个挑战。然而，如果依据追随索绪尔传统的结构主义符号学和皮尔斯的符号类型学，指涉对象的消失也并未动摇符号活动过程理论的基础，而且即使在自我指涉中符号活动过程也是可能的，根本没有理由假定表征危机的存在。

关键词：表征危机；自我指涉；指涉对象的消失；符号活动过程

关于“表征危机”的老生常谈

在文化、哲学和符号学理论领域，“表征危机”（crisis of representation）已经成为20世纪最后几十年里的老生常谈。然而，认定存在这样一个危机的理由却各不相同，甚至大家并未达成共识以确认这样一个危机是否存在。关于这一危机，不同的争论源于诸种表征概念的不同。因此，“表征危机”意味着什么？一个慎重的考察必须始于对危机症状的详细诊断，这些危机的诸多症状已经得到确认，因其从属不同领域而彼此呈现出差异。在有待于更加清晰地厘定的各种各样的底层表征概念之间，考察的结果将会允许差异的存在。①

这篇论文将会涉及已经诊断出表征危机的三个领域：首先是文学、艺术与传媒；其次是哲学；最后是符号学。更远的领域，我们在此不予涉及，那是认知科学领域。在本调查范围之内，表征理论仍然是一个重要的研究主题，但是可以说，它面临着危机，这是根据所谓的反表征主义者的观点，他们的思维模型属于非表征式的。②

---

① Winfried Nöth, *Handbuch der Semiotik*, Second revised edition, Stuttgart: Metzler, 2000, pp. 162 - 168.

② 参见 Winfried Nöth, *Handbuch der Semiotik*, Second revised edition, Stuttgart: Metzler, 2000, p. 230.

文学、艺术与传媒：指涉对象消失的危机

在文学艺术领域和传媒领域，伴随着现代绘画和现代文学中指涉对象（the referent）的消失，数字与大众传媒中指涉对象与现实世界之间的距离不断增大，表征危机已经出现了。总体来说，现代艺术中的达达主义、立体主义和抽象派艺术证实了在视觉表征和语言表征中指涉对象的消失。当然，它是蓄意与指涉对象决裂，其原因在于激进的聚焦改变，聚焦从指涉对象转向了符号工具。作为结果，例如格奥尔格·卢卡奇就断定，在20世纪艺术中表征已经不再可能。① 文学中最早与指涉对象决裂的领导者之一是马拉美。福柯在马拉美的作品中诊断出了表征危机，由于语言“已经脱离表征，语言自身的存在已经变得像它过去那样碎片化了”，这一事实造成了实质上是表征危机的“语言的破碎”，最终导致“话语的消失”。

传媒中的表征危机表现在许多方面。② 当然，最广为人知的是政治话语中的真相（truth）危机，即表征话语与被表征的事实、事件之间的关联危机。然而，真相是一个普遍性的符号学问题。因而当真相危机在20世纪出现的时候，它并不仅与表征危机特定相关。如果现代性是艺术中当时尚不广为人知的表征危机的摇篮，传媒中的表征危机则极为确定地关联着后现代性。两个预言者，利奥塔和波德里亚，尚未停止为传媒中的这一危机招魂。

利奥塔对表征所面临的某种现实的消失③发出悲叹。当用于表征的话语仅由抓人眼球的广告或标语构成的时候，表征就丧失了它的表征能力。根据这一解释，在一个宏大叙事已经失去可信度的世界里，表征危机更是知

---

① 参见E. Scheerer, et al., Reprä sentation. In *Historisches Wörterbuch der Philosophie*, vol. 8, J. Ritter and K. Gründer (eds.), Basel: Schwabe, p. 852.

② Winfried Nöth, Autorreferencialidad en la crisis de la modernidad, Cuadernos: *Revista de la Facultad de Humanidades y Ciencias Sociales*, Universidad Nacional de Jujuy, SanSalvador de Jujuy, Argentina. 17, 2001, pp. 365-369.

③ 参见E. Scheerer, et al., Reprä sentation. In *Historisches Wörterbuch der Philosophie*, vol. 8, J. Ritter and K. Gründer (eds.), Basel: Schwabe, p. 852.

识与话语合法化的危机，无论该种宏大叙事使用何种统一模式，无论它是一种投机性的叙事还是一种解放叙事。①

据波德里亚所述②，在媒体和超媒体的世界里，我们已经接近表征危机的巅峰。在这个世界里，符号只能以“拟像”的形式存在，模拟着甚至连原版也只是一个复制品的现实。在波德里亚对这些危机症状的批判性想象中，社会被“空洞的符号”和“没有指涉对象的符码”主导，甚至连日常生活和当代历史都已经褪化成纯粹的拟像。③ 没有现实，只有虚拟和超现实，就是这样的表征危机，以至于波德里亚甚至开始质疑海湾战争的真实性。“海湾战争并未发生”是他在 1991 年的一篇论文里得出的结论。

尽管存在着诸多明显的差异，但艺术中的表征危机与传媒中的表征危机有一个共同特性：在这两个领域，危机都是与指涉对象相关的，指涉对象的隐没正在令人痛惜。然而，作为这一危机话语的基础，表征概念是成问题的，因为那些痛惜指涉对象消失的人有一个相当天真的愿景，他们希望，在符号活动（semiosis）作用于其中的世界里，符号还不是“空洞”的，符号的使用者仍然能够依赖指涉对象，而这些指涉对象或许不会欺骗他们的期待。尚未受到“表征危机”影响的“未受污染的”指涉对象具有什么样的属性？迄今为止，我们看不到任何一种符号学理论能够作出说明。

哲学：再现观念的危机

一个极为不同的“表征危机”在哲学语境里得到了讨论，特别是在现象学中。这一危机的根源内在于“表征”（representation）这个术语的词源演变和概念史之中。“表征/再现”（re-presentation）是作为“显现”（presentation）

---

① Jean-Francois Lyotard, *La condition postmoderne*, [English translation: *The Postmodern Condition*, trans. G. Bennington and B. Massumi. Minneapolis: University of Minnesota Press.], Paris: Minuit (1984 [1979]), p. 27.

② 参见 Baudrillard, Jean, *L'e'change symbolique et la mort*, Paris: Gallimard, 1976. Jean Baudrillard, *Simulacres et simulation*. Paris: Galile'e, 1981.

③ 参见 Winfried Nöth, *Handbuch der Semiotik*, Second revised edition, Stuttgart: Metzler, 2000, p. 55.

的对应词出现的，这一术语表明的观念是事物“再次”复现到我们的头脑中。该观念也根植于符号学的历史之中。例如，奥卡姆①把表征符号定义为“再显于记忆的”，也就是说，符号使我们再次回忆起之前经历过的事物。②

在胡塞尔和海德格尔的现象学中，“显现”与“表征/再现”之间的对立得到了详尽的阐述③，“显现”和“感知的当下化”（presentification）是指现象直接呈现于意识，因此不需要任何符号中介，而“表征/再现”所指的则是一个符号学过程，包含了对之前的“显现”进行阐述、再生、复制等，诸如此类。沿着这些讨论线索，现象学符号学（phenomenological semiotics）在表征符号和非表征符号之间作出了明确的区分。根据胡塞尔的观点，表征符号被称为能够表述意义的符号（symbols），非表征符号则被称为实现指示作用的符号（indices）。④

当然，现象学关于表征的观点，以及表征符号和非表征符号之间的区分，不能就此被视为某种符号学危机的征兆，但是这些区分建立于其上的假设已经遭到根本性的反对。让我们注意一下批评者之中的两位——皮尔斯（Peirce）和德里达。据皮尔斯所言，非表征符号在术语上是矛盾的，认识从来不是未经中介的，反而总是具有某种符号学的性质。

对于现象学表征观点的批评，德里达聚焦于“表征/再现”观念之中内在寓有的在场观念。⑤ 根据德里达的在场哲学，“表征/再现”绝不意味着之前显现的某种事物的重复。它不可能如此，因为与皮尔斯符号活动无限衍

---

① 译者注：奥卡姆（William of Ockham，约1287—1347），英国圣方济各会修士，哲学家，神学家。他以“奥卡姆剃刀”（Occam's razor）而闻名，即强调思维经济性的方法论原则。

② 参见 Winfried Nöth, *Handbuch der Semiotik*, Second revised edition, Stuttgart: Metzler, 2000, pp. 9 - 10.

③ 参见 Winfried Nöth, *Handbuch der Semiotik*, Second revised edition, Stuttgart: Metzler, 2000, pp. 37 - 38.

④ 参见 Winfried Nöth, *Handbuch der Semiotik*, Second revised edition, Stuttgart: Metzler, 2000, pp. 37 - 38. 译者注：symbols 是具有含义的符号，总是意指或者指向某个含义，有人译为“表述”或“表达”。indices 是不具有含义的符号，它只有指示功能，指示着某一外在对象或事态的存在，倪梁康将其译为“信号”，也有人译为“指号”。

⑤ 参见 Winfried Nöth, *Handbuch der Semiotik*, Second revised edition, Stuttgart: Metzler, 2000, pp. 54 - 55.

义的观念一致，被“表征/再现”的是与符号自身属性相关的东西，某种从未直接显现，却在对在场的无限延宕中，于其自身内部包含了其他符号踪迹的东西。对在场的无限延宕，德里达称其为“延异”。

总而言之，直面符号活动无限衍义这一观念的发现，现象学语境中的表征危机是与“在场”和“显现”相关的观念的危机。

自我指涉对表征观念的挑战

对表征观念的一个主要挑战来自自我指涉（self-reference）观念。一个符号除了自身以外并不表征任何东西，这是可能的吗？不代表自身以外其他事物的某物仍然可以被称为符号吗？对表征观念的此类挑战已经在激进建构主义（constructivism）体系和自生系统（autopoietic systems）理论里得到了阐述。① 如果人类大脑是一个自生系统，也就是说，大脑永续性地建构着它自己的世界，那么表征只能是自我指涉性质的。而且，自我指涉被断言是后现代文化的典型特征。如果后现代性遭遇的是传媒中的符号指涉对象的消失，被剥夺了表征功能的这些符号残余就只能成为自我指涉性质的了。类似的自我指涉表现在很多方面。

一个总是自我指涉的文化领域是时尚：今天的时装指涉体系总是昨天曾经时尚过，然而今天不再时尚的东西。在传媒中，新闻报道越来越成为关于报道的报道而非关于事件的报道。② 在文学和艺术中，小说和电影越来越多地反映着写作、拍摄电影的模式和条件。小说变成了元小说，电影变成了元电影。在后现代建筑里，我们面对的风格是放弃功能性，以支持引用过去的建筑风格。对功能的指涉被替代为对建筑自身的指涉。

甚至在广告里，我们发现了停止表征产品及其质量的趋势。最近骆驼品牌的广告宣传什么也不表征，只是以无数的变化形式再现一个纯粹的品

---

① Winfried Nöth, Selbstreferenz in systemtheoretischer und semiotischer Sicht. In *Festsite Siegfried J. Schmidt*, A. Barsch et al. (eds.), (http://www.sjschmidt.net/konzepte/texte/noethl.htm), 2000.

② Solomon Marcus, Media and self-reference: The forgotten initial state. In *Semiotics of the Media*, W. Nöth (ed.), 15-45. Berlin: Mouton de Gruyter, 1997.

牌名字。广为接受的万宝路宣传则只是在无尽的自我指涉循环里延续它自身的神话。

自我指涉的符号学解决方案

自我指涉对古典符号学构成了悖论，因为符号在传统上被定义为“一物代一物”，也就是代表他物的某物。因此，自我指涉是对符号学基础的一个挑战吗？在许多符号学理论体系里，自我指涉的诸多方面在传统上得到了承认。① 自我指涉与异指涉（alloreference）对立，后者是符号的古典模式，它以某物作为它的指涉对象。然而，基本上两种指涉之间没有任何不兼容的地方，相反还存在着从自我指涉到异指涉的连续渐变。实际上自我指涉的诸要素存在于许多符号过程之中。

对于置身结构主义传统中的符号学家来说，有关自我指涉的观念并不像看起来那么悖谬。在索绪尔传统中，结构主义符号学在某种程度上把符号构想成一种仅由其他符号构成的结构，因而，符号永远也不可能真正地表征任何非符号性的东西。依据索绪尔的观点，既然符号以外的世界仅是一团模糊的星云，那么符号只能是与其他符号对照的符号，表征不是对世界的表征，而是对符号之间的差异的表征。② 此外，结构主义者视为当然的能指与所指之间的鸿沟证明了自指性（自我指涉性 self-referentiality）的另一个方面，如果不存在任何从能指通往所指的入口，索绪尔符号的这两个方面仍然局限于它们自己的领域。

雅各布森的六种语言功能里本来就有自指性因素，只有指称功能和意动功能与典型的异指涉相关。前者是因为聚焦于信息所表征的内容；后者则因为聚焦的是信息的接收者，而不是信息的发送者。所有其他四种语言功能都包含了自指性的某些方面。首先是诗性功能，它聚焦于信息本身；

---

① Winfried Nöth, Selbstreferenz in systemtheoretischer und semiotischer Sicht. In *Festsite Siegfried J. Schmidt*, A. Barsch et al. (eds.), (http://www.sjschmidt.net/konzepte/texte/noethl.htm), 2000.

② 参见 Winfried Nöth, *Handbuch der Semiotik*, Second revised edition, Stuttgart: Metzler, 2000, pp. 74 – 75.

其次是交际功能，它忽视了作为交流目的本身的表征；此外，元语言功能里也存在着自指性，该功能关注的也是符号的非指涉性方面；最后，甚至情感性功能里也有自指性因素，只是它聚焦更多的是信息的发送者、信息的来源，而不是信息表征的内容。

自指性因素也是皮尔斯符号学里两个方面所内在固有的。一个方面是作为无限过程的符号活动理论，符号指涉符号，在符号活动链环里永不止息。另一个方面与符号学第一性范畴相关。每一个符号都具有第一性①要素，此外还具有第二性和第三性要素。第三性是固有的表征之维，因为一个原型符号的构成包括第一性的符号再现体（representamen），第二性的与之发生关联的对象客体，以及第三性的解释项，后者是一个源于解释过程的更为高级的符号。

然而，在皮尔斯的符号类型学里，我们也发现了基本从属于第一性范畴的符号。质符（qualisign）和像符（genuine icon）是第一性居支配地位的那一类符号。第一性是纯粹本质的范畴，由于第一性，一个现象无须指涉任何他物而能被理解。因而，皮尔斯的像符范畴只不过是构想一种真正自我指涉的符号。它是这样一种符号，凭其自身拥有的性质，无须在它自身与客体对象之间做出任何区分。像符符号就这样仅仅表征它自身，因此完全是自我指涉性质的。那么，为什么这样一种不指涉任何事物的符号会是符号呢？胡塞尔和现象学符号学家会将此视为一种非符号学现象，但是对皮尔斯来说，尽管如此，它仍然是符号学的，因为即使一个符号只指涉它自身，它也具有在符号活动过程中产生影响的潜在力量。通过产生影响，这一现象就作为符号发挥功能。因此，即使在自我指涉中符号活动过程也是可能的。

---

① 译者注：皮尔斯在文章“On a New List of Categories”里讨论了符号学的“第一性”范畴，但其观点表述并不明确，大致可以把“第一性”理解为符号固有的性质，符号之具有符号作用而必不可少的一种特性；“第二性”是指与相关对象客体相关联的关系；“第三性”是与解释项相关联的表征。

表征危机？

综上所述，对介于指涉和自我指涉之间的各种表征变化的研究并未导致关于符号在整体理论上的危机。从符号学的观点出发，也根本没有理由假定表征危机的存在，因为长期以来符号学理论一直很清楚介于自我指涉和异指涉之间的许多表征形式。所谓的指涉对象的消失也并未动摇符号活动过程理论的基础，因为它可以被解释为从异指涉符号活动过程向自指涉符号活动过程的转变，这种转变绝对称不上非同寻常。此外，“再现/表征”绝不意味着纯粹重复之前的符号现象，相反，它总是涉及与之前的符号或者指涉对象的差异，正是与差异影响相关联的驱动力，引起了皮尔斯所称的“符号的生长”。

能动性的批判阐释学：作为批判社会理论的文化研究①

［美］汉斯·赫伯特·克格勒② 撰

郝徐姜③ 译 金学勤④ 校

摘 要： 本文重建了文化研究项目，将其作为早期法兰克福学派的学术兴趣的生产性延续。批判理论和文化研究都对作为权力和主体性交互之中介的文化感兴趣。对两派而言，文化符号形式的分析不是具有内在价值，而是对旨在实现政治变革的批判性反思的追求。对于这两种社会科学范式，核心问题是权力与能动性之间的关系，即权力的社会运作如何影响主体的阐释学式自我理解，以及这些主体反过来如何能影响其各自的文化和社会实践。这两种视角的方法论路径重建导向了一种批判性阐释学立场，它能够为追求规范性的经验研究提供一个方法论框架。

---

① 译自“A Critical Hermeneutics of Agency: Cultural Studies as Critical Social Theory”, *Hermeneutic Philosophies of Social Science*, eds, Babette Babich, Berlin: De Gruyter, 2017（p. 106）.

② 作者简介：汉斯·赫伯特·克格勒（Hans-Herbert Kögler），美国北佛罗里达大学哲学系教授，奥地利克拉根福大学客座教授，主要从事批判阐释学研究。

③ 译者简介：郝徐姜，四川大学文学与新闻学院文艺学专业博士研究生，研究方向为文化与文论。

④ 校者简介：金学勤，四川大学外国语学院教授、博士生导师。

关键词：批判阐释学；能动性；权力；文化研究；批判理论

我的这篇关于文化批评研究逻辑的文章试图阐明，早期法兰克福学派和当前蓬勃发展的文化研究在多大程度上对通过权力来决定文化有不同的构想。可以肯定的是，这两种范式都认为客观的社会进程和社会实践对主观的自我理解有结构性影响，但并没有把主体的自我意识约简为权力或经济的附带现象。对主体与权力的中介这一问题的理论分析应该既包含权力对意识的影响（例如“意识形态扭曲的意识”），又仍然保持自我的相对自主性，而法兰克福学派和文化研究下的中介理论化完全不同。批判理论诉诸深层心理学来解释意识形态模式，并将批判的力量植根于能动者意识到这种隐匿模式的能力。与此不同，或者说我将论证的是，文化研究是从语言的符号维度来理解这种中介的，在这一基础上，主体得以理解和解释自身，批判性反思的力量以及创造性社会行动的能力是内在于解释性文化实践本身的一种潜力。①

我的论点是，与作为文化批判基础的深层意识心理学相比，文化研究的符号范式是一个实质性的进步，而一个完整且令人满意的符号中介也需要社会心理因素。对批判理论和文化研究知识框架的准考古学重建将显示，就其一而言，从理解的深层心理学到文化意义符号理论的转向，可以使我们走出早期法兰克福学派的僵局。然而，一个真正充分的符号中介理论化过程——既能发现自我理解中的权力效应，又能确定创造力和反思性的潜力——需要一种能够融合符号形式和意义的心理维度的主体性批判阐释学。

我的分析将沿着以下路径进行。（1）介绍霍克海默的早期社会批判理论研究工作，据此，深层心理机制解释了自我与（高度分层和不公正的）社会的（被权力决定的）整合。社会承认和整合的需要说明了意识形态对经验的扭曲是如何得以掌控主体意识的，而心理中介的存在则使能动者对

① 因为文化研究代表了一个高度异质、复杂的研究领域，包含了从全球化的影响到受众对大众传媒的接受，从社会权力斗争到“种族、阶级和性别”研究，以下对文化批评方法论前提的分析必须从众多问题中抽象出来。我对符号中介的强调绝非像福柯或布迪厄那样有意轻视身体实践的重要性，然而，反思性批判和知情抵抗的可能性，以及社会实践的几乎全部文化意义，都基于我们经验的语言层面。

内化的意识形态模式产生反思和批判成为可能。然而，到了写作《启蒙辩证法》（*Dialectic of Enlightenment*）的时候，早期的反抗和批判的希望已经消失了。现在，人们相信，在资本主义晚期，个人已经无法建立反思性思维所必需的心理自主性，抵制和批判的基础已经丧失。而由于这一结果，最初旨在通过人自身对权力进行反思的社会批判理论逐渐陷入无法解决的内在冲突。因此“主体的终结”（end of the subject）这一命题将批判理论推向了深层次的、毁灭性的矛盾之中。（2）为了找到走出这种悲观的僵局的方法，我认为，如果我们转向一种受阐释学启发的符号中介理论，就可以克服心理维度的消失所引发的悖论。正如我们将看到的那样，这样一种理论既可以整合关于权力塑造经验模式的论点，也可以公正地对待对他者的开放性的具体乌托邦和伦理直觉，以及早期批判理论讨论过的主观批判反思性。（3）在最后一步，我将表明，可以把斯图尔特·霍尔（Stuart Hall）和其他许多人构想并实践的文化研究理解为这种观点的制度性实现。文化研究的核心问题在于能动性与权力的非约简性中介，而其方法论上的必要条件则基于有关符号形式和社会实践的最先进工具。为了使这一观点具有方法论基础，我提出了一个以语言为中介的能动性的阐释学理论概说，它可以使被权力塑造的意义与反思性、创造性的解释模式实现方法论上的协调。这一观点背后的基本思想是，对社会认可的社会心理需求导致潜在无限和开放的符号意义在权力影响下预模式化。然而，由于符号世界开显的内在开放性和不确定性，理解模式总是受到反思性和创造性实践之挑战，甚至被其克服。因此，虽然文化研究是对权力的分析，强调主体的自我理解是内嵌于权力塑形的环境中的，但反思性自我决定和创造性自我解释的潜力同样会表现出来。

一、霍克海默的早期研究计划与批判理论的困境

根据霍克海默在社会研究所的开幕致辞，社会批判理论应该致力使社

会哲学和社会研究彼此之间进行富有成效的接触。① 其目的是在一般社会背景下重建主体经验的构成，而不是将自我抛给社会力量。哲学问题，如个人与社会之间的关系、文化的意义、社会团结的形成以及一般社会生活的结构，将在经验研究背景下得到更新。虽然康德和曼海姆的社会哲学与社会现实脱节，但经验研究仍散见于许多实证工作中。社会哲学的更新必须以一种新思路将哲学问题和社会研究重新结合起来，即“哲学，作为一种面向一般的、‘本质’的理论性理解，可以赋予特定研究以生气勃勃的推动力，同时保持足够的开放性，以使自身能够被具体的研究影响和改变”②。

霍克海默提出这种整合的主张，是出于对一种非约简的而又有具体社会性的经验理论的关注。为了更加务实地而不是先验地确定该研究的方法论前提，我们需要区分三个层面：（1）社会经济层面；（2）个体经验的心理层面；（3）文化层面。霍克海默认为，社会批判理论的基本问题在于分析和确定这些层面之间的关系，关键是“社会经济生活、个体心理发展和狭义文化领域（不仅包括所谓的智识性组成部分，如科学、艺术和宗教，还包括法律、习俗、时尚、公众舆论、体育、休闲活动、生活方式等）的变化之间的联系这一问题。”③

无论这看起来多么简略，我们都能发现三个基本的主张。首先，与正统的马克思主义立场不同，经济虽然是一个重要因素，但并没有被赋予完全的决定性力量。霍克海默同样反对用精神表现来解释社会的“糟糕的斯宾诺莎主义”和直接从经济生活推导心理和文化维度的“被误解的马克思主义”。其次，文化不能与“高雅文化”等同，霍克海默接受了已故的狄尔泰对黑格尔的绝对性与客观精神的融合，从而承认了所有文化实践的同等

① 参见 Max Horkheimer，“The Present Situation of Social Philosophy and the Tasks of an Institute for Social Research.” In Max Horkheimer, *Between Philosophy and Social Science. Selected Early Writings*, Cambridge, MA：MIT Press, 1995, pp. 1 - 3.

② Max Horkheimer, “The Present Situation of Social Philosophy and the Tasks of an Institute for Social Research.” In Max Horkheimer, *Between Philosophy and Social Science. Selected Early Writings*, Cambridge, MA：MIT Press, 1995, p. 9.

③ Max Horkheimer, “The Present Situation of Social Philosophy and the Tasks of an Institute for Social Research.” In Max Horkheimer, *Between Philosophy and Social Science. Selected Early Writings*, Cambridge, MA：MIT Press, 1995, p. 11.

重要性。最后，对我们的讨论至关重要的是，个体心理与文化之间的区别被引入，对作为文化和经济之中介的心理维度的强调才是法兰克福学派对社会批评的主要（但有争议的）贡献。

正确理解心理维度在霍克海默早期研究中的作用非常重要。心理维度被作为经济“基础”和文化“上层建筑”之间的中介引入，根据霍克海默的说法，文化不能直接与经济联系起来，因为“这种教条的信念……预设了观念与物质进程之间的完全对应，而忽视甚至忽略了连接它们的心理联系的复杂作用”①。然而，文化并不能被理想化为一个纯粹自主的主体自我表达的领域。的确，思想的参照物是具体的个人：“思想，以及由此产生的概念和想法，是人类的运作模式，而不是独立的力量。”② 这使我们必须将心理学视角考虑在内。然而，由于自我本身是置身于社会中的，“经济范畴，而非心理范畴，是历史性的根本”③。对经济生活与文化形式抽象同构的拒绝导向具体的、思维着和言说着的个体，从而走向心理学。然而，由于个人处于经济社会力量和个人历史表现的背景下，经济范畴优先于心理层面。

乍一看，霍克海默似乎在这里陷入了一个怪圈。一方面，通过诉诸个人的不可还原的主观理解行为，经济还原论被拒绝，因此心理学视角的必要性确立了。但另一方面，抽象的普遍主义心理学也同样被拒斥，因为个人不可避免地置身于具体的经济－历史环境中，从而服从于经济力量的影响。深层心理学对霍克海默发挥的辩证作用提供了走出这一怪圈的途径。对文化信仰与文化实践的心理学解释是必要的，因为只有这些解释才能说明能动者如何接受其他不可容忍和明显荒谬的社会条件。个人的思想行为必须被视为是经由一种心理的机制中介的，以使个人平顺地调整“合乎情理”：

---

① Max Horkheimer, “The Present Situation of Social Philosophy and the Tasks of an Institute for Social Research.” In Max Horkheimer, *Between Philosophy and Social Science. Selected Early Writings*, Cambridge, MA: MIT Press, 1995, p. 12.

② Max Horkheimer, “History and Psychology.” In Max Horkheimer, *Between Philosophy and Social Science. Selected Early Writings*, Cambridge, MA: MIT Press, 1995, p. 116.

③ Max Horkheimer, “History and Psychology.” In Max Horkheimer, *Between Philosophy and Social Science. Selected Early Writings*, Cambridge, MA: MIT Press, 1995, p. 118.

> 人类的力量和需求变化使经济关系过时了，他们维持着这些经济关系，而不是用更高级、更合理的组织形式取代它们，只是因为在数量上占优势的社会阶层的行动不是由知识决定的，而是由导致虚假意识的驱动结构决定的。①

对“驱动结构”的提及不应被理解为一种不成熟的生物本质主义，而应被理解为经验中共同决定的情感和情绪因素的指示。霍克海默的具体社会经验形成的模式包括三步。首先，我们必须看到，对现实与经验的意识形态扭曲的解释需要深层心理学视角的解释帮助。具体处境下的自我没有体会到也没有发现显而易见的矛盾、反例和错误的归纳，因此迫使我们假设一种系统地忽略这些扭曲的特定的现实体验模式参与其中②；为了解释这种现象，我们必须在第二步中引入思想和感知的隐性预结构化观念。显然，现实必须以某种显露方式被构建，以使能动者适应其他有问题的社会条件。从康德的“图式主义”（schematism）观念说起，霍克海默声称资本主义社会为不同处境的社会个体预先建构了不同的经验：

> 基于他们的心理机制，人类倾向于以这样一种方式来理解世界，即他们的行为能够与他们的知识相一致……这种特定的预构型却使人的世界观与经济所需的行动协调一致，心理学必须解释这种预构型。③

他还说道：

> 我们甚至可能在这个过程中发现康德所说的“图式主义”的东西。

最后，接受这种片面的解释性模式的根源在社会承认和社会接受的基本需求之中。这一需求概念不能简化为仅仅是生物机能，其中包含真正的社会

---

① Max Horkheimer, “History and Psychology.” In Max Horkheimer, *Between Philosophy and Social Science. Selected Early Writings*, Cambridge, MA: MIT Press, 1995, p. 120.

② 这些早期的假设后来得到了有关美国反犹太主义的分析的支持。参见 Theodor W. Adorno, *The Authoritarian Personality*, New York/London: Harper and Brothers, 1982 [1950]，特别是 pp. 297 - 299.

③ Max Horkheimer, “History and Psychology.” In Max Horkheimer, *Between Philosophy and Social Science. Selected Early Writings*, Cambridge, MA: MIT Press, 1995, p. 122, p. 123.

性需求，比如群体的安全感和社会认可。① 那么，基本的生存或自我保护就成了一个人在集体中的社会性整合问题，这需要适应确定一个人的具体环境的符号性的以及实际的结构。

我想强调的是辩证的张力。在这种张力下，该模式试图捕捉社会权力如何在主体经验层面得到内化和再现。深层心理分析为我们提供了一个工具，来理解主体如何适应客观上有争议的和有问题的情况。然而，心理的中介维度同样牵涉颠覆和取代客观社会经济结构的可能性。霍克海默的理论有时看起来像是对布迪厄（Pierre Bourdieu）的社会惯习概念的预想，它正是强调了心理，以避免和拒绝主观能动性和社会领域之间的完全同构。② 这种同构将把个人完全交付给社会形态，而心理中介的存在则为政治颠覆埋下了种子，为主体性与理性的自主权的扩大留下了潜力："经济和文化发展之间心理中介的揭示……可能不会导致对两者之间功能关系的观念的批判，而是加强了对这种顺序可能在未来被改变或逆转的怀疑。"③

事实上，"传统"理论和"批判"理论之间的区别是建立在这样的承诺之上的：经过心理调整的文化的（在意识形态上是必要的）建构也包含着希望，一种关键性转变，一种对现有经济社会条件抵抗和"挣脱"的希望。④ 正如我们所看到的，这种批判和抵制的可能性在社会本体上建基于经验的心理中介。然而，经历了法西斯主义、国家社会主义和大众文化，法兰克福学派理论家的立场发生了改变，《启蒙辩证法》不是以革命精神进行

---

① Max Horkheimer, "History and Psychology." In Max Horkheimer, *Between Philosophy and Social Science. Selected Early Writings*, Cambridge, MA: MIT Press, 1995, pp. 120 - 122.

② 事实上，霍克海默甚至提到了（当代）法国社会学中的"惯习"（l'habitude）概念。然而，在这一点上，霍克海默的讨论仍然非常粗略，需要具体说明。特别是以下两种需要缺乏明晰的区分：（a）与社会状况同一的需要，以便通过被社会化为一个由整个社会定义的特定约束性社会身份（作为妇女、作为犹太人、作为工人）来获得其客观社会机会；（b）在自己的具体社会环境中被接受和被认可为一个成员的需要，从而必须适应对其社会群体至关重要的特定规范、价值观、惯例和行为规则。

③ Max Horkheimer, "History and Psychology." In Max Horkheimer, *Between Philosophy and Social Science. Selected Early Writings*, Cambridge, MA: MIT Press, 1995, p. 120.

④ 参见 Max Horkheimer, "Traditionelle und kritische Theorie." In Max Horkheimer, *Gesammelte Schriften.* Vol. 4, Frankfurt a. Main.: Suhrkamp, 1987, pp. 21 - 55.

的社会－哲学综合，而是提出了一种怀疑性的、有些脱离现实的总体物化理论。我们现在看到的不是对经济力量、心理态度和符号形式之间关系的经验分析，而是对“工具理性”这一主要概念的分析。可以肯定的是，分类思想本身现在应该行使社会权力和组织主体经验的功能。我们还发现，导言的核心部分承认了社会模式化的经验和社会认可的需要之间的关联性：“现代文明中恭顺的孩子被一种害怕背离事实的恐惧所占据，在感知的行为中，那些陈词滥调式的科学、商业和政治的主流惯例早已塑造了这些事实，他的焦虑无非是害怕偏离社会而已。”① 然而，认知和社会顺应性同一的暗示本身已经表明，社会心理学视角已经让位于“认同思想”的历史哲学元叙事。

面对文化普遍标准化的解释（以及对法西斯主义缺乏任何实质性的抵抗），霍克海默和阿多诺提出了“经验的心理中介的终结”的假说②（在这方面，我们当然看到了相对于早期思想的理论突破），借鉴弗洛伊德的自我、超我和本我三位一体，以超我维度的消除解释那令人震惊的抵抗缺失。内在化过程在晚期资本主义中已经走到了尽头③，这意味着晚期资本主义的一系列宏观结构已经有效破坏了自我力量的发展所必需的微观结构条件（家庭）。可以说，家庭曾经是一道社会化的门槛，一个生活世界的缓冲区，以对抗社会力量对自我构成的无处不在的影响。通过一个强大的父亲和一个慈爱的母亲的认同，孩子得以形成一种内在的权威，并以之抵制外部权威和外部影响：“过去的情形是，在孩子的生活中，有一种力量使她能够发展，只要她适应外部世界，她的独特个性也会发展。”④ 通过超我来自控的这一内在机制提供了自我力量，因为它使自我控制自己的欲望，从而自主

① Max Horkheimer and Theodor W. Adorno, *Dialectic of Enlightenment*, New York: Continuum. 1996, p. xiv.

② Max Horkheimer, “Autorität und Familie in der Gegenwart.” In Max Horkheimer, *Gesammelte Schriften.* Vol. 5, Frankfurt a. Main: Suhrkamp, 1987, pp. 377 – 379.

③ 参见 Jessica Benjamin, “The End of Internalization: Adorno's Social Psychology.” *Telos* 32, 1977, pp. 42 – 44.

④ Max Horkheimer, “Autorität und Familie in der Gegenwart.” In Max Horkheimer, *Gesammelte Schriften.* Vol. 5, Frankfurt a. M.: Suhrkamp, 1987, p. 386.

行事，实施自控。根据霍克海默和阿多诺的观点，晚期资本主义中（男性）经济独立性被破坏了，在这期间，父亲的家庭自主权被瓦解，这同样导致了成功社会化所必需的一系列微观环境解体，自我管理的自我认同和因而对权力的抵抗现在都变得不复可能了。

对于我们的讨论，重要的是要看到这种对经验模式的重新解释如何导致批判理论的内部冲突甚至自我消解。一种普遍的假设认为，批判理论的悖论源于它与早期模型的彻底决裂；恰恰相反，问题反而源于一种基本的连续性。事实上，这种矛盾源于这样一种假设，即抵抗需要建立在主体的心理自主性基础上，而《启蒙辩证法》同样认为，抵抗的唯一来源——自主个体——已经被晚期资本主义消灭。正是由于坚持将“心理中心”作为抵抗的基础，霍克海默和阿多诺使他们的早期研究陷入了致命的绝境。①

这个理论有两种版本。在更激进的版本中，“内在化的终结”意味着心理中介本身的终结。法西斯的宣传和“文化工业”（Kulturindustrie）现在可以直接不经中介地直抵欲望、情感和性格，从而利用个人实现其战略目的。在不那么激进的版本中，虽然内在超我的发展仍然假定存在着，但一个被削弱的自我现在被认为是由一个有压倒性力量的强大超我所完全决定的。人们认为对领导的崇拜和对明星的狂热与弱小自我的内在权威模式有关，而这个弱小的自我——同样是因为缺乏强大的父母认同——在孩子很小的时候就内化了。② 可以肯定的是，虽然只有第一个版本与早期心理中介观念

---

① 我发现在《启蒙辩证法》中，有几个地方，通常在章节的最后，人类理性充满希望的力量被唤醒了。然而，这些吁求未经中介、显得突兀，且与文本的其他部分格格不入，令人绝望，反而加深了一种完全悲观的作品的印象。亦参见 Max Horkheimer, *Eclipse of Reason*, New York: Continuum, 1996 [1947].

② 参见 Jessica Benjamin, “The End of Internalization: Adorno's Social Psychology.” *Telos* 32, 1977, pp. 211 - 264; Jessica Benjamin, “Authority and the Family Revisited, or: A World without Fathers.” *New German Critique* 5, 1978, pp. 35 - 57; Deborah Cook, *The Culture Industry Revisited—Th. W. Adorno on Mass Culture*, London: Routledge, 1996，特别是 pp. 13 - 22 和 pp. 53 - 56。由于我们的分析发现了隐含理解模式的重要性，第二种论点会更有意义。同时，它兼容先前版本，后者假定经济和文化之间存在心理中介。据此，我们可以保持与霍克海默早期社会本体论的理论连续性，而反思性地将现有社会结构主位化和对其构成挑战的能力现在受到了经验上的质疑。超我和个体自我合并为一个解释性图式，在这两个层面之间也就缺乏任何反思性的间隙或距离。

框架完全决裂，但这两种理论都导致了社会构建的自我力量的实际消除，从而降低了社会批判和抵抗的潜力。此外，这两个版本都导致了以下两个矛盾的推论：

1. 假设对基于家庭的自我力量构成的瓦解这一分析是正确的（这一分析在经验上受到了挑战①），抵抗和批判反思性如今在社会政治现实中也就失去了任何可识别的位置。由于心理维度被作为抵抗的基本来源，关于自主主体性的否定性评价必然影响整个批判理论项目，批判理论家再也不能向那些能够理解和接受批判理论所传达的颠覆性观点的现有主体表达自己。

2. 然而，即使父权的内化（以及共同形成自控能力的其他条件）仍然是可能的，相关的自我力量的理想（它基于内在力量的构建）与使用该模式进行抵抗之间也会产生矛盾。毕竟，"启蒙的辩证法"恰恰在于通过支配外部自然来压制自己的内在本性，而这种支配最初是为了让人类获得自由。因此，"内在压抑"被当作抵抗权力的必要条件，尽管正如前述所说，它本身就是一种统治形式。批判理论其实已经形成了它自己的毁灭性的辩证法，因为抵抗力量的来源取决于人们试图抵抗的权力。

批判理论的双重困境，在于其既将心理视为被消除之物（这使理论失去了对象），又将其视为一种规范性的理想（这与它对被征服的主体性的分析自相矛盾）。这迫使我们再次思考社会批判的基本问题：我们怎样才能在不从观念上消除批判性反思和变革性抵抗之可能性的情况下，重建主体经验的内在力量？

二、早期批判理论中的语言与符号中介

面对这样的僵局，对一种替代性的抵抗理论框架的需要已经很明显了。事实上，马尔库塞试图将希望寄托在一种被积极解读的力比多中，而阿多诺和霍克海默则用美学或否定神学的反思取代了他们的"内在世界超越"

① Jessica Benjamin, "Authority and the Family Revisited, or: A World without Fathers." *New German Critique* 5, 1978, pp. 35-57.

视野。[①] 然而，这些观点中，社会批判的乌托邦维度仍然缺乏中介，而且这实际上完全脱离社会现实，社会现实本身是在一种无所不在的权力的总体框架中来理解的。我认为，转向那些现实中语言有效而含混的中介功能有助于走出这一僵局。语言，作为文化经验的主要媒介，包含着权力的痕迹和轨迹，而不仅仅是它的工具或表达形式。对新经验的开放性、对经验的反思性以及主体间的对话性都内在于语言，更准确地说，内在于我们具体的语言实践。我将论证，它们结合符号权力理论，可以作为社会批判的指导思路。

符号中介理论可以作为回答上述问题的批判理论后继范式。为了证实我们这一主张，我们必须仔细说明霍克海默和阿多诺关于语言的讨论。起初，这样的替代方案可能从未被认真考虑过，原因似乎很清楚：经验和文化在这里似乎完全被“认同思想”所决定。鉴于几乎将彻底颠覆黑格尔关于普遍性对特殊性的绝对中介的主张，逃离总体化思想似乎是不可能的。思想和言语被认为完全受一种包揽万物的意志支配，根据这种意志，个人只作为普遍法则的具体情况而存在。[②] 更令人震惊的是，在我们的语言实践中，我们拒绝甚至没有能力看到比晚期资本主义的权力意志更多的东西，因为正如哈贝马斯所表明的，符号思想与权力的同一为社会批评制造了一个额外的僵局。考虑到在实际中克服权力，批判理论认为自己是对权力的反思性分析。然而，如果思想本身变得与权力相同一，并且因此在物化的意义和批判性的理解模式之间没有区别，那么反思性的改造工作就失去了任何规范性基础。（抽象的）乌托邦式的前符号模仿、超符号美学或神学维

---

① Max Horkheimer, *Eclipse of Reason*. New York: Continuum, 1996 [1947]; Theodor W. Adorno, *Negative Dialectics*. London: Routledge, 1990; Herbert Marcuse, *One - Dimensional Man*, Boston: Beacon Press, 1964.

② “语言使新的东西看起来像旧的东西，它证明一切都发生在现有的框架内。你一开口，特殊的就成为普遍的。”（MaxHorkheimer, “Kopula und Subsumption.” In Max Horkheimer, *Gesammelte Schriften* Vol. 12, Frankfurt a. Main: Suhrkamp, 1987, p. 70, p. 71.）关于黑格尔，有人明确指出，“甚至黑格尔的逻辑学也服从于认同哲学”, p. 72. 对于黑格尔的规范性批判观念的微妙辩护，特别是与阿多诺的批判的比较，参见 Andrew Buchwalter, “Hegel, Adorno, and the Concept of Transcendent Critique.” *Philosophy and Social Criticism* 12, 1987, pp. 297 - 328.

度（所有这些都抵制概念的阐释）实际上仍然只是某种姿态，因此不足以指导对社会争议问题的批判性反思。①

那么，为什么霍克海默和阿多诺从未真正思考过一种以符号为基础的抵抗理论替代方案？我要强调的是这个问题不是随意提出的，事实上，霍克海默和阿多诺在写作《启蒙辩证法》时，曾深入思考了一种新的语言哲学的可能性。他们心中的目标是发展出一种既能描述又能超越总体权力效应的经验理论。根据这一观点，我们必须承认图式主义的力量，它矮化语言，将其工具化为一种认同思想的表达。但也要考虑到，语言同样构成了一种超越权力的模式，值得注意的是，这种模式甚至独立于说话的个人的心理结构。正如霍克海默所言："语言独立于说话者的心理意图，指向一种普遍性，我们通常将其归于理性。对这种普遍性的解释导向了公正社会的理念。"②

根据霍克海默的观点（但得到了阿多诺的强调），"语言"绝不等同于认同思想。语言实践的特点是具有一种内在的张力，这种张力通过已经固化和成型的意义的过滤器向其他形式的存在表明自身。一方面，言说意味着表达现有的权力关系，为了正确地、可理解地表达自我，人们通过遵循现成的模式和期望再现了这种权力："有一种趋势，即所有句子，无论它们说什么，都只表达相同的意义。这种趋势与模式化相伴相随，乃至相同。"③然而，另一方面，语言也显示出它独立于个人意图，走向超越经验的以及更为乌托邦的意义形式：

> 用言语来呼唤某人，实际上意味着我们认为他可能成为我们某个自由人团体的一员。言语预设了言语双方与真理间存在共同关系，因此是在最深层次上对与之交谈的异在，事实上，对所有存在之可能的

① 乌托邦式的或规范性的维度，尽管经过了具体化和疏离化，但其目的仍是和解，从而变得无法言说。Jürgen Habermas, *Theory of Communicative Action*, Vol. 1, Boston: Beacon Press, 1986.

② Max Horkheimer, Letter to Th. W. Adorno, Sept. 14th, 1941, In Max Horkheimer, *Gesammelte Schriften*, Frankfurt a. Main: Suhrkamp, 1987, p. 171.

③ Max Horkheimer, *Gesammelte Schriften*, Frankfurt a. Main: Suhrkamp, 1987, p. 172.

肯定。①

因此，应辩证地理解语言，因为它总是深嵌在权力的形式中，然而，它也与“真理”相关联，超越了充斥着权力的意义固化：“语言服务于现实，同时也想要实现普遍正义，二者之间的矛盾始终存在。”②

现在，特别是考虑到阿多诺的参与，似乎很清楚，我们并不是必须以非历史或超验的方式来思考“真理”，比如承认普遍的有效性主张，或者承认言语或语言的一般理性特征。③ 相反，一个真正的言说者共同体必须具备对具体他者的准模拟开放性以及具体主体的批判反思性。正如我们现在会看到的，这两个方面连同意义的权力结构，确定了文化研究的语言观念。然而，不可否认的事实是，霍克海默和阿多诺从未将他们的“语言世界开显的辩证性”研究发展起来（他们曾计划为《启蒙辩证法》撰写续篇，但一直没写出来），这表明他们最终坚持了心理自主的范式：言语行为毕竟是个体主体的表达，而这些个体主体因为内在化的终结，缺乏实现真正自主性的资源。可以肯定的是，从对言语力量的忽视到对主体性的剥夺，其结果是对内在于日常语言实践中的创造性和反思性潜力的方法论盲视，而这本可以使我们跳出启蒙辩证法的悲观主义。

在《启蒙辩证法》中发展的经验理论的核心，是任何主客体关系都无法避免一种预模式化。这种“投射”是悲观且激进的，在于其认为，遇到新的或具有挑战性的事情，任何主体体验的反模拟功能都关闭了：经验模式的僵化或“结晶化”可以被理解为人们失去了自己参与这一过程的任何反思性，这相当于主体无意识地被固定在（它自己尚未认可的）解释模式。霍克海默和阿多诺认为，每一种感知都是构建的，因为基本的生存意志必然会将其需求投射到环境中，从而辨别出自我保护的相关内容：“在某种意义上，所有感知都是投射……人类的投射已经自动化了，就像其他已经成

---

① Max Horkheimer, *Gesammelte Schriften*, Frankfurt a. Main: Suhrkamp, 1987, p. 172.

② Max Horkheimer, *Gesammelte Schriften*, Frankfurt a. Main: Suhrkamp, 1987, p. 171.

③ 在这一点上，我们可以澄清文化批评的解释学基础和哈贝马斯的交往理论之间的一个主要区别：哈贝马斯以新康德主义的方式在普遍有效性主张上重建了“语言意图普遍性”，而文化研究及其意义观念则强调模式化力量与主体自我理解的交互。在这种权力内嵌其中的阐释学里，普遍性和特殊性之间具体的相互交织关系是人们关注的焦点。

为条件反射的攻击或防御行为一样。”① 为了批判以僵化的现实模式化形式存在的扭曲和病态，我们不能简单地援引一个“不扭曲”或客观的观点。相反，我们需要的是在观念上有助于世界显露出来的反思性意识，以便我们能更充分地理解现实：“主体要反映事物的本来面目，不仅要接受，更要返回事物本身。”② 在由想象进行的建构过程中，只要主体与客体不同，客体就形成了，因此，否认世界显露的建设性维度就成了病态的扭曲。相反，承认其建设性维度，则能让我们与世界形成一种自我反思关系。

主体和客体之间的差异表现在对自己揭示世界的贡献的认识上（正是这一点，使我们对新经验保持开放），这为我们提供了批判理论的隐含规范性理想。虽然反思意识可以将自己与客体区分开来，从而能够如其所是地看到自己的认识视角，但病态意识仍然藏在其“自我”构建的模式中，因而被体验为“现实本身”。主体因此无法对具体的他者保持反思性的开放：“真正的疯狂主要在于无法改变，在于思想无力参与否定之过程，而正是在否定的过程中，思想才能成其为思想，与固化的判断截然不同。”③ 我们有理由相信，这种包含批判性的反思意识和病态固化的意识在内的有吸引力的模式之所以陷入绝境，只是因为它没有被置于符号中介理论的背景下。由于反思能力被视为存在于心理自主性中，而心理自主性又被晚期资本主义铲除，所以超越性不再存在于具有反思潜能的具体个人的世俗能力中，而只能被置于世俗能力之上的（美学或神学的）维度中。

相比之下，将意识形态批判转换成一种符号中介理论更为合理。根据该理论，批判反思性和创造性潜力内在于语言世界的开显中，而不是在主体中。这使重建他者的非总体性经验得以可能，而不必诉诸模仿的前符号神话。我们必须认识到，将某物作为某物，从而作为具体和不同的事物的体验，是一个通过语言手段实现的过程，而不是把“语言世界的开显”完

---

① Max Horkheimer and Theodor W. Adorno , *Dialectic of Enlightenment*, New York: Continuum, 1996, p. 187, p. 188.

② Max Horkheimer and Theodor W. Adorno , *Dialectic of Enlightenment*, New York: Continuum, 1996, p. 188.

③ Max Horkheimer and Theodor W. Adorno , *Dialectic of Enlightenment*, New York: Continuum, 1996, p. 194.

全视作在一种同一性的统摄逻辑中。“模仿”并不是前符号的，甚至没有被符号中介打断，模仿体现在对现象的完美表达，对各种风格的表达形式的充分运用，以及灵活又恰当地选择正确的词语。“阐释的循环”的观念是任何对世界符号性理解的核心，它远离任何总体化或简单化的倾向，相反，它要求语言识别并揭示特殊的存在，这种存在在物质的具体性和投射的解释框架之间的来回移动中显示了自己。因此，阐释的循环包含了一种永久的关系以及意义的主观和客观方面的区别。①

此外，我们现在可以很容易地重建具体能动者中缺失的反思性，而不必完全放弃批判反思的可能性。根据霍克海默和阿多诺的观点，现代权力的基本方面是解释模式与权力机制的结合，以及在综合意识中能够“分化”符号意义和社会力量的心理中介的缺失：“在批量生产的世界中，刻板印象取代了个体范畴。判断不再基于真正的综合，而是基于盲目的归纳……感知者不再真正存在于感知过程中。”② 然而，康德试图用具体的感知来中介直观形式和范畴的图式主义同样没有深入意识本身。正如霍克海默在几个地方指出的，通过辨别“经验的图式”，我们面对的是一种“人类灵魂深处的隐藏艺术”。③ 任何形式的意识体验，无论是反思性的还是病态的，都依赖于某种背后隐藏的图式。

因此，用“盲目的归纳”来对抗真实的或有意识的综合过程是一种误导。相反，(具体处境下的)能动者的反思性在一般情况下应被理解为由文化前理解所中介的，文化前理解或多或少是有意识的态度。前理解的阐释学模式对于明确的意识行为是必需的，它可以为更温和地调和权力主导的

---

① 参见 Hans-Georg Gadamer 的 *Truth and Method* (New York: Continuum, 1990) 特别是第三部分（通常被忽略），其中强调了涉及经验的语言观念形成的结构开放性。

② 参见 Max Horkheimer and Theodor W. Adorno , *Dialectic of Enlightenment*. New York: Continuum, 1996. pp. 201 - 202 是我强调的部分。

③ 参见 Max Horkheimer and Theodor W. Adorno , *Dialectic of Enlightenment*. New York: Continuum, 1996, p. 188; Max Horkheimer, “History and Psychology.” In Max Horkheimer, *Between Philosophy and Social Science. Selected Early Writings*, Cambridge, MA: MIT Press, 1995. p. 122 中引用了同一段话，其中写道：“康德谈到了人类灵魂深处的一种隐藏艺术，‘其真实的活动模式本质很难让我们发现，也很难让人们看到’。”另参见 Kant, *Critique of Pure Reason*, B, p. 180.

模式与反思能动性这二者提供条件。① 如众多文化研究所示，有意识的行为内嵌于权力塑形的意义框架中，却并没有完全剥夺能动者的权力或消解他们任何反思的可能性。换言之，转向符号中介理论，使批判反思和政治转型得以继续存在，从而使我们能够发现和分析权力的普遍特征。②

三、走向以批判阐释学为基础的文化研究

对有意识的言语行为与隐含的社会权力的辩证思考直接导向了对文化研究方法论的自我反思。因此，我们能够提出社会批判的基本问题（而不陷入矛盾状态）：对“模仿的”（或阐释学的）开放性以及批判反思性这些主体能力与潜在的符号权力模式的比较分析。更准确地说：符号模式是如何构建主体的意识体验的？权力关系在多大程度上塑造了相关的意义形式？它们在符号再现和物质主导的经济中的功能是什么？最后，主体在多大程度上意识到受权力影响的意义图式的存在，以及他们是否有能力对其进行批判性审查并产生实际的转变？

为了给我们的批判阐释学基础创造条件，我们从以下四个方面界定文化研究的范式：

1. 文化研究方法论的首要特征在于对现实的符号性建构的假定。这正是促使霍尔将结构主义和符号学的一些方面融入文化研究的原因，也正是这一点为今天福柯式话语分析在文化批评中占据的中心地位铺平了道路。符号视角提供了一个共同的框架，因为权力关系总是通过阐释图式来“表达”自己，同时，这一视野提供了一个真正的跨学科方向：不同学科采用不同方法和概念来阐述权力塑造意义这一论题，但是都被整合到一个共同

---

① 我在《对话的力量：伽达默尔和福柯之后的批判阐释学》（*The Power of Dialogue: Critical Hermeneutics after Gadamer and Foucault*，Kögler，1996）第一部分“阐释者的前理解”（第19－110页）中对充斥着权力但非简化的前理解进行了这样的讲述。

② 这些问题将在本文的最后部分进一步深入讨论。

的理论框架中。①

2. 为了防止学术僵化成与社会实践脱节、没有意义的符号学话语，研究必须立即与当下的政治生活联系起来。拉里·格罗斯伯格（Larry Grossberg）尤其支持实用主义的、自我理解的文化研究。② 文化研究的“研究逻辑”永远不应成为自主或自动的，它总是需要与政治问题联系起来，如艾滋病、仇外心理、生理性别和社会性别认同、全球化等。这样，符号视角便将具体学科（艺术历史、社会学、传播学、人类学）的具体问题“互联”。③

3. 我们所设想的符号理论与政治实践的联系是在一种精神层面上开展的，这种精神来自主体在具体情境下的自我理解。得益于流行的马克思主义的葛兰西版本，我们必须拒绝任何精英主义的文化观念。用雷蒙德·威廉斯（Raymond Williams）的话来说，文化是“普通的”，因此需要保护它不受来自上层阶级的任何贬低。然而，与此同时，我们也应该避免一种天真的左派民粹主义，这种思想将任何现有的文化习俗和身份奉为事实上合法的，视其为自我选择的结果。恰恰是对意识形态观念的采用，使我们的立场同时超越了“高雅文化的精英主义”和“通俗文化的民粹主义”。关键是在话语限制和社会限制的经验背景下，对反思性和创造性潜力的重建。④

4. 这种以符号为中介、以政治驱动和以文化为背景的模式在对主体身份的文化建构的分析中得以最终实现。这一观点已经在媒介经验的话语分

---

① 在这种背景下，巴赫金和沃洛希诺夫（Volosinov）的语言和交流的对话观念、德·塞尔托（de Certeau）的文化实践观念以及葛兰西的马克思主义语言哲学都被用来为福柯（最近也有布迪厄）注入更开放、更灵活的意义和能动性观念。

② 参见 Lawrence Grossberg, *Bringing It All Back Home: Essays on Cultural Studies*, Durham/London: Duke University Press, 1997.

③ 特别是“表征政治”，其中关于基本解释观念的符号性自我理解处于危机之中，因此它与批判理论高度相关。事实上，“意义”和“含义”现在被视为众说纷纭和争议重重的政治产品，它的“定义”甚至“占领”是任何对政治批判性介入的最重要目标之一。霍尔在其《艰难的复兴之路：撒切尔主义与左派危机》（*The Hard Road to Renew: Thatcherism and the Crisis of the Left*, Hall, 1988）一书中，就以这种方式介入了20世纪80年代的英国政治。

④ 这些辩证的表述旨在表明一种超越阿多诺的精英主义批评和那些未经反思的民粹主义的立场。法兰克福学派经常忽视大众文化接受中颠覆的痕迹，而在文化研究中，我们也发现了对消费主义和享乐主义的未经批判地接受的倾向，以下讨论试图克服这两点。

析中有所暗示，而在关于种族、阶级和性别的研究中更为明显，它对主体经验中隐含的符号（和社会）建构提出了质疑。① 我们现在对文化研究的方法论方案有了一个完整的认识，因为关于现实的符号中介的一般论点被具体应用于具体环境中的自我的生活经验。问题在于，我们如何能够在一个方法论视角的框架内重建社会力量对自我理解的影响，而不在观念上消除主体批判性反思和抵抗的能力。

我们可以通过回到霍克海默的社会认同观念，将其整合到在阐释学上发展的符号性自我建构理论，来暂且准备这种中介的方法论基础。根据这一观点，发展中的自我慢慢接受社会认同模式，因为他必须确保自己得到社会环境的承认和团结。在对被接受和支持的深深渴望中，获得承认的意愿只有经由或多或少有意识地适应符号结构化的世界才能得到满足。自我与他人相遇，在这一过程中，一个人的身份形成，体现在个人对类型化的自我形象的适应。这些模式是他人对"我"的存在的投射，因为"我"采用了他人对"我"的立场，所以它们变成"我"自己的自我理解模式。这一过程早就开始于与母亲或说与父母联系的前符号阶段，并在后来的、以符号为中介因而被认同的话语逻辑所决定的阶段继续进行。然而，由于一个人最深层的幻想与话语结构的依附关系以及符号性的自我本身都没有固定下来，所以如霍尔所表明的那样，在社会既定的解释模式背景下，任何自我认同本质上都是开放的、可批判的过程。

虽然我们因此需要引入承认的观念，来解释权力引起的、朝向话语模式的调整，但我们同样需要强调反思性自我实现的观念。然而，现在的任务是在不服从于康德式的自我统治模式的情况下做到这一点，因为正如我们所看到的那样，康德模式通过引入主体性的专制模式来抵抗权力和权威，将早期的批判理论引入了其中一个理论僵局。自治存在的规范性直觉对于任何反对权力的生命来说确实是至关重要的。然而，这种直觉不能通过参

① 正是这个问题最近成为文化研究中一个新的讨论焦点。霍尔本人在福柯后期的新存在主义著作背景下反思了这个问题，并在拉康和巴特勒之后考虑将精神分析模型重新纳入话语分析。我的这篇论文与这一讨论直接相关。参见 Stuart Hall，"Introduction：Who Needs Identity?" In Stuart Hall and Paul du Gay（eds.），*Questions of Cultural Identity*，London/Thousand Oaks/New Delhi：Sage，1996，pp. 1－17.

考前符号驱动的异质性来解释，也不能仅从意义的解释开放性中得出。关于前符号化的欲望，朱迪斯·巴特勒（Judith Butler）正确地强调，欲望和话语之间的缝隙不足以成为持续的社会抵抗的基础。因为这种“来自下层的抵抗”似乎只能破坏和动摇既定的意义，而其根源于前符号驱动力，无法让我们对文化的自我理解形成一种话语的重述。① 同样，德里达式的延异游戏也没有提供反思性自决的有效模式。在德里达的模式中，解释似乎在没有任何限制和约束的情况下穿越符号性的意义领域。然而，这种永无止境、从不完结的理解过程甚至可能会体现出支持现有社会和制度的分裂，因为它们对主体自我理解模式和内容的影响在其过程中被否认。② 如果我们既不能将批判反思性建立在欲望/话语的缝隙中，也不能从解释的不确定性中引申出来，问题就仍然存在：我们如何重建批判性自我反思的可能性条件，而不忽视通过权力进行的意义的经验结构化？

如果像本文一贯主张的那样，用一种强调理解的符号性的理论来取代经验的心理中介的论点，我们就可以构想出解决这个问题的方法。与早期的法兰克福学派相比，这种方法驳斥了创造性解释的能力或反思性自我决定与某种心理结构发展之间的任何观念性联系。相反，创造性和反思性被视为符号世界开显本身的结构性方面。这种反思性是通过日常生活中的多种解释实践来体现的，而不是将一种已经充分发展的反思性理解展现出来。在语言的批判阐释学中，言语行为与其意义的符号性（即非因果性）关系被视为一种资源，可以在社会处境下和理论上的自我反思两方面展开。语言世界的开显包含了一种反思性自我关系的可能性，因此可以发展为对意义的基本符号形式的有意识的解释。这是因为语言不仅让世界内的实体显

---

① “我们如何看待一种只会破坏，但似乎没有能力重新表述这些术语的抵抗——用拉康的话来说，符号性术语，凭借什么主体得以建构？凭借什么主体性被置入主体的形成中？” Judith Butler, *The Psychic Life of Power*. Stanford: Stanford University Press, 1997, p. 88.

② 对于忽视文化意义形式内部与背后的社会和经济因素的单纯解释性或符号性的多元文化主义，也有类似的批评。参见 Martin B. Matustik, “Ludic, Corporate, and Imperial Multiculturalism.” In Cynthia Willett (ed.), *Theorizing Multiculturalism*, London: Blackwell, 1998, pp. 100 - 117.

露出来，而且同样可以表达这种表现本身。这种与世界的符号关系的反思性结构在逻辑上独立于对驱动力的心理内部控制。

这一举措使重建批判理论的规范性－实践性方向得以可能，因为反思任务所要解决的问题现在已经自己具备了这种批判所需的工具。因此，从自主个体的终结的命题中产生的、能够被文化批评处理的具体能动者的丧失这一问题也就消解了。同样地，我们现在可以摒弃在一个本身就是专制的心理结构中对专制主义的抵抗来源的充满矛盾的论证。如果反思性是符号性理解的内在特征，那么就不需要额外的心理自我驯化理论，也就是说，在一个人的心理系统中，不需要一个专制的自我约束观念。① 此外，反思性自我决定现在不需要被设想为与感性体验相对立：作为说话者的主体可以利用语言的反思性资源，而不必像先前那样将自己的欲望和愿望置于压抑性控制之下。事实上，通过符号手段实现的反思行为与基于欲望压抑的心理自主之间的观念性分离，可能会打开理解与感性之间的反思性而非压抑性关系的视角。② 最后，就符号理解发生在自我与他者之间的对话互动中而言，这一模式也捕捉到了对激进他者的开放性和认可的规范性直觉。如上所述，阐释学经验通过一般与特殊之间的开放性辩证而丰富起来，因此，他者或“非同一者”永远不会被归入一个预先确定的一般观念之下，而总是对一个人想当然的观念和偏见构成挑战。这样一种方法论需要规范性地

① 这种反思性作为一种规范性取向包含在我们的语言实践中。这一点可以从我们因奇怪或不寻常的行为或违背既定的行为规范或行为习惯的行为要求当事人说明理由的态度中看出。因此，我们认为反思性自我关系有可能通过要求人们为其行为提供理由而被纳入我们的共同实践。反思性可以被视为我们交流实践的一种元价值，因为我们认为，一个拒绝为自己的行为给出任何理由的人与一个给出不令人信服或不充分理由的人相比，前者是更根本的“非理性的”。

② 理解和感性之间的和谐关系在规范上也是相关的，因为被压抑的人物（种族主义者、性别歧视者、民族主义者）可能更倾向于将他人投射为会做他们自己被禁止做的事情的人，他们“因此”应该被憎恨（当然，没有意识到这种深层心理结构）。

尊重文化、性别和社会的他者。①

然而，在能动性的批判阐释学背景下，关键是反思性自我的符号性是在受权力影响的意义结构的背景中出现的。因此，我们正在处理这样一个双重的论题：社会承认的需要解释了完全权力主导的模式的内在化，然而语言意义也意味着越界和权力批判的可能性。与《启蒙辩证法》的观点相反，我认为语言世界的开显，由于其与世界的符号性（即非因果性）关系的本质，即包含了使创造性和反思性主体化的种子。然而，这种潜力被大量的、普遍的社会实践所“驯化”，这些实践是对经验和自我体验的规范化、标准化和模式化。② 将符号中介理论与承认的社会心理学分析相融合的基本思想表明，经验和表达的潜在无限性受到社会承认需求的限制（但从未完全受其控制）。因此，主体通过其符号能力的习惯化和预模式化来调整自己，以适应其群体的思想、感知和行动模式。这一过程给予他们作为群体成员的认可和自尊，而这正是他们的社会符号性生存所需要的。同时，被“总体社会”（Gesamtgesellschaft）接纳为其成员，完全是基于主体对预

① 参见 Hans-Herbert Kögler, “Ethical and Methodological Recognition of the Other,” In Hans-Herbert Kögler, *The Power of Dialogue: Critical Hermeneutics after Godamer and Foucault*, Cambridge, MA: MIT Press, pp. 141 – 157. 基本观点是，对他者作为对话自我的规范性承认来自解释性相遇本身，因此可以通过对已经隐含在我们解释实践中的规范性维度的阐释来证明。

② 参见 Michel Foucault, *Discipline and Punish*, New York: Random House, 1976; Michel Foucault, *The History of Sexuality*, Vol. 1, New York: Random House, 1978. 我在其他地方论证过，福柯关于基于权力的自我建构的论述，只有在一种以非行为主义的方式处理权力内化的主体经验理论的背景下才有意义［参见 Hans-Herbert Kögler, “The Self-Empowered Subject: Habermas, Foucault, and Hermeneutic Reflexivity.” *Philosophy and Social Criticism* 22 (4), 1996, pp. 13 – 44］。在这里，我将进一步发展内化的概念。

期的——通常是性别、阶级和民族——特定模式的顺应态度。①

符号力量的辩证法通过承认的需求将自我捆绑于社会规范化的自我理解模式，形成自我评价和自尊的视野。针对女性身体文化、少数族裔的自我体验或社会阶层的文化霸权的研究，表明了主体在何种程度上通过这些规定的标准和模式来体验自己。② 由于害怕社会排斥甚至“符号性死亡”，主体把自己束缚在这些模式上，将其采纳为自己的模式。③ 未被整合的群体的成员，如果被贴上“外国人”“黑人”“妓女”等标签，会被迫接受长期存在于语言中的符号暴力。一方面，他们成为通用符号秩序的一部分——这意味着这类群体可能会经受羞耻感和自我贬低的折磨；另一方面，他们与特定生活圈子的联系使他们被社会遗弃。两种途径辩证地结合在一起，如果我可以这么说的话，使他们得到整合。虽然这种情况可能使他们处于一个更自然的位置来质疑和拒绝现有的评价模式，但过度调整或自我否定以及自我毁灭的倾向也可能浮现出来。然而，这种异化或分裂的态度可以揭示所有符号性构成的身份的真相，这些身份以“女人”“工人”“知识分

---

① 因此，我们采用了霍克海默的早期观念，即需要社会认可来解释权力完全主导模式的主体接受和内化是如何可能的。因此，我们保留了社会心理学维度，该维度与话语分析有效结合，因为它阐明了社会构建的主体经验的构成。同样，我们用一种包含反思性批判和创造性意义的潜力的语言意义理论取代作为抵抗之源的主体自主性的观点。那么，主体性与其说是不可避免的出发点，不如说是目标。这一论点也适用于后结构主义关于主体性的讨论，因为我们不应将这些分析作为对自主之可能性的破坏，而是要说明非自主性的主体性形式是如何被社会创造出来的，以及我们如何能够在不依赖自主自我的情况下发展和创造新的自我理解和自我实现形式。这种理论化的举动至关重要，因为它可以表明受压迫的自我如何能够克服其受压迫的位置并重新创造自己（参见法农关于殖民化的自我的论述），而不必已经“自主”。

② 参见 Frantz Fanon, *Black Skin, White Masks*. New York: Grove, 1967; Pierre Bourdieu, *Language and Symbolic Power*, Cambridge, MA: Harvard University Press, 1991. 对于黑人青年来说，这可能是体育生涯，正如纪录片《篮球梦》（*Hoop Dreams*）中所暗示的那样。

③ 我在 Hans-Herbert Kögler “Empathy, Dialogue, Critique: How should we understand (inter-) cultural violence?” [In *The Agon of Interpretations: Towards a Critical Intercultural Hermeneutics*, Ming Xie (ed.), Toronto: University of Toronto Press, 2014, pp. 275 - 301] 一文中分析了女性身份认同与社会承认的需要在一些实际问题上的关系，如女性割礼和堕胎等习俗。

子”等看似自然的表达方式表现出来，而这些表达方式也同样代表着建构性和约束性的身份模式。

“经验图式”这一概念构成了对社会承认的需要和社会权力关系之间的深层心理（或说深层符号性更好）中介，它可以通过理解意义的阐释学模式来解释。特别是，言说主体必然依赖于意义构成背景的观点在这里被证明是有帮助的。① 事实上，正如言语行为理论和符号学所指出的那样，说话人和听话人只有在采用共同的符号手段的情况下才能就某件事进行交流，因为他们遵循共有的惯例，这些惯例规定着符号的相同用法。② 为了使 B 理解 y，A 向 B 传达 y 的交际意图必须依靠两个交际者遵循的共同规则。某件事是否可以算作一个问题、一个陈述、一个命令或一种情感表达，取决于交际或“言外之意”的力量，对这种力量的感知是通过社会化的语言游戏习得的。现在，对于我们的情况而言，关键是说话人之间的共同理解无法完全由这些规则决定。事实上，只有当“阐释学背景”充分重叠以建立共同的观念性和实践性理解时，交际者的相互理解才能实现。这一“背景”无法完全以规则解释，它是通过社会化获得的，因此与特定的文化和社会背景相联系。③ 换言之，在各自的背景下普遍存在的社会差异和区别有可能

---

① 海德格尔对“存在于世界”的“环视性理解”（circumspective understanding），以及维特根斯坦的关键著作《论确定性》（*On Certainty*）表明，我们对某物的明确理解是基于一种隐含的前理解。这种前理解定义了明确表达的意义，却没有主题化地呈现出来。伽达默尔和塞尔的语言阐释学反思将这些见解直接扩展到了语言意义领域。正如伽达默尔所认为的，人文科学中的方法论控制从来都是不完全的，因为阐释者的理解受制于一个超越个人意识的历史视野。也正如塞尔所说，在日常交际中，任何意义明确的句子都是主体间性的理解，只是因为交流者拥有一个共同的理解情境的实际视野。

② John Searle, *Speech Acts*. Cambridge: Cambridge University Press, 1969; Jürgen Habermas, *Theory of Communicative Action*. Vol. 1, Boston: Beacon Press, 1987. 戴维森在《墓志铭的完全错乱》（“A Nice Derangement of Epitaphs”, Davidson, 1986）中对这一立场提出了质疑。戴维森认为，根据语境发明的“传递理论”可以解释主体间的理解，然而，说同一种语言但来自完全不同的社会或文化环境的说话者之间的交流障碍表明，类似阐释学背景的东西是共享意义的来源。

③ John Searle, “Literal Meaning.” In John Searle, *Meaning and Expression*. Cambridge: Cambridge University Press, 1985, pp. 117 - 136; 亦参见 John Searle, “The Background.” In John Searle, *Intentionality*, Cambridge: Cambridge University Press, 1983, pp. 141 - 143.

在前理解中留下印象。因此，交际中的主观意图不仅由交际需要形成，而且还由“可理解视域”决定，该视域定义了一个社会性的理解范围，只要该社会背景被权力关系渗透，它们就会间接地出现在意义的层面。①

这一过程一方面导致权力结构内化，因为自我实现的客观机会在不同社会群体中分布不均。经验的预模式化调整了反思性和创造性的潜力，使之符合社会所接受的模式，从而有利于在符号上和实践上再现现有的主导结构。② 然而另一方面，这些经验是以符号为中介的，这意味着作为言说者的主体从未完全由客观的权力结构决定。语言媒介意味着无限多的表达和解释的可能性，因此，这些表达和解释只能受到经验上的限制，而绝不受绝对的限制。

因此，文化批评的任务是使那些隐含地形成我们有意识的理解的隐藏背景变得清晰，从而将反思性和自我理解推向一个更高的层面。即使阐释学的背景被权力渗透，但它仍然是“阐释学的”，因此，原则上它是能动者自己可以达到的，并且始终是他自我理解的一个可协商部分。解释模式不像经典结构主义或话语分析模式所假设的那样固定和静态，特别是在有关群体的文化、政治、社会和性别的身份认同斗争中，一些基本术语的含义

---

① 布迪厄的符号惯习社会语言学可以作为批判性重构的一条指导线。这一符号惯习基于社会惯习。这又回到了社会地位是基于社会承认这一关系上。而正如我在最近一篇讨论布迪厄的关键文章中所表明的，我们必须将布迪厄的概念整合为一种更精细的阐释学，包括反思性和创新的自我解释。参见 Pierre Bourdieu，*Language and Symbolic Power*. Cambridge，MA：Harvard University Press，1991，以及对布迪厄的评论参见 the special issue “New Directions in the Sociology of Knowledge,” *Social Epistemology*，1997.

② 我们作为说话的人总是潜在地面临反思能力和创造力的“驯化”或“减少”，这是由社会承认的意愿所带来的。被整合的需要使我们通常无意识地限制了解释可能性的开放视野，以便参与到可接受的和社会上建立的意义规则中。福柯在1972年的《语言的话语》（*The Discourse on Language*）中为类似的话语概念辩护，尽管更多是受到柏格森和超现实主义主题的启发。

还有待把握，一些目标还有待重新协商。① 至于权力引起的社会化成为符号形式的问题，还好这是一个模棱两可的过程。诚然，这些符号模式往往为个人的自我表达划定了相对严格的界限，然而，具体情境下的自我理解始终没有被符号性的认同逻辑完全划定。这并不像霍尔所论述的那样，是因为欲望/话语的缝隙或能指的不确定性。如果我们想将符号性认同与反思能动性联系起来，我们更应该强调的是，第一人称的自我指涉永远不可能被完全写入一个明确的描述中。这是因为自我指涉的行为——作为一种自我认同的行为——在这里依赖于主体自身的自发行为，因此永远不可能被一般的分类或类型化固化。② 同样，每一个解释性的自我形象，就像它被语言意义定义一样，也被嵌入复杂的实际环境中，从而依赖大量隐含的背景假设。由于对这种背景的理解是复杂多样的，因此不能被一套明确的规则限制，“确定的”（identified）的自我的“身份”（identity）必须保持同样的开放性。所以，自我指涉以及背景依赖意味着自我理解抵住了明确解释对它的死板固化。

然而，通过转向符号中介，我们也可以避免对具体自我的反思和创造能力的过度高估所带来的矫枉过正的错误。虽然我们需要强调内在于解释实践的超越性潜力，但我们也不要忽视意义构成中的权力塑形与约束性的实际背景。从一开始，被社会化的言语和交流实践就与评价、规范化和调整的实践有关，能动者为了社会承认而遵循这些实践。对社会接受的根深蒂固的需求促使主体内化人们所期待的行为和表达模式，并将其固化为能

① John Fiske 在 *Media Matters: Race and Gender in U. S. Politics*（Minneapolis/London: University of Minnesota Press, 1996）中很好地描述了这种“重新协商”。可以肯定的是，我们必须进一步询问，社会背景的哪些方面可以立即用具体自我的语言和“世界观”来表达，而哪些特征需要一个客观化的理论框架。在任何情况下，每一个客观分析都必须牢记能动者自己可以获得的、他们可以理解为他们的意义的解释模式。必须说明这些模式是如何从客观功能机制/结构中派生出来的，或如何与之相关的。我认为，说明这些也可能有助于具体的能动者理解抽象理论语言的意义和相关性。

② 这里，乔治·赫伯特·米德（George Herbert Mead）提出的内化的社会化的“客我”（me）与超越性、反思性和创造性的“主我”（I）之间的关系有助于将内在化权力和反思性批判理论化。参见 George Herbert Mead, *Mind, Self, and Society*, Chicago: University of Chicago Press, 1934.

动者的第二天性。因此，我们拒绝了一种模式，它将能动者视为“先于”一系列社会可能性的自由的、反思性的主体。相反，具体的主体总是已经内嵌于其社会位置，而这反过来又建构了其解释性工作的前景。正是由于这种经验的情境性，通过符号学和话语理论工具对能动者的自我理解进行更彻底的反思性突破是必要的。

于是，循着霍克海默和阿多诺的脚步，我们的语言实践中所蕴含的反思性和创造性可以为批判性态度的萌发提供一个具体的跳板。文化研究必须被理解为反思性的日常潜力的理论上的延续，因此它是法兰克福学派最初意图的合法继承者。我们的任务是加强我们对权力隐性机制的理解，从而使我们的创造性能力的展开不那么受限制。

学术史档案

《红与黑》中译暨“西方的‘红学’”在中国[1]

黄乔生[2]

摘　要：本文通过对《红与黑》中译本首位译者赵瑞蕻所提出的“西方‘红学’”概念的考察，梳理这部名著在中国的翻译、阐释过程中受到的政治、文化的影响，凸显翻译与研究所引发的讨论中的中西文化差异。“西方的‘红学’”在中国的起伏消长涉及的一些问题，对今天外国文学研究、中外文化文学交流具有借鉴意义。

关键词：《红与黑》；西方红学；翻译

一

“西方的‘红学’”指的是研究法国作家斯丹达尔（也译作司汤达）的长篇小说《红与黑》的学问。

中国不乏以一本书作为研究对象的学问，除了有名的研究《红楼梦》的“红学”之外，还有研究《文选》的“选学”，研究《说文解字》的

---

① 本文系为《红与黑》赵瑞蕻、范东兴译本所写导言，该书即将由译林出版社出版。

② 作者简介：北京鲁迅博物馆常务副馆长、研究馆员，《鲁迅研究月刊》主编，中国鲁迅研究会副会长兼秘书长。

“许学”等。近年来，古典文学名著《儒林外史》《金瓶梅》《聊斋志异》等也都有成为一门学问的趋势。外国也有，但中外此类学问的命名方式有所不同：中国大多以著作命名，外国则常以作家命名，如以莎士比亚、歌德、约翰逊等命名的学问。名称虽殊，其实则同。作品与作家俱为一体，不能分别，如中国“红学”，不但要研究《红楼梦》，也要研究作者曹雪芹的生平和思想，甚至也不妨称为“曹学”。以作者来命名一门学问，包罗更广，挖掘更深，更符合孟子“知人论世”的批评原则。近现代中国学者也开始以作者来命名学问，如“鲁迅学”（简称“鲁学”）、“钱钟书学”（简称“钱学”）。

在中国，赵瑞蕻（1915—1999）于20世纪80年代提出“西方的‘红学’”概念。赵瑞蕻是中国最早的《红与黑》译者之一，他的译本于1944年出版（重庆作家书屋，非全本），由于多种原因，后续译文未能问世。直到去世前，赵瑞蕻仍在续译和重译这部名著，可惜未能完成，赍志以殁。

“西方的‘红学’”借用了在中国知名度很高的《红楼梦》来命名《红与黑》研究，强调了《红与黑》的重要性，有助于提高《红与黑》在中国读者心目中的地位。《红楼梦》原名《石头记》，主角的命运与一块石头（玉）有关：贾宝玉出生时口中含玉，这块玉成了他的命根子。明了这一点，就不难理解赵瑞蕻坚持要将《红与黑》主人公的名字译作“玉连”的苦心（本文对主人公的称呼都使用这一译法）。

如此命名《红与黑》研究，当然并非只因为两部名著书名有一个“红”字重合——中国并不缺少题目带“红”的作品——而是因为，与《红楼梦》一样，《红与黑》具有深刻的社会、历史意义。它反映了从法国大革命到1830年，尤其是1815至1830年“七月革命”前王政复辟时期这个最黑暗、最反动、最可耻历史时期两种不同的社会阶层，即上升的资产阶级与腐朽的贵族力量所代表的不同价值观之间的对立和斗争。

关于《红与黑》书名的象征意义，一般认为，“红”代表拿破仑的军功，“黑”代表教会势力，主人公玉连在这两种势力之间徘徊依违。小说原拟名《玉连》。1830年初的一天早晨，斯丹达尔若有所悟，对他的表兄科隆说，这部书应该以《红与黑》来命名，可以凸显其中心思想（idée maîtresse），概括当时两种力量的冲突和斗争。因此，《红与黑》是一部政治性很强，思想倾向明显，时代特色鲜明的作品，与《红楼梦》一样都抓住了时代的主要矛盾，具有广阔的社会、历史视野和对人性的深刻体察。

了解斯丹达尔本人的生活经历，如其早年崇拜拿破仑，醉心于卢梭的《忏悔录》，以及作品写作的时代背景，是读懂《红与黑》的关键。《红与黑》的副标题是“1830 年纪事”（*Chronique de 1830*），体现出作品的现实性。斯丹达尔有意识地用小说为时代留影，在第 2 卷第 19 章《滑稽歌剧》中对此有所阐释：

> 一部小说是大路上一面移动的镜子。映入您双眼的，时而是蔚蓝的天空，时而是路上泥淖里的污泥浊水。而背负镜子的人，您却要谴责他不道德！他的镜子照出了污泥浊水，而您却谴责这面镜子！您不如谴责有泥淖的大道，或者谴责道路监察官更好，是他听之任之，让臭水和泥淖存在。

小说是镜子，当然不是说作者拿着镜子站定或者一路走过去映照，那样就成了所谓照相式的自然主义。斯丹达尔的小说在人物形象和故事情节上倾注了自己的情思和理念。正因为如此，《红与黑》不但具有现代性，而且具有超前性。在 19 世纪所有法国作家中，斯丹达尔不但反映时代，而且引领、超越时代。

但《红与黑》没有《红楼梦》那么幸运，其超前性长期被时代的懵懂和喧嚣淹没。1830 年 11 月的初版只印了 1000 多册，知识界和作家们对其持以蔑视态度，甚至加以讽刺和攻击。如著名文学评论家圣佩韦说斯丹达尔所写的人物只是一些“机器人”。1840 年 10 月斯丹达尔在给巴尔扎克的一封信里说：“您对一个街头弃儿生了过高的怜悯心了，我原以为在 1880 年前不会有人读我的书的。”

斯丹达尔甚至预料到 1900 年乃至 1935 年才会有人领悟他的作品中所蕴含的意义。他在《罗马漫步》《红与黑》《巴玛修道院》等书最后一页都写上四个英文单词：“To the happy few.”（“献给幸福的少数人”），出自莎士比亚历史剧《亨利五世》第四幕第三场，斯丹达尔也有可能是引自英国 18 世纪作家哥尔斯密斯的小说《威克菲牧师传》（*The Vicar of Wakefield*）的第二章（原文为“by the happy few”）。

当时能够读懂斯丹达尔和《红与黑》的这几位幸福的人是谁呢？斯丹达尔活着的时候，比他年轻得多的梅里美就已经欣赏他，预料他在后世会获得声望。巴尔扎克在1839年发表了一篇长文，颂扬斯丹达尔的另一部杰作《巴玛修道院》。到十九世纪末，斯丹达尔才获得文学界的广泛认可。泰纳（Taine）等学者、教授和评论家的大力介绍和热烈称赞就是明证。泰纳在还是一个年轻的师范学院学生时，就已成为斯丹达尔狂热的崇拜者。他对斯丹达尔的赞扬可谓“至矣尽矣，无以复加”：“斯丹达尔教导我在印刷的书页、白纸黑字之外去理解，去观察真情实意，心灵的动态。”他称斯丹达尔“是一切时代最伟大的心理学家”。晚年歌德推崇《红与黑》，认为它是斯丹达尔最优秀的小说，肯定“作者的周密观察和对心理方面的深刻见解”。年轻的托尔斯泰佩服斯丹达尔的勇气，声称自己跟《红与黑》“有一种亲近之感”，还针对《巴玛修道院》说：“就我知道的关于战争的一切，我的第一个师父是斯丹达尔。”不但50年后，100年后，甚至将近200年后的今天，《红与黑》仍然受到读者的青睐。

在20世纪三四十年代的中国，赵瑞蕻投身于翻译这部名著的工作中。他在译本序言中饱含深情地叙述了他在学校如何受老师的引导和在书店遇到这部小说的情景，也叙述了自己翻译该书的过程。没有心灵的感应、热情的牵引，就不会有翻译介绍的冲动。他在译本序言中对斯丹达尔在法国文学史上的地位做了充分肯定，用诗的语言描绘与斯丹达尔同时代几位作家的特点，给予斯丹达尔浓墨重彩的一笔，讲出斯丹达尔的奇特个性和卓越的文学成就。此后，续译中断了半个世纪。赵瑞蕻20世纪90年代发愿译出下部，因为有感于当时该著作译本之多且不无滥译倾向，更因为他对这部书怀着深厚的感情：他翻译这部小说付出了艰辛的努力，青年时代在国难时期弹奏出别样的“离乱弦歌”，中年时期因此书的翻译和研究遭受批判，这些都让他对这部著作怀有特殊的感情。

1983年，斯丹达尔诞生200周年时，世界上很多国家和地区开展了多种多样的纪念活动，发表了许多论著和文章。在当年10月南京举行的纪念会上，赵瑞蕻发表《西方的“红学”》一文。南京师范大学《文教资料》纪念斯丹达尔专辑收录了此文，同时还收录了他1943年所写的《斯丹达尔及其代表作〈红与黑〉》。

严格意义上说，赵瑞蕻并非最早将《红与黑》研究命名为“红学”的学者。法国学者莱昂·勃朗（Léon Blum）于1914年著有《斯丹达尔与贝尔主义》(*Stendhal et le Beylisme*)。西文以人名加上“isme”，表明一种主义或一门学问（斯丹达尔原名贝尔）。美国加州大学教授、《红与黑》英译者罗伯特·亚当姆斯（Robert Adams）在其论著中就以“the Rouge”（红）一词指代《红与黑》。法国也出现过“红主义”(Rougisme）之类的词汇。

赵瑞蕻先生在“红学”上加上“西方”二字，显示了中国和西方双重视角：由中国学者设想，站在中国翻译者和研究者立场提出的像研究《红楼梦》那样研究一部西方著作的专门学问，既观照了国外的相关研究，又强调了中国的立场。他参照中国“红学”来规划“西方的‘红学’”的研究范围，分为七个方面：（1）斯丹达尔所处的时代、社会状况和生平的研究；(2)《红与黑》的思想内容研究；（3）主要人物研究；（4）《红与黑》艺术特色研究；（5）《红与黑》的影响研究；（6）《红与黑》版本研究；(7)《红与黑》研究的研究。(《文汇读书周报》1995年6月3日）这些构想不是一般的影响或平行比较研究，而是建立在翻译实践基础上的双向互动研究，表现出一个外国文学研究者、一个翻译家的真切感悟和开阔视野，更表现了他对文艺学术的诚挚之心和坚守精神。

二

“西方的‘红学’”在中国的起伏消长，耐人寻味。中法两国的政治和文化差异以及《红与黑》汉译繁冗等因素，在阻碍这部世界文学名著在中国的传播的同时，也从相反方面借助批评的方式扩大了影响。

毫无疑问，“西方的‘红学’”的中心是关于《红与黑》的主角玉连(Julien）这个十分复杂、充满矛盾的典型人物形象的评价。事实上，不只在中国对这个人物争论较多，在法国，有关玉连这一人物也颇多争论，人们一方面同情社会下层追求幸福生活的愿望和努力；另一方面对玉连个人的野心膨胀和不择手段予以斥责和抨击。无论中外，这种社会阶层造成的矛盾都是永恒的主题。

在中国政治运动和文艺思想斗争风起云涌的时代，《红与黑》曾被判定为宣扬资产阶级腐朽思想和生活方式的大毒草。警惕个人主义，防范自由主义观念的危害，曾经是中国批判《红与黑》的一个重要切入点。如此，赵瑞蕻在翻译《红与黑》和提倡“西方的‘红学’”的道路上难免遭遇坎坷。

20世纪50年代末、60年代初有关《红与黑》的争论，就以批判个人主义为主调：玉连是一个典型的自私自利的个人主义者。1959年夏，译制片《红与黑》在南京首映。《新华日报》副刊编辑约请赵瑞蕻撰写一篇文章介绍斯丹达尔及其小说杰作。赵瑞蕻的《我看〈红与黑〉》在当年6月8日和11日的《南京日报》上发表，立即招致批判。其中，《江海学刊》1960年第8期发表的南京大学中文系三年级文艺理论科学小组集体撰写的《我们对〈红与黑〉的看法》是火力较猛的一篇。从题目中的“我们”可知，这是当时流行的“集体”写作，与赵瑞蕻先生文章题目中的“我”形成鲜明对照。

文章一开始先给斯丹达尔以正面评价，称其为批判现实主义作家，对译者也表示了相当的尊敬：

> 最早把这一名著译成中文介绍给我国读者的是赵瑞蕻先生，那正是艰苦的抗日战争后期。当一九四四年译本上册出版时，赵先生在序言中说玉连“仇恨社会，因为社会束缚他，压迫他，于是他要起来反抗。”译者当时的心情以及对玉连的看法，正可以说明《红与黑》这部小说对在国民党黑暗统治下的中国青年，尤其是资产阶级和小资产阶级知识分子中所发生的影响和作用，那就是鼓励他们起来摆脱自身的束缚，对黑暗社会进行个人的反抗。这一点在当时有一定的进步作用。

接下来就是“但是”了。文章说，即使是在民族危机深重的抗战时期，《红与黑》的局限性也是很明显的，而“一些资产阶级学者更借《红与黑》的研究，抬高资产阶级文学的历史地位，宣扬资产阶级个人主义思想。这是与我们今天进行政治思想战线上的社会主义革命的任务势不两立的”。文章重点在分析作品的主旨和人物形象的第二部分，也是先抑后扬，引述苏联作家高尔基的评价，认为斯丹达尔“第一个在资产阶级中间发现了并极有意义地描写了玉连·索黑尔这个二十三岁的年轻人，这个‘愤怒而起反抗他的低下的社会地位的农民'，而这个社会是属于发了财的市侩和革命期间穷困了而现在又市侩化了的贵族"。而在分析了玉连性格中的几个主要特征后，文章得出结论：要警惕玉连这一形象的迷惑性，认识到他的悲剧的必然性。文章在肯定了小说"具有一定的艺术水平"，特别是作者的心理分析"细腻地表现人物微妙的心理变化"后，又在总体上予以否定："虽然他暴露和批判了当时的法国社会，同时却又宣扬了资产阶级思想，歌颂了玉连这样一个个人主义野心家。以致玉连的'生活艺术'对今天某些思想不坚定的人还产生腐蚀作用。"文章特别指出，中国现实中就不乏一些有资产阶级个人主义思想的人，从玉连的生活中去找"安慰"和"刺激"：

> 某大学有一个同学读了《红与黑》，竟不胜感慨地写下了这样几句话："爱情创造疯狂，疯狂创造伟大的事业"，"正因为孤独、无聊，才能产生伟大的思想和人物。孤独使人疯狂，疯狂创造了伟大"。还有人看过这本书，激动得在书页上洒血，以表示自己对于玉连的崇敬之情。

有鉴于此，该文主张"彻底清算资产阶级文学中的这种个人主义思想及其所造成的危害"，其所列举的文学研究界的错误观点中就有赵瑞蕻的言论：

> 某些人在介绍《红与黑》的时候，并不是实事求是地对这部作品作历史主义的批判，而只是恣意地吹捧。首先他们千方百计美化玉连这一形象，把他吹捧成一个头带光环的圣者或英雄。《红与黑》早期译者赵瑞蕻先生去年在一篇影评中说，斯丹达尔是将"法国大革命精神和基本原则灌输到玉连身上"去的，所以"必须把玉连的言行跟法国大革命的思想和雅各宾党的政治纲领联系起来"。

文章批评赵瑞蕻过分夸大了《红与黑》的社会意义：

> 赵瑞蕻先生就把《红与黑》吹嘘成"1789年法国大革命到1830年七月革命这四十年间，法国乃至整个西欧社会中两条道路的斗争的描绘和概括"……作品着重描写的还是当时封建贵族僧侣与上层资产阶级之间钩心斗角的矛盾和斗争；而对于七月革命前夕法国劳动人民与贵族僧侣及上层资产阶级之间的矛盾与斗争，作品根本就没有提及。

至于这四十年间“整个西欧社会中两条道路的斗争”，更不是一部《红与黑》所能概括得了的，赵先生如此夸大《红与黑》的社会意义，提高它在文学史上的地位，目的是使人望而生畏。

据赵瑞蕻先生回忆，1966年6月，南京大学有人贴出一张大字报：“赵瑞蕻！你还敢翻案吗?”指的就是六年前的这篇批判文章对他的定性。这场批判持续了近二十年，其对斯丹达尔的现实主义创作态度，对小说对社会的揭露和批判以及小说的艺术价值，虽然给予了一些肯定，但对小说主人公个人主义世界观进行的非历史主义的道德化批评却不利于理性的学术研究，阻碍了作品的传播。

历史循环往复，已有的事后必再有。20世纪80年代改革开放促进了第二次“西学东渐”，《红与黑》又与中国读者见面，一场新的讨论随之而起，中心问题同样是个人主义和自由思想。但时代不同了，改革开放的大潮终于容纳了这部西方名著。20世纪八九十年代中国出现斯丹达尔和《红与黑》研究的第二个高潮，新译本大量涌现，成为最受读者欢迎的西方古典文学名著之一。

《红与黑》虽然是一年的“纪事”，反映的是一个特殊时代的面貌，却具有普遍的永久价值。这就回到了本文开始说的《红与黑》所具有的超前性、现代性，今天的读者仍然能理解并喜爱这部伟大的著作，正是因为作品的这种特质（这篇文章写作的中途，南京正在上演话剧《红与黑》，这是名著魅力长盛不衰的一个切近的明证）。因此，评价《红与黑》，绝非往玉连头上扣“伪君子”“两面派”“恶棍”“野心家”“玩弄女性”“不择手段的混蛋”等帽子那么简单。正如高尔基所说：

> 斯丹达尔第一个在资产阶级环境里看出，并且出色地塑造了玉连·索黑尔这个形象。……资产阶级砍掉了玉连·索黑尔的头，但是这个年轻人却以另外的名字在欧洲和俄罗斯大作家们的许多作品中复活了……斯丹达尔的玉连·索黑尔是这样一些英雄人物的老祖宗。

《红与黑》的卓越之处和恒久价值还在于其对社会阶层之间的斗争和人性阴暗变化的准确而生动的描述和剖析。玉连时代的法国，农民处境悲惨。玉连为了改变命运，背井离乡，来到城市，接触所谓上流社会，竭力获得青睐，得到位置。但这个社会不可能白白给他机会，相反，腐朽衰败、乱象丛生的社会随时可能将他吞噬。弗莱德主教操纵权术，徇私枉法；元帅夫人利用权力，安排亲信；德·拉莫尔侯爵为了迎接国王，大肆挥霍；孤儿院院长贪婪无度，连孩子也不放过……斯丹达尔将这些人物的言动思想照进他的现实主义的明镜，也因此照出了时代的灵魂。前述60年代那篇批判文章认为《红与黑》没有反映社会主要矛盾，说明作者是用教条的政治观念来看待作品，没有体察出斯丹达尔的用心，自然也不能看出赵瑞蕻等研究者所指出的作品的微妙而深刻的内涵。政治与文学是一对矛盾，互相纠结和融合，优秀的作家必能敏锐感受到二者之间的张力。斯丹达尔在《红与黑》第2卷第22章开头，借人物对话表达了自己的思考：

> "政治，"作者又说，"是挂在文学颈上的一块石头，不出半年，会把文学溺死。在妙趣横生的想象中一掺和政治，犹如音乐会上的一声枪响。尽管响声刺耳，却不会增强效果。因为没有任何一种乐器的声音与枪声相合。这样的政治会大大开罪于一半的读者，而让另一半心生厌倦，因为他们发现晨报上谈的政治别有风味，更加生动……"
>
> "可如果您的人物不谈政治，"出版人又道，"他们就不是1830年的法国人了，您的书也就不再是您所期许的一面镜子了。"

在经历了多次政治风波、思想斗争和学术争论后，赵瑞蕻感触很深，他希望有人就《红与黑》在中国获得的认同和遭受的误解写一本书，可以题为《〈红与黑〉在中国的命运》，因为这部名著在中国的遭遇留下的教训和启示，值得总结。

三

尽管赵瑞蕻提出的"西方的'红学'"这一概念并没有获得巨大和广泛的影响力，但这门学问一直在中国的外国文学研究中存在并发展着。中国学界研究斯丹达尔及其名著《红与黑》，不但将其放在西方小说史上，也放在中西文学比较的平台上。在比较文学研究领域，有关中国小说和西方小说异同的研究虽然很多，但专门从小说艺术方面研究《红与黑》与中国小说异同的还不多。两种“红学”的异同之处和契合点很值得探究。

迄今为止，“西方的‘红学’”在中国的最好成绩是关于其中文翻译的研究，因为中文版本很多，有关讨论和争论十分热烈。赵瑞蕻、许渊冲、罗新璋、罗国林、方平、许钧、王文利、袁筱一等一批法国文学的翻译者和研究者都就作品的理解、翻译的得失发表过看法，其主要成果收入许钧主编的《文字·文学·文化——〈红与黑〉汉译研究》（译林出版社2011年版）一书。如编者许钧所说，以往中国研究《红与黑》的“评论家关注更多的是作品产生的历史社会背景、作品人物的政治倾向等，往往忽视了作品本身，诸如作品的结构、艺术特色及叙述视角等的分析”，但翻译过程中对原著的细读，对原著语言特征和成文风格的把握，有助于对原著深入和细致的理解。因为“译者，首先是读者，对作品基本特征的把握，是传译的基础。而处于不同时代或社会，对作品的不同理解（大到整个作品创作倾向的把握，小到词汇意义的选择），都无疑会影响到作品的传译”。译者的工作为文本解读带来更多可能性。《红与黑》译本的风起云涌，对其在中国的传播起到巨大的推进作用，也为其深入研究提供了更丰富的资料和更广阔的视野。可以说，有关《红与黑》翻译的研究是中国学术界对“西方的‘红学’”的重要贡献。

《红与黑》深刻的社会政治内容、丰富的思想意义和高超的艺术特色为包括许多著名作家在内的读者所充分认识。现当代欧美的杰出作家、学者和思想家、批评家，如尼采、纪德、勃兰兑斯、罗曼·罗兰、普鲁斯特、布尔热、瓦莱里、高尔基、阿拉贡、萨特、波伏娃、詹姆斯、毛姆、卢卡奇等，都或多或少地谈到斯丹达尔及其作品。法国著名文学史家朗松在《法国文学史》中提供了经典论断：斯丹达尔“对一件普通的刑事决庭案件，进行了历史性的哲学和心理学方面的深入研究。在五百多页的篇幅中，他让我们知道了整部《人间喜剧》同样多的内容，认识了大革命所造成的法国社会里人们行动的隐秘动机和内心世界的特征”。波伏娃（Simone de Beauvoir，1908—1986）在《存在主义与民族的智慧》（*L'existentialisme et la sagesse des nations*）中写道：

> Après avoir pensé l'univers à travers Spinoza ou Kant, je me demandais：“Comment peut-on être assez futile pour écrire des romans?”

Mais lorsque je quittais Julien Sorel ou Tess d'Urberville, il me semblait vain de perdre son temps à fabriquer des systèmes.

文学作品善于打动人的感情，直指内心深处，常常比哲学体系的理性思维更具魅力和威力。小说家虽然多写琐细之事，但鲜活生动，以小见大，显示人的境遇，指示人的命运。存在主义哲学家从《红与黑》等小说中得出深切的感悟。

国外的“红学”研究或曰“贝尔主义研究”或“斯丹达尔热”（Stendhalmania）仍是一门显学，每年都有专著和大量论文发表出版。法国的“斯丹达尔之友协会”（Association des amis de Stendhal）出版《信息通讯简报》（*Bulletin de liaison et d'information*），定期举行学术活动，交流斯丹达尔与《红与黑》相关研究信息；其他国家也有一些类似组织，读者和专家对斯丹达尔丰富多彩的精神遗产的阅读、解说、考证、注释和研究越来越广泛深入。

近年来，国外的《红与黑》研究论著注重发掘作品的深层意义。《斯丹达尔与贵族》（*Stendhal et l'aristocratie*，Eurédit，2018）是作者米歇尔·阿罗斯（Michel Arrous）2011 年 3 月 25—26 日在索邦大学－巴黎四大举行的一次讨论会上发表的文章，集中讨论斯丹达尔的贵族观。斯丹达尔最初拥护雅各宾派，但他在《红与黑》中却塑造出一个优雅的贵族德·拉莫尔侯爵。因为大革命后期，雅各宾派走向了红色恐怖而滥杀无辜，有教养的人见识到了平民世界粗俗不堪的一面，斯丹达尔对此保持了高度的警惕性，而认同贵族的优雅。斯丹达尔的内心倾向体现在主人公玉连身上。书中固然有对贵族的无情讽刺，但在德·拉莫尔侯爵那里，玉连发现了理想世界和文学的光芒。贵族虽然已经远去，但这个阶层曾有的对精神事物的关注和智慧，自有其优越性，即本质上优雅与无私的特性（l'originalité radicale de la désinvolture et du désintéressement）。罗杰·皮尔森（Roger Pearson）的《斯丹达尔：〈红与黑〉与〈巴玛修道院〉》（*The Red and the Black and The Charterhouse of Parma*，2019）是对两部著作发表后引发的反响和产生的影响的追溯。作者研究了《红与黑》的手稿，对 19 世纪有关两部小说的研究成果，对结构主义、心理学、叙事学、女性主义等研究视角进行了细致梳理；缪莱尔·巴索（Muriel Bassou，1982—2016）的《成为斯丹达尔——友谊与文学修养》（*Devenir Stendhal: amitié et formation littéraire*, Classiques Garnier, 2021）研究了斯丹达尔的交游和读书经历；隆巴多·帕特里西娅（Lombardo Patrizia）的《真实，真实，除了真实没有其他：寻找斯丹达尔的反抗观念》（*Facta, facta, nihil praeter facta!: à la recherche des idées rebelles de Stendhal*, La Compagnie littéraire, 2014）注重对斯丹达尔时代的政治法律风俗的研究，有助于更好地理解作家和作品；安娜·贾辛斯基（Anna Jasinski）的《世俗罪过：斯丹达尔时代的判例》（*Temporum culpa: le préjugé au temps de Stendhal*, La Compagnie littéraire, 2014），通过对司法程序和相关案例的研究，为读者理解《红与黑》中对玉连罪行的审判提供不少背景资料和新的视角；安娜-丽莎·迪特（Anna-Lisa Diete）的《爱欲、创伤、王政复辟：斯丹达尔与现实主义的兴起》（*Eros, Wunde, Restauration: Stendhal und die Entstehung des Realismus*, Wilhelm Fink, 2019）是慕尼黑大学的学位论文，研究时代政治环境与斯丹达尔创作理念之间的内在联系；米歇尔·克鲁赛（Michel Crouzet）的《斯丹达尔：浪漫性与浪漫主义》（*Stendhal: romanesque et romantisme*, Eurédit, 2019）阐述了斯丹达尔与浪漫主义的复杂关系；让-雅克·汉姆（Jean-Jacques Ham）的《走近斯丹达尔》（*Approches de Stendhal*, Classiques Garnier, 2018）对斯丹达尔的生平事迹与其小说的关系做了深入探讨；菲利普·贝蒂耶（Philippe Berthier）的《斯丹达尔：文学、政治和宗教的混合》（*Stendhal: littérature, politique et religion mêlées*, Classiques Garnier, 2011）研究斯丹达尔的作品如何在政治和宗教之间保持独立卓异的特性。

《红与黑》在世界各国译本很多，有关斯丹达尔和《红与黑》的影响研究论著引人瞩目。意大利蓝皮杜萨（Giuseppe Tomasi di Lampedusa，1896—1957）的《斯丹达尔》（*Stendhal*，由 Monique Baccelli 译为法文，Éditions Allia，2016）追踪斯丹达尔在意大利的生活轨迹与其文学写作的关系。斯丹达尔在意大利活动多年，喜欢意大利胜过法国，甚至自称“米兰人”，也因此，意大利的斯丹达尔研究具有相当的广度和深度；越南柴素兰（Thái Thu Lan）和法国雅克·科特斯（Jacques Cortès）的《斯丹达尔在越南》（*Stendhal au Vietnam: colloque national de Huê avril* 1989，École nationale supérieure de Hanoï，2017）讨论了斯丹达尔在越南的影响。

将斯丹达尔与其前后或同时代作家进行比较研究或综合性的主题研究，是近期西方的“红学”的一个发展趋向。卡兹·杰伊（Katz Jay）的《卡萨诺瓦、斯丹达尔、托尔斯泰：自画像的高手》（*Casanova*, *Stendhal*, *Tolstoy: Adepts in Self-Portraiture*）对卡萨诺瓦、斯丹达尔和托尔斯泰三位作家的自我描述做了对比研究，指出卡萨诺瓦停留在原始层次，只是简单地记录行为和发生的事情，而没有试图评价它们或研究自我的更深层次；斯丹达尔的自画像是心理分析的，他观察自己并审视自己的感受；托尔斯泰则记录是什么导致了自己的行为，并以不夸张的方式专注于自我反省。帕里斯·博纳德（Paris J. Bernard）的《小说心理学：萨克雷、斯丹达尔、乔治·艾略特、陀思妥耶夫斯基和康拉德研究》（*A Psychological Approach to Fiction: Studies in Thackeray*, *Stendhal*, *George Eliot*, *Dostoevsky*, *and Conrad*）指出《红与黑》作为“心理现实主义小说，其本质要求进行心理分析”。瓦伦提尼·帕帕多普罗·布拉迪（Valentini Papadopoulou Brady）的《文本和反文本：司汤达〈红与黑〉中的玉连·索黑尔的生与死》（“Scripts and Counterscripts: The Life and Death of Julien Sorel in Stendhal's Le rouge et le noir”, University of Houston, Texas, *Journal Orbis Litterarum*, Volume 63, Issue 2, 2008, pp. 110 - 132）对玉连在监狱里的最后抉择做了心理分析，对其不可解性给出了解释和理解。埃德森·若思·阿曼修（Edson José Amâncio）的《陀思妥耶夫斯基和斯丹达尔的综合征》（“Dostoevsky and Stendhal's Syndrome”, *Arquivos de Neuro-Psiquiatria*, Volume 63, Issue 4, 2005, pp. 1099 - 1103）比较了两位伟大的小说家精神特征的异同。麦西阿斯（Mathias）的《桑、斯丹达尔、皮克泰和波德莱尔作品中的具象化》（“Crystallography in Sand, Stendhal, Pictet and Baudelaire”, University of Aberdeen, *Dix-Neuf*, Volume 17, Issue 2, 2013, pp. 141 - 155）比较了几位作家对现实的想象和解释方式。

以女性主义视角解读《红与黑》自然不会缺席。丽莎·阿尔加兹（Lisa G. Algazi）的《女性主义者阅读斯丹达尔（或她们真的读吗?）》[“Feminists Read Stendhal (or Do They?)”, *Nineteenth-Century French Studies*, Volume 34, Issue 1/2, 2005, pp. 11 - 20）指出在美国，斯丹达尔在20世纪后二十多年越来越少得到批评家的青睐，女性主义批评者反感这个被波伏娃称为“女性的温柔的朋友”的人，而更喜欢左拉这样有社会担当的作家。

但该文作者提请注意，我们还能从斯丹达尔那里关于女性和男性的性别倾向的描写中学到很多。玛丽亚·斯科特（Maria C. Scott）的《斯丹达尔笔下缺爱的女主人公，小说、自由与女性》（*Stendhal's Less-loved Heroines: Fiction, Freedom, and the Female*）2013 年出版，2015 年被翻译成法文（*Stendhal, la liberté et les héroïnes mal aimées*, Classiques Garnier）。

以上只是对国外学术界近期的关注重点和研究情况做一些列举，以法国为主，其他国家研究成果很多，限于篇幅，只能挂一漏万。

中国的"西方的'红学'"研究正在向广度和深度迈进，本文仅就近几年的成果略举数例：潘丹的《自我、革命与爱情：〈红与黑〉中的"心灵之爱"与"头脑之爱"》（《社会》2021 年第 4 期）认为《红与黑》呈现了玉连与德雷纳夫人在外省小城维里埃所孕育的心灵之爱以及与玛蒂尔德在巴黎所焕发的头脑之爱，二者共同构成了玉连所承载的"高卢特质"，即以强烈的激情投入世界，同时以冷峻的理智剖析自我及其感情；张巍卓的《征服者玉连：〈红与黑〉和 19 世纪欧洲精神革命》（《社会》2021 年第 2 期）参照尼采和萨特的阐释，认为对尼采和萨特等世纪末哲人而言，《红与黑》的作者既是欧洲 19 世纪精神革命的肇始人，更是超越了时代的先行者，而玉连的征服故事充当了原型的角色；杨亦雨的《19 世纪法国成长小说中的自我形象及其变迁——以〈红与黑〉为中心》（《社会科学战线》2020 年第 4 期）将《红与黑》视为 19 世纪法国的成长小说，通过描写主人公玉连的成长经历，生动刻画了主人公复杂的自我形象和精神世界；赵鑫《文学翻译中的创造性叛逆与许译〈红与黑〉——以章节标题翻译为例》（《北方文学》2019 年第 33 期）对许渊冲在翻译《红与黑》过程中采取的增译、替代和转换等个性化尝试表现出来的"创造性叛逆"做了分析。此类研究翻译文本和翻译理念的文章不胜枚举。

四

翻译是没有止境的艺术。名著不厌百回译。

1944 年重庆作家书屋版的赵瑞蕻译本只有 15 章，1947 年上海作家书屋版是 33 章。现在由赵瑞蕻的弟子范东兴译出其未完成部分，合成全本，由译林出版社出版。这个跨越了半个多世纪、由师生相继完成的译本值得期待。

赵瑞蕻先生作为《红与黑》汉译第一人，开拓倡导，功不可没。赵译本最突出的特点是语言中浓郁的个人风格和诗意表达，如玉连看鹞鹰一段，优美而有力：

> 玉连，直立在巨大的岩石上，凝视苍穹，八月的骄阳点燃着长天。岩壑下，野间有群蝉在悠鸣；当它们止声沉寂时，怀抱着他的是一片恬静。他看见脚底下展开二十哩的乡野。时而他看见一只老鹰从他头顶上的绝壁间飞掠出来，而在寂静里描画着一道道广大的圆圈。玉连的双睛机械地追随着这只猛禽。它安闲谧静而强有力的活动深深感服了他；他羡慕这份力量，他羡慕这种孤独。
>
> 这是拿破仑的命运；难道有朝一日也是他自己的命运吗？

当然，赵译本也留下了一些遗憾。有些地方不够准确；为了尽可能保存原作精神气息，句法上采用完全直译的方法，甚至结构也与原文基本相同，难免有生硬的地方；语言还有可锤炼之处；战争时期，生计促迫，赵瑞蕻先生只译完第 1 卷和第 2 卷的前 3 章，且没有翻译章首题词。这正是赵瑞蕻先生晚年发愿重译和续译的原因。

范东兴的译文并非仅仅是拾遗补阙，而是独具特色，且有许多新的突破，仅举几例，尝鼎一脔。

首先，范东兴翻译了所有的章首题词，而且十分精彩。题词体裁多样，都是不同国家、不同时代的大师的经典名句，文体和风格不尽相同，翻译的难度不言而喻。范东兴贴近原文，尽可能用不同于小说本身的文体和风格翻译，这一点大大区别于以往各位译家，给人突出的印象。如第 2 卷第 1 章引用的贺拉斯的诗，范译用四言诗体译出，可谓形神兼备。因为贺拉斯是古罗马诗人，在时代上与中国汉朝的班固或魏晋的曹操、嵇康相近，古典气息跃然纸上。其他题词所引用莎士比亚、席勒、拜伦等，都模拟时代风气和作者个人特色，多为佳译。

其次，范东兴的译文中颇用了一些所谓“之乎者也”的古文，但读来却很贴切，并无故作摇曳之感。因为一者原文许多地方正是古语警句，二者译者根据人物塑造、情境描写的需要，用简洁古语或俗语译出，有助于体现原作风格。如玛蒂尔德给她父亲的信用半文半白的文体翻译，应该说是成功的尝试。因为正如小说中所显示，这个贵族家庭成员互相之间经常写信沟通，而且原文文体的确与小说一般叙述和描写语言有别。此信熏染着希腊悲剧的崇高美感，与斯丹达尔熟悉拉辛与莎士比亚的作品有关，译文彰显出了这种词风文脉。斯丹达尔常以自己精练的语言为傲，他在书中（第1卷第25章）就借毕拉长老之口，称赞谢朗神父书信简洁，透露出的是他本人的文字品位。当然，译者并非不加斟酌、一味文绉绉地翻译书中的信件。德·莱纳尔夫人给马蒂尔德的信、玉连给福盖的信等，译文的区别是明显的，因为同是贵妇人，德·莱纳尔夫人和玛蒂尔德所受的教育不同，而且她的信是由听其忏悔神父所撰；而福盖读书不多，玉连写给他的信就不能“之乎者也”或镶嵌典故。目前，能真正反映出《红与黑》文体和语言风格的译本并不多，因此范东兴的译本在体现斯丹达尔文体风格方面所做的努力值得注意。

再次，范东兴力求真正吃透斯丹达尔的原意，不但形似，更求神似，因而，其译文更接近原作。仅举数例：

第2卷第22章《讨论》近结尾的一段：

> *Formez vos bataillons*, vous dirai-je avec la chanson des jacobins; alors il se trouvera quelque noble GUSTAVE-ADOLPHE, qui touché du péril imminent du principe monarchique, s'élancera à trois cents lieues de son pays, et fera pour vous ce que Gustave fit pour les princes protestants...

范译为：

> “拉起你们的队伍”，我要用雅各宾党人的歌词告诉你们；那样，某个高贵的居斯塔夫·阿道夫就会出现，有感于王道岌危，乃去国千里，追奔逐西，为尔等解困厄于倒悬，一如居斯塔夫本人为新教诸亲王所建立之功勋。……

这段话的背景是，王政复辟后有再被推翻的危险，召开这次秘密会议的目的就是讨论如何筹钱，即如何再次寻求英国、普鲁士等国联军进入法国，以维护君主制的统治。德·拉莫尔侯爵这段话，主张先建立起一支贵族子弟的队伍，以更好配合外国干涉势力。因此，短短几句话却包含了三个要素：一是紧迫严肃的氛围，二是因为讲话者是德·拉莫尔侯爵，要突出他的视野和高傲的语气——正是这些因素，让玉连对他的发言佩服得五体投地。

最后也是最重要的一点，原著用词精练而极富动感。范译将这些要素原汁原味地再现出来。因为居斯塔夫·阿道夫是瑞典人，援助法国须南下取道普鲁士再西征，所以译者把具有战争意象的“逐北”一词，与“s'élancera ”这个动词巧妙组成“追奔逐西”，前后贯通，妙然天成。

再如第 2 卷第 31 章，玉连在驯服了高傲野性的玛蒂尔德之后，回到房间，兴奋异常：

> Il ouvrit d'un movement passionné les Mémoires dictés à Sainte-Hélène par Napoléon, et pendant deux longues heures se força à les lire; ses yeux seuls lisaient, n'importe, il s'y força. Pendant cette singulière lecture, sa tete et son coeur montés au niveau de tout ce qu'il y a de plus grand, travaillaient à son insu...

范译为：

> 他激动地翻开拿破仑的《圣赫勒拿岛口授回忆录》，逼迫自己读了足足有两个小时，肆目字里行间，强收心猿意马。在这番奇特的阅读中，他心之所至，巍巍乎若泰山，心脑并用，浑然不知。……

译笔不拘形式，游刃有余而切中肯綮，生动地描绘了主人公神魂颠倒的状态。

斯丹达尔行文善用伴随动作的分词短语或从句，注重动作逻辑和再现场景细节。这样的段落书中比比皆是。如上引第 1 卷第 10 章玉连目击鹞鹰的一段。

再如第 2 卷第 44 章玉连以猎人踢翻蚁穴为例，推彼及己，感慨小知不及大知：

> ... Les plus philosophes parmi les fourmis ne pourront jamais comprendre ce corps noir, immense, effroyable: la botte du chasseur, qui tout à coup a

pénétré dans leur demeure, avec une incroyable rapidité, et précédée d'un bruit épouvantable, accompagné de gerbes d'un feu rougeâtre...

范译为：

……其中最睿智的蚂蚁，也永远不会明白那个黑色、巨大、可怕的物体：猎人的那只靴子，以迅雷不及掩耳之势，突然横扫它们的住所，随着一声轰鸣，伴着一束红色的火光……

这段描写就像快进镜头，有猎人的动作，有听觉（枪声）和视觉意象（火光）的轰鸣闪烁，迅速进展，炫人耳目。只有译出这种画面感，读者才能体会到原作的魅力。原文的关键要素不能缺失，而意蕴深藏的地方更需通过语言展现出来，如此才见译者的功力。

第2卷第31章的一段：

... portant à ses lèvres la main de son amie: Ici, je vivais en pensant à vous; ici, je regardais cette persienne, j'attendais des heures entières le moment fortuné où je verrais cette main l'ouvrir...

范译为：

……他捧起心上人的手贴着他的双唇，说道："在这儿，我思君黯然君不知；在这儿，我望眼欲穿窗紧闭，更漏难捱，我只为看你盈盈纤手，打开良宵美辰……"

这段自白饱蕴情感，如果按字面意思照搬直译，就会黯然失色。范译在不逾矩（原文）的前提下，还原了玉连往昔为爱情备受煎熬而此刻幻美销魂的画面，只增加了寥寥数字，便尽得风流。

又如第2卷第41章玉连在法庭的陈述，不仅是他控诉这个等级森严的不公社会的一篇檄文，也是理解全书深意的锁钥。其开场白是：

Messieurs les jurés, L'horreur du mépris, que je croyais braver au moment de la mort, me faire prendre la parole. Messieurs, je n'ai point l'honneur d'appartenir à votre classe, vous voyez en moi un paysan qui s'est révolté contre la bassesse de sa fortune...

范译为：

> 诸位陪审员先生，遭人白眼，令人憎恶，这使我不能再保持沉默；之前我就相信，在死亡来临之际，我会直面这种感觉。先生们，我绝无属于贵阶级的荣幸，在我身上，你们看到的是一个反抗他卑贱命运的农民……

原文用了两个复合句，铿锵有力。一般的译者紧扣字句，虽然传达了基本意思，但玉连锋芒内敛的傲岸却大打折扣。范译本重组了原文的结构，化繁为简，文字并不亦步亦趋，却活现了玉连睥睨一切的神情和口吻。

还有一个值得一提的地方，就是斯丹达尔在《红与黑》等书上的题词“To the happy few”，一般译本都译作“献给幸福的少数人”，范译本则作“献给寥若晨星的灵魂相通者”，令人耳目一新。如此翻译是否妥当，容或讨论，却无疑带来了新的想象空间。

读赵瑞蕻、范东兴合译本，相信读者的印象和收获绝不是单一的、片面的和肤浅的，更多感应契合会在字里行间跳动显现。

当然，这也不会是最后一个译本。名著需要不断阐释，而翻译是最有效的阐释方式之一。诗人瓦勒里说：“斯丹达尔是说不尽的。”赵瑞蕻、范东兴的《红与黑》新译本令人欢欣鼓舞，也让人对中国的“西方的‘红学’”的深入开展充满期待。

简析宗白华的马克思主义接受过程①

李玲玲②

摘　要：五四时期，当李大钊与胡适暴发“问题与主义”之争时，宗白华第一次表达了自己对马克思主义的看法。他站在编辑的立场反对阶级斗争，反对“主义”，乃至于一定程度上成为马克思主义深入中国的反对力量。20世纪二三十年代，当“问题与主义”之争落下帷幕，社会主义文化成为人们关注的中心之时，马克思主义成为了学界的共识。由此，研究各种社会主义，尤其是马克思主义，也成为宗白华的“应时之变”。40年代之后，宗白华借助马克思主义的唯物史观建构了他对于中西思想史、哲学史的考察，评议了许多美学流派与美学观念，逐步成为一个“马克思主义者”。以宗白华为个案审视他对马克思主义从“少谈”到“专门研究”再到认同其理念与实践价值的接受过程，不仅可以拓宽中国马克思主义的接受史研究，对于理解宗白华的哲学、美学等方面也起到辅助之效。

关键词：马克思主义；宗白华；接受过程

---

① 本文为河南大学“研究生培养创新与质量提升行动计划”项目阶段性成果（SYLYC2022027）。

② 作者简介：李玲玲，河南大学文学院文艺学博士研究生。

自马克思主义进入中国以来，我国学者就开始不断地予以解读，并就推进马克思主义中国化的重要人物做了相关研究。因此，以李大钊、瞿秋白等为对象的研究著作层出不穷。在推动马克思主义中国化的进程中，除上述重要人物外，与毛泽东、恽代英等同为少年中国学会成员并任《少年中国》编辑的宗白华，也为此贡献过自己的力量。考察宗白华对马克思主义的态度及接受过程，能够更多角度地认知马克思主义中国化的发展历程及其影响的广泛性，在补充马克思主义价值研究内容的同时，也帮助我们进一步理解宗白华。

一、五四时期："多研究学理，少叙述主义"

近现代救亡主题的急迫现实和马克思主义应用于这一现实的先进性——"马克思主义的基本理论和十月革命的实践效果使这种潜在的可能变为现实"①，使马克思主义的早期接受潮有其必然性。不过，五四时期对于马克思主义的介绍和接受是有侧重的，其着眼点并不在马克思的剩余价值学说，而是"直接决定或支配其实际行动的"马克思主义的唯物史观，"其中，又特别是阶级斗争学说"②。武装暴力革命学说的激进性显然与中国知识分子的文化传统、实践准则相悖，因而，1919 年 7 月，我国文化界就这一观点暴发了"问题与主义"之争。"问题与主义"之争的论战双方"是以李大钊为代表的中国早期的马克思主义者和以胡适为代表的资产阶级改良派，其争论的焦点是'问题'与'主义'哪一个是解决中国当前问题之必须，其实质是中国是否需要革命，是否需要马克思主义的问题，是马克思主义与实用主义的论战"③。胡适站在实用主义的立场反对"主义"的空谈空理，又利用改良派的思想主张反对阶级斗争，坚定地认为我们的社会需要一点一滴的改造。受马克思主义影响的李大钊显然更看重十月革命的实际效果，因此他在认同实践与实验的实用意义上提出主义与问题的交相

---

① 李泽厚：《中国现代思想史论》，北京：东方出版社，1988 年，第 145 页。

② 李泽厚：《中国现代思想史论》，北京：东方出版社，1988 年，第 145 页。

③ 石文卓：《"问题与主义"之争：马克思主义中国化的初步探索》，《理论界》2012 年第 11 期，第 10－12＋30 页。

为用，并在马克思主义的指导下将阶级斗争和经济问题的解决看作根本。与毛泽东、恽代英同为少年中国学会成员的宗白华虽未直接参与这场争论，但从他的文章中，我们也能窥探他当时的倾向。在1919年7月15日《少年中国》的《致北京少年中国学会同志书》一文中，宗白华结合当时社会语境、《少年中国》研究宗旨——本着科学的精神，为社会的活动，以创造少年中国和其作为编辑的立场，指出："同人等主张月刊文字，暂多研究学理，少叙述主义，以求维持学会之巩固，即发阐主义，总注意毋危及学会存亡，审度时势，暂时从权，实至要也。"① 作为《少年中国》的编辑，宗白华的一言一行都不得不建立在维持和巩固该学会发展的考量之上。在那个黑暗的、不稳定的动荡社会里，他认为唯有学理的研究才能够"趋利避害"，即一方面"审时度势"地保存学会实力，一方面以科学知识的传播建构大众的新思维。故同年的8月15日，宗白华在《我的创造少年中国的办法》中明确表示："我们学会的宗旨本是创造'少年中国'。但是，我们并不是用武力去创造，也不是从政治上去创造，我们乃是从下面做起，用教育事业去创造。"9月15日，宗白华在《少年中国》刊发《致少年中国编辑诸君书》，就本刊的宗旨及其对"主义"问题的态度再次进行了阐发，他说"一切趾高气扬的态度，夸大眇视的心胸，都要收敛，还是从实际学术，研究实际事理，从实际社会，考察实际现象。种种新主义、新名词，都没有提倡讲说的价值"②。重视实际社会、实际现象、实际学术、实际事理、实际效用的"一点一滴的改造"，充分显示了杜威实用主义哲学和中国传统实用理性对宗白华的影响。实用主义的大旗的确适合于五四新文化运动破除传统信仰、确立新的认识及生活原则的需要，是宗白华对文学性及文化建国的一种坚守，对于《少年中国》以后的发展方向有着深刻的引导。但新主义、新名词在新的时代语境下怎会没有其社会意义和存在价值？况且，宗白华对于它们的否定，也成为日后加速少年中国学会内部矛盾及解体的动力。毕竟，思想解放的时代谁也不想"戴着镣铐跳舞"。

总之，当"承认或否认从而积极参加或消极拒绝（或积极反对）阶级

---

① 宗白华：《宗白华全集》(1)，合肥：安徽教育出版社，2008年，第26页。

② 宗白华：《宗白华全集》(1)，合肥：安徽教育出版社，2008年，第53页。

斗争，便几乎在中国成了是否接受马克思主义的一个理论上的区分界线和标准尺度”① 的时候，当胡适和宗白华等人出于某种原因反对“主义”，反对阶级斗争，提倡以“问题”和“学理”的研究来改善社会现状的时候，我们可以说宗白华此时对于马克思主义的态度是消极的、拒绝的。纵然如此，“问题与主义”之争也让我们看到五四时期思想大解放的一面，看到知识分子作为“士”的责任感和使命感，也看到马克思主义中国化的兴起。

二、二三十年代：多出“各种社会主义的专门研究，如马克思研究”

“问题与主义”之争的实质在于要不要运用马克思主义来解决问题，这扩大了马克思主义的影响力，使得越来越多的人加入学习马克思主义的阵营。身为宗白华好友的郭沫若，在 20 世纪 20 年代便开始以唯物史观为指导，研究中国的历史文化。在《郭沫若致宗白华函》中，郭沫若说自己是“只为着真理去研究真理”②。为此，他从四个方面说明研究中国古人思想的路径：“（一）其思想之真相；（二）其思想之发生史的研究及在思想史上的位置；（三）其思想与其个性间相互之关系；（四）其思想与其环境间互相之关系。”以此观之，尽管郭沫若 20 年代的唯物史观还较粗糙，但他注重从思想发生的历时性和共时性、个性和社会性之间的关系入手，总结认为，古人思想的方法的确是具有唯物史观眼光的，是符合马克思主义要求的。在“三叶集”友谊的往来中，宗白华势必会受到郭沫若的影响。除社会思潮和身边好友外，宗白华在此之前的泛神论思想也为其转入唯物史观提供了准备。泛神论思想其实是一种朴素的唯物论，它强调“万物皆有灵性”，它对于自然、人类整体性的看法，对于自然人性的追求也是马克思主义的题中应有之义。因此，在各种因素的融合下，宗白华改变了先前“少谈些主义”的保守态度，在《我对于新杂志界的希望中》指出：“我希望以后的新出版品，每一种就有一个特别的目的，特别的范围。譬如专门研究介绍

① 李泽厚：《中国现代思想史论》，北京：东方出版社，1988 年，第 151 页。

② 宗白华：《宗白华全集》（1），合肥：安徽教育出版社，2008 年，第 152 页。

哲学的，就出种‘哲学杂志’。专门研究妇女问题，就出种‘妇女问题’的杂志，专门研究发挥马克思主义的，就出本‘马克思研究’。”在文章的最后，宗白华列出了几种希望日后能够出版的专门杂志，其中就包括“各种社会主义的专门研究，如‘马克思研究’等类”①。由此可见，在见识了马克思主义的社会影响力后，宗白华重新调整了心态，号召对其进行学理性和科学性的研究，以此表达了自己对马克思研究的期许。这些固然显示出他对马克思主义态度的一变，但宗白华在接受理念以后是否认同，还值得进一步考察。

对这一问题的揭示，直接表现于《少年中国》在1938年8月7日刊发的《文艺倾向性等编辑后语》一文。在这篇文章中，宗白华评析了一篇文章和一本著作，它们都有关马克思主义经典命题，其一是伍蠡甫根据马克思关于文艺的看法而创作的《文艺的倾向性》。这里，宗白华首先以“唯物史观一派则由社会经济的阶级性，摹绘各阶层的意识形态，更以此窥探各派文艺的底蕴。文艺变成‘生命情调’和‘意识形态’的标示、映影”②等评语阐释了何为文艺的倾向性问题。单从“文艺的倾向性”“唯物史观”“阶级性”“意识形态”这些马克思主义经典话语来看，我们可推测出此时的宗白华已进行了他在前面所说的专门的马克思研究。并且，当宗白华用这些概念去肯定该文在立论和独创性表达等方面的价值时，当他从社会经济的阶级性出发感知经济基础对于意识形态的塑造时，他的唯物史观倾向就愈发清晰。其二是斯宾格勒的《人与技术》。在该文中，宗白华从斯宾格勒和马克思对技术的看法入手，对其观点表示了肯定。在宗白华看来，“马克思从技术生产关系的发展，解剖近代资本主义社会的内在矛盾及其必然的崩坏，斯宾格勒却是从文化心灵的诊断预知它的悲壮的末运”③。技术问题是资本主义发展的必然产物，它的存在一方面促进了社会的经济发展，另一方面却以异化的力量消除了人的主动性和个性，这就是马克思所谓社会的内在矛盾，也是斯宾格勒对西方文化表现出担忧的缘由。将斯宾格勒

① 宗白华：《宗白华全集》(1)，合肥：安徽教育出版社，2008年，第164页。
② 宗白华：《宗白华全集》(2)，合肥：安徽教育出版社，2008年，第187页。
③ 宗白华：《宗白华全集》(2)，合肥：安徽教育出版社，2008年，第188页。

和马克思的观点进行对照，既凸显出宗白华对这一问题的不同理解，也在无形中表明了宗白华对马克思主义的认同。之所以如此，是因为宗白华对空间、对文化形态学、对西方的看法等观念皆受斯宾格勒的启发，因此在其先前的文章中斯宾格勒不断出现。那么，他在该文中将马克思与自己推崇的对象斯宾格勒的观点并置，不就表明马克思主义也具有极大的价值？

由上观之，从五四时期的“少谈”到20世纪二三十年代的“专门研究”，宗白华对马克思主义的态度随着时代的发展发生了改变。在新理论的观照下，宗白华的哲学观也在不自觉中发生了巨大的变化。在马克思主义之前，宗白华受康德、叔本华、柏格森等哲学家的影响颇深，故他在《哲学杂谈》《说唯物派解释精神现象之谬误》等文章中不自觉地为精神辩护，甚至认为精神是宇宙之根本。更是因此，宗白华在给柯一岑的信件中站在青年应具有乐观的情绪之立场上承认自己“始终是个唯心论者”①。在逐渐接受马克思主义的过程中，唯物论、科学的宇宙观成为宗白华的哲学认识基础，生产关系和生产力的关系构成了宗白华思考的出发点，因此宗白华才能从马克思的经济基础出发对《人与技术》进行评价。同时，在马克思主义的指导下，宗白华这一时期的关注对象也发生了变化。文章的主角从康德、叔本华转变成歌德、席勒、莎士比亚等具有人道主义色彩的人物。宗白华的这一研究转向固然受社会思潮影响，毕竟狂飙突进运动中的歌德和席勒符合宗白华文化建国的希望，但在马克思论文艺的文章中，歌德、席勒、莎士比亚等也多有出现，这显然与宗白华的关注对象之转向密切关联，并深刻影响着宗白华从哲学转入文学的研究路径。

三、20世纪40年代后：“马列主义的哲学唤醒了迷途的长梦”

20世纪四五十年代，马克思主义在中国的发展可谓稳步推进。尽管50年代后期马克思主义研究一度停滞，但它的科学性和真理性已深入宗白华的内心。所以如果说宗白华在二三十年代是“内敛式”“片断式”地学习马克思主义，是通过与斯宾格勒的对照宣扬其唯物史观，那么，四五十年代，

① 宗白华：《宗白华全集》(1)，合肥：安徽教育出版社，2008年，第419页。

他的马克思主义倾向就通过对哲学史、思想史等“史学”的建构直接表露了出来。

这一点首先体现在宗白华在“史学”建构的结构上采用了唯物史观的研究视角。在《家庭、私有制和国家的起源》一文中，恩格斯按照文明进程、社会组织形式的演进受制于原始公有制到私有制转变的逻辑，梳理了家庭、私有制和国家的起源，成为运用历史唯物主义和辩证唯物主义观点解释人类发展规律的典范。在《中国哲学史提纲》的其中一节，宗白华也对哲学史的研究明确给出了方法指导，并就研究路径进行简述。在他看来，要想进行哲学史的梳理，第一步应该对史料进行鉴别；其次，他从社会历史背景来考察哲学思想与经济政治的联系，揭示每一家的核心思想，继而推究思想学说的源流演进及学派之间的离合关系；最终以新观点批判过去的哲学，发扬优良传统。从理论上来看，宗白华提出的研究思路和方法注重对社会经济政治背景、思想学派的来龙去脉及历史的继承与批判问题的考察，具有历史唯物主义和辩证唯物主义的表征，是对马克思主义思想的继承。

在进行研究的过程中，他又是否坚持将理论与实践进行结合呢？答案是肯定的。以《西洋哲学史》中第一部的古代哲学为例，我们发现，宗白华将这一部分划分为四章，标题分别为：“哲学的发生和古代的哲学发展”“第一期——古代唯物论的确立”“第二期——唯心论对于唯物论的斗争及唯心论的反动”“第三期——希腊、罗马哲学（宗教化、唯心论的堕落）”。由于“一切哲学的根本问题，就是思维和存在、精神和物质、主观和客观的关系问题”①，所以宗白华以唯物主义为着眼点，从唯物论和唯心论的发展史和斗争史出发，通过分析不同时代语境下经典人物的唯物或唯心思想，构建了他眼中的西洋哲学史。也是因此在古代哲学中，除了第一章在总体上，尤其是政治经济上、生产力与生产关系上观照了哲学的发生地——小亚细亚的西海岸，希腊殖民地米勒都斯城的社会基础，哲学与宗教、神话的关系，其余章节分别从米勒都斯学派、赫拉克利特一直到新柏拉图主义、原始基督教等学派入手，描写了不同时期的斗争及其特征。最后，在总结

---

① 宗白华：《宗白华全集》（2），合肥：安徽教育出版社，2008年，第485页。

古代哲学的发展时，他得出如下结论：古代社会立脚在奴隶劳动的极低生产性上，没有具备更大的技术发展、生产力发展的可能性，同时，经济尽管体现为商业资本的发展，其根本却是自然经济；小生产者一般性沦落，奴隶所有者、贵族的腐败生活，规定了哲学的唯心论堕落。① 由此可见，宗白华建构唯物史观的逻辑起点始终在经济政治生活，在社会基础，而非逻辑学本身。如此看来，宗白华的马克思主义唯物史观已日益成熟。

除整体结构逻辑外，宗白华还在“史学”建构的内容中不断向马克思主义靠拢。譬如，在《近代思想史提纲（草稿）》中，宗白华便对马克思主义产生的历史条件、马克思主义的组成部分、马克思主义的科学性、马克思主义的科学社会主义理论及马克思主义思想的发展等内容做了详细系统的介绍。这些文字不仅为我们了解、吸收、接受马克思主义提供了有效信息，也为我们了解宗白华对马克思主义的态度提供了认知基础。再如，在介绍马克思主义的过程中，宗白华常发挥其“博引”之精神，大量引用《马克思恩格斯全集》《马克思恩格斯遗稿》等文本中的经典话语和表达形式。在《中国近代思想史纲要》的“哲学史研究法”一节，当宗白华提到要以“新观点批判过去的哲学，发扬优良传统”② 时，他引用了马克思在《关于费尔巴哈的提纲》中的表述：“哲学家只是用不同的方式来解释世界，而问题在于改变世界”③；在论述先秦工艺美术和古代哲学、文学中所表现的美学思想时，宗白华不仅肯定了艺术的劳动起源，还认为劳动人民“像马克思所说，他们是按照美的规律来创造的”④。在《西洋哲学史》中，宗白华还引用了不少马克思、恩格斯对于人物、流派的评价语以表明自己对西洋哲学史的态度。如说到伊壁鸠鲁主义和斯多葛主义时，宗白华便想起了马克思关于“自己享乐”的一段话：

> 享乐的哲学，就是获得了享乐特权的某种社会集团富于机智的把戏，此外算不得什么。他们的享乐方法和内容，常受其余社会形态的

---

① 宗白华：《宗白华全集》(2)，合肥：安徽教育出版社，2008 年，第 517 页。

② 宗白华：《宗白华全集》(2)，合肥：安徽教育出版社，2008 年，第 723 页。

③ ［德］马克思，［德］恩格斯：《马克思恩格斯选集》第一卷，北京：人民出版社，2012 年，第 136 页。

④ 宗白华：《宗白华全集》(3)，合肥：安徽教育出版社，2008 年，第 449 页。

制约，并且被困于那些矛盾，这是事实。纵然不顾这种事实，但只要这个哲学一要求普遍的性格，且把自己宣告为社会全体的人生观时，它就得变为纯粹的空话。①

借用这一表述，宗白华表达了对享乐的辩证看法和对斯多葛主义的辩证态度。由上观之，宗白华通过引用马克思恩格斯的话语、观点来对哲学史、思想史中的经典流派、人物做出分析与评价，从而说明或论证自己观点合理性的行为，足以显示出马克思主义对宗白华的影响程度。

此外，宗白华还以唯物论与唯心论之根本问题为核心，不断涉及其他马克思主义经典命题，如生产力和生产关系的关系、理论与实践的关系、哲学的阶级性与党性、认识的历史性与局限性等内容。在简析西洋古代哲学时我们提到，宗白华认为唯物论与唯心论是哲学之根本，是一切问题之出发点，因此他建构哲学史和思想史的方法和内容时就以其斗争史为着眼点。对唯物论和唯心论的分析，必然离不开生产力和生产关系这一对范畴，毕竟，是经济基础决定上层建筑，还是思维意识决定社会形态，是区分唯物论与唯心论的标准。关于生产力和生产关系，宗白华遵循着马克思所谓“经济基础决定上层建筑”的理念，将其与哲学的发展道路相系，他说“对世界作理论的全体认识的哲学，只有在社会诸关系——生产力和生产诸关系——之发展的一定阶段上，才能成立”②，并且，“在生产力不发达的原始社会，人们的表象呈现着无知混沌，唯心论就是作为这种表象的产物而发生的。由于社会的生产力渐渐发达，科学的认识便渐渐发展，唯物论遂逐而成长、发展，接着确立了辩证法的唯物论，它是最完全的唯物论”③。在对唯物论与唯心论的描述中，宗白华的哲学倾向一望而知。至于理论，宗白华认为“马列主义的哲学唤醒了迷途的长梦”④；但与此同时，理论的形而上学思维方法“自有着理论的限制。十七、八世纪唯物论的机械论性质，正是基于这种形而上学的方法来的”⑤。的确，作为批判的武器，理论具有

① 转引自宗白华：《西洋哲学史》，重庆：重庆大学出版社，2014年，第95页。
② 宗白华：《宗白华全集》（2），合肥：安徽教育出版社，2008年，第501页。
③ 宗白华：《宗白华全集》（2），合肥：安徽教育出版社，2008年，第486页。
④ 宗白华：《宗白华全集》（3），合肥：安徽教育出版社，2008年，第2页。
⑤ 宗白华：《宗白华全集》（2），合肥：安徽教育出版社，2008年，第642页。

革命性、启蒙性作用，但“批判的武器不能代替武器的批判，物质力量只能用物质力量来摧毁”①。所以，在实践的意义层面上，理论就显示出其不足。宗白华还从运动与静止的角度批判过理论的局限性，他说：“相反地，那和辩证法的唯物论对立着的布尔乔亚哲学，随着社会的矛盾激化，理论日益开倒车，丧失科学性起来。”② 理论是有其发生语境的，它的内涵不应在原地徘徊不前，而应随时适变，否则就会丧失其前期的进步性和科学性，转而被先进的理论淘汰。在此，宗白华这种辩证的、唯物的、运动的思维逻辑不仅是对马克思主义的吸收，也是对马克思主义话语的一次运用和改述，对于深化其唯物论哲学有着重要的意义。至于哲学党性的基本思想，蕴含在恩格斯对哲学问题的论述之中，但列宁做了进一步引申并明确提出哲学党性概念及其内涵。列宁认为“马克思和恩格斯在哲学上始终都是有党性的”，他们的“全部哲学言论，都是以说明这两条路线的根本对立为中心的”。③ 两条路线的根本对立是什么呢？宗白华在《中国哲学史提纲》的绪论之中答道：“哲学有积极性，亦有党性。哲学中的主要党派为唯物论与唯心论。唯物论为进步的革命的阶级的哲学，唯心论为保守的反动的阶级的哲学。”④ 所以，由党性问题又回到唯物论和唯心论之哲学根本问题之中。关于哲学的阶级性问题，马克思曾说“哲学把无产阶级当做自己的物质武器，同样地，无产阶级也把哲学当做自己的精神武器”⑤。对于这番话，宗白华亦有感悟，他同样坚持“在阶级社会之中，哲学是有阶级性的。哲学思想是阶级斗争的一种表现”⑥。简单来说，就是一定的阶级采用一定的哲学，一定的哲学维护一定的阶级。根据马克思和宗白华的观点，阶级性和党性是两个不同的概念，是相互独立又彼此依存的，如此，他们的阐述就

---

① ［德］马克思，［德］恩格斯：《马克思恩格斯选集》第一卷，北京：人民出版社，2012 年，第 9 页。

② 宗白华：《宗白华全集》（2），合肥：安徽教育出版社，2008 年，第 651 页。

③ 叶向平：《马克思主义哲学的党性和阶级性》，《福建论坛（文史哲版）》1990 年第 2 期。

④ 宗白华：《宗白华全集》（2），合肥：安徽教育出版社，2008 年，第 721 页。

⑤ ［德］马克思，［德］恩格斯：《马克思恩格斯选集》第一卷，北京：人民出版社，2012 年，第 16 页。

⑥ 宗白华：《宗白华全集》（2），合肥：安徽教育出版社，2008 年，第 721 页。

预先地回答了中国学界在20世纪下半叶展开的关于阶级性与党性是否等同的问题。

如果说，宗白华的马克思主义思想在20世纪四五十年代集中反映在其“史学”思想中，那么，到了六七十年代，他的这一态度则更多蕴含在其美学实践中。因此我们发现，宗白华站在历史唯物主义和辩证唯物主义的立场否定了“康德美学把审美和实践生活完全割裂开来”① 的行为，揭示了以萨特为代表的存在主义“形而上学地分裂存在和实在，把它们对立起来，并证明存在的第一性”② 的目的，梳理了罗素从马克思主义的反对者转化为实在论者的哲学发展，翻译了汉斯·玛耶运用马克思主义历史唯物论观点分析席勒与民族关系的文章及马克思的《1844年经济学哲学手稿》，也介绍了西方现代画派画论。于是，我们可以得出结论：在这一系列成果的背后，宗白华无不以马克思主义作为其思想支撑。

总之，马克思主义理论为宗白华的践行提供了方法和思路、内容和形式。而宗白华在践行过程中，不仅逐渐成长为一名马克思主义者，也运用马克思主义实现了理论与实践的统一。这一过程，深刻地揭示出马克思主义以其有效性和真理性在现代中国本土化的必然趋向。

结　语

“理论在一个国家实现的程度，总是取决于理论满足这个国家的需要的程度。”③ 所以，当与中国面临相似境遇的俄国在马克思主义的指导下发动十月革命，并取得胜利之后，马克思主义就必然被引入中国，并开始其中国化旅行。旅行是“劳心劳力”的，中途往往会发生各种意想不到的插曲，同样，马克思主义进入中国后，也历经了一些回旋和曲折。正是因为这些曲折和“水土不服”，李大钊和胡适暴发了“问题与主义”之争；而宗白华亦在胡适的影响下对马克思主义采取“避而不谈”的态度。宗白华的“避

---

① 宗白华：《宗白华全集》(3)，合肥：安徽教育出版社，2008年，第363页。

② 宗白华：《宗白华全集》(3)，合肥：安徽教育出版社，2008年，第568页。

③ ［德］马克思，［德］恩格斯：《马克思恩格斯选集》第一卷，北京：人民出版社，2012年，第11页。

而不谈”并没有熄灭“少年中国”寄予马克思主义的希望，反倒使马克思主义在各种文化争论中被推向了历史舞台的最前方。面对日益高涨的研习马克思主义的浪潮，追求学理研究的宗白华自然也在时代的影响下开始对马克思主义进行一番科学的探索，对其内在魅力进行客观剖析。于是，他把对社会主义，尤其是对马克思主义的研究作为他对学术界的希望。当宗白华在研究中逐渐认识到马克思主义的真理性和科学性后，马克思主义就化身为一种“潜意识”，影响着他对哲学史、思想史等的建构乃至对美学观念的看法。

以宗白华为个例，审视其对于马克思主义从“少谈”到接受、认同其价值意义的过程，显示了马克思主义在中国的发展历程，补充了中国知识分子对于马克思主义的接受史内容，促使马克思主义的研究价值得以充分展露，对于深化马克思主义中国化进程的认识和实践有着重要意义。同时，探析宗白华的马克思主义接受过程，对于理解宗白华从哲学转向文学的研究路径和其比较诗学的研究思路也有着辅助之效。

从“事件”角度理解中国文化研究的发展历程

——以BLCU国际文化研究讲坛为例

张道建①

摘 要：“事件”作为时间的“切口”，在为诸多后结构主义理论家阐发之后，为重述一段处于运行状态中的历史提供了重要的启发。循此并在做出适当补充之后，我们可将之移用于对中国当代文化研究进程的考察。在此，我们主要关注的是创立于2005年的BLCU国际文化研究讲坛，通过对其各届的组织情况与场景化表呈的一种初步描述，可显示出其作为重要“事件”之一，是如何具体地参与到中国当代文化研究的“构形”之中，并发挥其联通中国与海外的作用的。

关键词：事件；文化研究；BLCU；文化论坛

“事件”叙述实际是历史书写的传统方式之一，因此谈不上有何特别的新颖之处；由于后来形成的以演绎、述理等为主的表达方式成了学术写作的主导模式，“事件”叙述遂被排斥到了学界的视野之外。出于对这一叙述法的重申，“事件”作为一种理论概念在后知识系脉中如福柯、德勒兹和巴迪欧等处又重新获得了高度的重视。根据他们的一般性解释，“事件”的重要性在于它代表了一个“转变的时刻”，是时间断裂的一个“切口”，为此

① 作者简介：张道建，北京语言大学中华文化研究院副教授。

而能以一种不同寻常的力量尺度去生产出某种“奇异性”（singularity），因此有特别值得关注的必要。这对于我们追溯既往历史，包括重新梳理与理解各种知识史、思想史的历程，无疑也具有重要的启发意义。

当然，虽然这些理论家的表述有各自的侧重和差异，却仍然不可避免地陷入一种抽象的玄思之中，他们所谈论的其实也不是具体而真实的事件，毋宁将之看成一种“时间哲学”。在笔者看来，对于“事件”的考察不仅要将之放在历时性之中，比如视之为从“过去”到“未来”的某个“奇点”，同时也需要充分兼顾它的空间性，比如它也是由具体的机构、机制、人员、场所等构成的，我们也只有借助这些具体的场域，才能将某个话语事件的真切面貌勾勒出来。概而言之，只有那些在时间上具有“创造性（内容或者形式）”、在空间上具有构形化“力量作用”的已发生的事实，才能被定义为具有历史意义的“事件”。

循此，我们也可以用这样一种“事件”观来考察与梳理文化研究在中国的展开历程。如以世纪之交为中国文化研究出场的端点，那么正如有学者所述，我们其实也“已经有了一段不算太短的‘文化研究时刻’，也有了自己一个不算太长的学术‘谱牒’”①，也有多位学者已对这一话语系脉做了系统化的描述。然而，正如我们所见，凡是已有的这些梳理几乎都局限在对一些已发表论文的搜索与考订上，而未曾顾及在这些静态化的论述文本之外所发生的远为丰厚与充实的多种“事件”，以及它们是如何切入中国文化研究的进程之中并发挥其重要的构成性作用的。这不能不说是一种遗憾。很显然，作为一种前后接力、逐浪推进的中国当代文化研究，它是在很多于不同空间或多个空间所发生“事件”的相互作用下形成与展开的，除了论文的发表，在这几十年中还发生了数不清的大小事件，比如各种相关的学术会议、讲座、工作坊等的举办，各种不同形式的机构、学刊、网站等的建立，相关课程在多个高校的设立，中外学者之间的互访与交流，多种多样的专题性栏目的推出，一些有分量的译丛的陆续出版，等等。毫无疑问，诸多事件的涌现及其间的纵横交织都对这一进程产生了程度不一

① 邹赞（主编）：《思想的踪迹：当代中国文化研究访谈录》，哈尔滨：黑龙江教育出版社，2014年，黄卓越“序”，第4页。

的影响，为此而使文化研究的施动方向在不断地发生倾斜与嬗变，并逐渐形成今日之总体面貌。

如果站在“现在”的立场上回顾中国文化研究的构成史，也可将诸多和这一“宏大事件”相关的“事件”进一步分为数量极多的“一般事件”和数量有限的“重要事件”。后者是指那些在形式上具有开创性、在时间上具有持续性、在规模上具有群体参与性、在影响上具有广泛辐射性的事件，借之，我们见到这些事件在组合文化研究这一学术工程中起到的某种标示性、推动性意义，因此很有必要将之纳入对中国文化研究立场的梳理。

在此，我们可以举出三个具有代表性的“重要事件”的例子。第一个是2000年陶东风等人创办《文化研究》辑刊。作为思想碰撞与交流的汇聚点，这一事件使文化研究学者始有一正式的“文本阵地”，因此也可将之看作一具有创造性的“奇点”；至今，该刊已延续22年的历史，在国内的文化研究场域中发挥了相当重要的作用。第二个是2004年王晓明教授在上海大学主持成立文化研究系，这是中国大陆第一个专事文化研究的教学科研部门，从而在建制方面为文化研究提供了一个具有综合功能的学科基地。其活动面甚广，包含了课堂教学、论文写作、社会实践、系列研讨会等，培育出了大量的研究项目与从事文化研究的后继性学者。第三个事件是2005年由黄卓越教授与金惠敏教授在北京语言大学创建“BLCU（北京）国际文化研究讲坛”。与前两个事件有所不同的是，该讲坛的主旨是基于文化研究的国际化趋势，通过搭建一个与国际学界面对面碰撞、交流，并具有长期性效应的平台，促进知识与思想的快速、广泛流通。讲坛至2016年共举办过6届，不仅邀请到了多位国际文化研究领域的代表性人物亲临现场，大批国内从事文化研究的著名学者也参与了不同届次的活动，其中既有交流与对话等带来的显性影响，也有向外辐射而带来的广泛隐性影响。就以上列举的三个事件可以发现，若离开对诸种大小事件，特别是重要事件的考察，而只局限于一些文本化资料，是很难理解与解释当代中国文化研究是在何种运行状态中构成与延伸至今的。以下，本文即以上述的第三个事件为样本，通过对当时留存的各种文献、报道与视频资料的查询，按照时间顺序对历届论坛的要点做简要回顾，意在总结历史，继往开来。

一、2005 年首届讲坛："文化研究的多元阐释"

许多后来的学者都曾对文化研究在中国发端与展开的历程做过回忆与梳理。而 2005 年注定是一个不寻常的年代。该年 8 月，英国文化研究著名学者托尼·本内特（Tony Bennett）与约翰·斯道雷（John Storey）等学者在 BLCU 国际文化研究讲坛上的登场，使得中国学者得以首次在自己的"地盘"上与来自海外的同行面对面地切磋话语，交流体会。翻阅当时媒介的报道，即有学者将此事件形容为"英国文化研究在中国的第一次正式的泊港"①，虽然在前些年国内学界已引入了不少文化研究的成品，但这次有所不同，属于真正意义上的"面遇"。

鉴于此时文化研究在国内还属初发阶段，因此讲坛关注的主要还是与之相关的一些基本概念、脉络与走势，并将讲坛的主题定为"文化研究的多元阐释"，而两位主讲人也带来了一些这方面的信息。比如斯道雷的演讲题目是"文化研究中的文化与权力，或者拔掉电源的文化研究"，即回溯了"文化"定义形成的历史，从阿诺德的精英主义定义到威廉斯的社会学定义，一直讲到后来当代文化研究中心（CCCS）主张的将"文化作为一个表意系统（signifying system）"的定义。本内特则接着斯道雷的话题，在主题为"制造文化，改变社会：文化研究和文化综合体"的演讲中批评了文化研究早期将文化和社会直接对应起来的倾向，认为如果以此来看待文化研究的话，也就忽视了文化研究在吸取人文科学领域中发生的"语言转向"的那些成果而发展出来的一些新的趋势。在本内特看来，"文化综合体"的概念应当与"制造文化"的提法结合起来看，如此一来，我们也将重置人类行动者与非人类行动者之间的关系，进而将主体以及各种新群体的意识与行动纳入政府计划的方案，通过倒置福柯的权力概念来为文化研究的社会实践服务。

除两位文化研究的著名学者之外，此次参会的还有来自英、美与东欧

---

① 罗昔民：《英国文化研究在中国泊港》，《社会科学报》2005 年 11 月 17 日第 7 版。

地区的多位学者。国内大学及中国社会科学院等单位的一些著名学者一起参与了讲座的讨论。这是第一次邀请国际文化研究学者来华讲座，也是第一次中外文化研究学者的同台交流，因此吸引了众多的听众，也打破了中国学界原有的“自说自话”的局面，将中国文化研究直接嵌入了国际文化研究的大格局。本次讲坛采取的主讲人专场与一般性演讲分层次进行的方式，也为此后的讲坛树立了一个程序上的范例。

二、2006 年：“后现代的社会与知识景观”

本届讲坛是与国际著名文化研究刊物《理论、文化与社会》共同主办的，该刊主编、《消费文化与后现代主义》一书作者迈克·费瑟斯通（Mike Featherstone）和英国著名学者、伦敦大学教授斯各特·拉什（Scott Lash）受邀担任主讲。拉什的演讲基于东西比较的视角对中国文化在后现代所具的意义做了充分的肯定，以其之见，在全球化语境中借助东方思维有助于建构更为和谐的地缘政治格局，相比之下，“新儒家”和“新道家”嵌入中国的经济生活和城市财产关系的方式更接近亚当·斯密的伦理经验主义，而这一思想也超越了欧陆理性主义与当前的新自由主义的认知范畴。费瑟斯通的演讲主题为“社会变迁的反－全球研究”，借之，他论述了全球化的主要表现形式及其后果、知识全球化和全球公共空间重构的问题，进而提出应当用“全球公共生活”的概念来代替“全球公共领域”的习惯说法，以此表明政治与美学、认知与情感其实处在一种难以相互分离的现实状态中。费氏当天在分论坛上还介绍了他的“新百科全书”项目及其“质疑、反对全球知识体系，寻求对知识的重新分类”的设想，引起了与会者的强烈兴趣和热烈讨论。

随后拉什教授主持了主题为“大城市”（megacity）的讨论会，主要涉及对“大城市”的定义、观察“大城市”及其现象的视角，以及谁来书写“大城市”三方面的问题。来自东京大学的吉见俊哉教授（Shunya Yoshimi），以及来自中国香港、韩国等地的学者均针对后现代“大城市”的规划、建构、变迁、社会现象等发表了自己的意见，国内多位于该话题领域颇具造诣的学者在讨论会上尤显积极，展示出了中国学者对这些问题的独特看法及为之提供的“中国方案”，给听众留下了很深的印象。

此次“事件”突破了学科的界限，营造了多元开放的学术讨论背景，反映了中外文化研究学者对“后现代”知识与社会这一热点问题的最新思考，并同在对话和碰撞中激发了面向“现在”和“未来”的学术兴趣。本次讲坛另一重要的意义是引入了一批来自东亚地区的学者，他们的加入，加强了东亚学界和欧美学界在文化研究这一特定领域的接触与沟通，这也契合了讲坛构建“全球新知识体系”的初衷。

三、2009 年：“全球媒介与文化研究”

在后现代和全球化的境遇下，“全球媒介”已全面介入“日常生活”，其性质和作用相较于以往都发生了重要变化。那么，个体能否在全球媒介趋于同质化（无论是形式还是内容）并且日渐统治日常生活的情况下进行有效的“抵抗”？受众能否找到摆脱文化霸权的路径？文化研究能否通过“介入”日常生活而建立新的主体性和新的身份？媒介研究的未来在哪里？

为了寻找解答这些问题的可能性，此次讲坛邀请了三位国际文化著名学者担任主讲，他们是奥地利克拉根福大学传播与媒介系主任雷纳·温特(Rainer Winter)、原英国伯明翰大学文化研究系主任安·葛瑞（Ann Gray）和德国吕内堡大学教授檀雅·汤玛斯（Tanja Thomas）。温特在演讲中认为，阿多诺把抵抗的希望放在艺术领域的悲观论调无助于分析当今文化中出现的碎片化、多极化现象和全球化的过程中日益激增的社会问题；后结构主义的“抵抗”理论由于强调的是抵抗的普遍性，也很空洞，就此而言，需要充分意识到文化研究的抵抗论带来的意义，它当然不是简单地描述与梳理日常生活经验，而是去发现日常生活转变的多种可能性。汤玛斯以对生活时尚类节目的文化分析为例，揭示了霸权文化与各种抵制文化形式之间的关系以及这些文化形式是如何在与意识形态的斗争中被制造出来、参与谈判并登台表演的，而这些又与主体性的形成和身份问题息息相关。安·葛瑞的演讲聚焦于文化研究是如何在全球化语境中跨越与旅行的，在她看来，文化研究不是一个“普遍范式”，因此不能以之作为理论的起点，只有通过存在于每一个场域中的具体结构才能进入这项研究。很显然，她想通过这样的说法转而告知中国学者，文化研究其实是建立在本土化意识基础上的。

在一般性发言和讨论的三个场次中，其他来自海外与国内的学者的发言或从后结构主义与微观社会学的角度探讨当时流行的“行动者网络理论”与文化研究之间的关系，或以“媒介化剧场”为例说明媒介起到的准法律作用及对社会的控制，或通过科幻小说来观察后现代的都市想象与认知图绘等，由此推进了对文化研究介入新媒介与全球扩张等问题的深入认知。

四、2010年：“受众理论与文化研究的新语境”

文化研究的“积极受众论”诞生于20世纪70年代，在传播学、社会学、文学理论等多个领域产生了广泛的影响。随着全球化趋势的加强、互联网技术的发展、多元文化的冲击和大众身份的转换，“受众”问题也发生了重大变化，并对理论界提出了新的挑战。鉴于此，本届BLCU国际文化研究讲坛将“受众理论与文化研究的新语境”作为主题并邀请了受众理论的创立者戴维·莫利（David Morley）担任主讲。

莫利在发言中对原有的受众理论系脉做了回顾，清理出了一些问题，然后将话题引至当前，在他看来，在“全球媒体”的时代，其他地区使用来自西方的理论时既要“去西方化”又不能退回到“地方主义”，因为“全球化”和“全球区域化”（glocalisation）是同时进行的。全球媒介权力、跨国受众、文化帝国主义语境等都在催生新的问题，但如果因此而否定“积极受众论”，必定会回到“虚假意识”的老生常谈。因此，我们既要用发展的眼光，也要用历史视角来审视“新媒介”所带来的新问题，而不是用一种模式代替另一种。

华威大学电影与电视研究系教授布伦斯顿（Charlotte Brunsdon）的演讲涉及真人秀节目崛起和新媒体（手机、DVD、互联网、平板电视等）的出现，她认为这些新的媒介形式的确给我们带来了一些值得关注与研究的新问题，就主题内容来看，比如从“家庭主妇”到“后现代主义女孩”的转化在新旧传播系统中引发的身份构建是有区别的。英国诺森比亚大学媒介研究系主任约翰·阿米达奇（John Armitage）和澳大利亚新南威尔士大学新闻与媒介系主任杰拉德·高金（Gerard Goggin）的演讲同样聚焦于新媒介如“移动（便携）”终端等，以为可借此重新定义“受众”。阿米达奇关注的是“大众”构成的日益个人化，从而建议应将研究重心从与媒体效应的“文化理论”转移到社会空间的离域（de-localization）、电视观看的社会心理学和全球性“他处”（global elsewhere）的“文化理论”，进而研究“便携革命”发生之后“久坐生活（指电视受众等的生活方式）”与“游牧生活（手机等便携设备使用者的生活方式）”的关系。而高金更注重“新电视观众的集体创造”，以及研究受众从“接受者”到“生产者”的转变和受众彼此定位进而自我建构的问题。

黄卓越教授在对以上演讲的回应中指出，在互联网时代由于新媒介的使用者比之过去也享有一定的文本制作权、评议权与反馈权，因此尽管“绝对受众”的概念似已日趋模糊，但“受众”并未消失，同时他们也会以更多样化的方式改造原有的“作者－文本－接受”循环解释模式。金惠敏教授就戴维·莫利教授的“积极受众”理论提出了自己的见解与质疑，其他与会者也就中国语境中受众研究的境况提出了自己的见解。莫利及其他国外学者对这些发言表示出了很大的兴趣，他们对之做了积极的回应并提出了许多值得深思的问题。中外学者的“深度对话”和观点碰撞可以被视为此次“事件”的标志性意义之一，也说明讲坛已经冲破了早期以“聆听”为主的模式，逐渐过渡为以“对话”为主。

五、2012 年：媒介与性别研究——历史与批评

自 20 世纪 70 年代始，随着女性主义理论的兴起，将性别和媒介两种话语结合在一起思考与讨论，已成为文化研究的一大研究区域。本次论坛的目的是借助这一话题，加深与拓展不同国家学者之间的交流，从而推动文化研究的新进展。为此，本次讲坛邀请到了几位文化研究中主要从事性别研究的著名学者，如澳大利亚悉尼大学杰出教授洪美恩（Ien Ang）、英国曼彻斯特大学传播系教授杰基·斯坦西（Jackie Stacey）、英国国王大学教授艾瑞克·卡特（Erica Cater）担任主讲，后两位也是原 CCCS 的主要成员。其他来自美国、印度、塞尔维亚、印度尼西亚、荷兰、西班牙、中国等地的

学者则在分场会议上呈现了他们的研究成果，此外，国际比较文学研究会原会长、法国索邦大学教授让·栢西耶（Jean Bessiere）则被安排在第二天的会议上发表了主旨演讲。总体来看，这一届讲坛的国际化特征更加突出。

斯坦西在发言中回顾了女性主义在英国文化研究发展的过程及现状，并以撒切尔形象为例做了个案的分析（从传统的电视媒体到数字媒体中撒切尔形象的改变）。她认为，随着全球化的进程，研究者需要在国际化视野下重新思考媒介和性别问题，思考数字媒体所带来的差异以及“政治的消失”的问题。卡特以电影《玛格丽特》为例，探讨了英国女性主义文化研究在媒介性别研究中的局限和对策。栢西耶的报告则谈了法国性别研究两种视角的特点以及当今法国性别研究和当代比较文学的发展。

洪美恩曾以《观看〈达拉斯〉》一书跻身国际文化研究的主流行列，并成为性别与媒介研究领域的一位中心人物，但基于其自身思考的方向在近期已发生的变化，本次她的演讲主要聚焦于文化研究在当前全球化语境下的定义和特性以及与其他学科的关系等问题。在重申了文化研究的政治维度之后，她考虑更多的是目前出现的一些困境，这主要表现在学者们多倾向于关注特定领域，由此而忽视了不同的斗争场域彼此之间可能存在的关联，忽视了不同的文化现实、实践和过程之间如何彼此联系、产生交集等。在她看来，基于全球化的进程，意义的斗争场域不仅超出了不同的身份疆界，也超出了国家疆界，因此需要将研究的视域做进一步的扩展。此后，洪美恩在和北语师生的座谈会上也细致地回顾了自己以往的研究，并针对新形势下的媒介、性别、种族和区域化问题发表了精彩的见解。

除四位主讲嘉宾外，来自美国的安德里亚·布瑞斯（Andrea Press）和英国学者米切尔·贝利（Micheal Bailey）分别就美国真人秀节目和英国早期无线广播中的女性主义与媒介的关系做了细致的阐述。日本的香取淳子（Atsuko Katori）教授、韩国的李所姬（So-Hee Lee）教授分别以日本动漫和韩剧潮流为个案阐述了自己的看法。大批世界范围内著名学者的参与证明了讲坛事实上已日渐成为中国与世界联结的一座桥梁，以及在北京发生的“事件”是如何再次与世界范围内的学术动静产生震荡式关联的。

六、2016 年：生活新状态——教育观察与文化研究

文化研究与教育的话题之间存在着很深的历史渊源，文化研究的破冰之作《识字的用途》研究的就是民众教育的问题。此后，文化研究的许多著作如斯图亚特·霍尔撰写的《通俗艺术》、格雷汉姆·默多克撰写的《大众媒介与中学》、保罗·威利斯撰写的《学会劳动》等均主涉青年民众教育的问题。本届讲坛尝试在同一个话题下，让教育研究和文化研究重新链接在一起，并结合“后青年亚文化”等概念化现象，力求在当前文化发展趋势以及广义上和教育相关联的制度背景等的交叉点上做出新的探索。

本次讲坛由保罗·威利斯（Paul Willis）与黄卓越教授等共同发起，由北京师范大学教育学院与 BLCU 国际文化研究讲坛组委会联合举办，来自世界各地多个领域的学者参与了此次活动。北师大专场的发言讨论分为三个主题，分别是“跨文化视野中的文化与教育”“范式冲突中的教育文化”和“微观实践中的文化世界”。威利斯教授率先以《今日中国之乡村、城市与学校》开场，对比了中国和英国工业化的过程，探讨人们是如何想象和认识青少年的，青少年又是如何理解并生活在乡村与城市中的，而这些对他们的学校教育又有何种影响。其他来自海内外的诸多学者则在上述的三个话题下呈现了他们的最新探索成果。

论坛移至北京语言大学后的第一场讨论会围绕“文化教育：实践与反思”这一主题展开。独立学者吕途做了题为《工人文化的继往开来：集体劳动的记忆与合作经济的开拓》的发言，阐发了建立合作经济模式与建设工人青年文化的重要性。陶东风教授的发言围绕乡村建设运动展开，提出了一些批评性意见。会后双方就相关问题又展开了激烈的书面论争，形成了一场引起广泛关注的学术“事件”，这或可看作本次讲坛的一个额外收获。

北语专场的第二个主题为“青年教育/文化想象”，中国学者的发言理论联系实际，从文化研究的视角考察了青少年教育问题中的“阶级”与“意识形态”概念在新时代不同场域中所发生的变化（黄卓越），中国青年政治学院的孟登迎老师作了题为《当今中国“新型”青年文化生成的可能

性——以梁漱溟乡村建设中心“新青年公社”为例》的报告，南开大学周志强教授则在《青春片新怀旧：卑恋与“多语性失语症”》中分析了新怀旧青春片更多遵循的是卑恋情结，以及由此而来的“情感偏执狂”逻辑。在“青年亚文化：体育/媒介/性别/消费”和“城乡移民/支教社团/历史回顾”等主题下，中外学者探讨的内容涉及网络热点问题，也有与青少年亚文化相关的其他一些个案性论题，从文化研究的视角揭示了其背后的资本、文化、政治和意识形态的“接合”性质。

结 语

讲坛从2005年至2016年十余年间共举办了六届，从“无中生有”逐渐发展为国际文化研究交流与对话的一个重要平台。虽然受邀的主讲人为国际学界的著名学者，但作为一个具有长期性规划的活动，其主导方始终是组织讲坛的中国学者，讲坛目的也很明确，即通过有步骤地引入国际性资源来服务于中国的文化研究建设，因此也可将之视为由中国学界主导并与国际学界共同酿造出的连续性“事件”。最初两届以英国学者的讲座为主，意在澄清某些学术史和学术现状方面的事实与脉络，其“即时性”自然也弥补了文本研究的滞后状态。之后的讲坛在形式上发生了一些明显的变化，主办方不仅有意识地引入更多国家与地区的学者，更是有意识地安排大批中国学者的参与，从而使之转换为中国学界与广泛的国际学界直面沟通与交流的一个重要平台。讲坛在一定范围内激发了国内文化研究界的学术气氛，并为后续展开的国际交流奠定了良好的基础。学者们在讲坛中的互动、交流、讨论甚至激烈的论战，也同样产生了持续性的影响。

讲坛的一些设计思路在此也值得一提。首先，主办方为每届论坛都精心选择了主题，这些主题或契合了正在摸索过程中的中国学者对文化研究的认知需求，或紧扣了国际文化研究当下热切关注的一些前沿性话题，不仅扩展了国内学者的视野，也强化了国内研究与快速推进中的国际文化研究之间的对接。其次，讲坛也尽可能地调动起了国际文化研究的一些重要资源，有意识、有目标地邀请那些在国际文化研究界享有盛名，并在某方面具有代表性的资深学者参与其间。他们的出席不仅提升了讲坛的品质，也因为在讲坛结束之后又将他们的赴华经历带回到了各自熟悉的圈子内，从而扩展了中国文化研究在国际上的影响力，后一方面虽然属于一些较为隐性的效果，但仍然是不可忽略的，并且也有许多实例可以证明。再就是“全球性－区域性”共存与共享的设计构架，这当然也是文化研究后期所推崇的一种理念。在这一特定的参与场合中，中外学者的同场交流往往能打开更为广泛的视野，同时也对全球化和局域化并行情况下文化研究实践的各种可能性做了深入的探索，由此，双方都互相提供了大量新异而具有启发性的思路。

我们以讲坛的组织者黄卓越的话作为结尾吧：“后来的几届讲坛也加强了国内学者参与的力度，以致有些前来现场的国外学者也惊讶地发现，中国学人在该研究领域中似已快速成熟起来，并以本土经验为入口发展出了一些独特的路径。这种效果，应当特别合乎于文化研究后期所标举的‘复数的文化研究’‘全球性－地域性共显’的理论主张。”①

① 黄卓越：《重建“文化”的维度：文化研究三大话题》，北京：人民出版社，2022年，第2页。

谈艺录

声乐演唱中如何做到声情并茂

刘　娟①

摘　要：艺术源于生活，高于生活，声乐艺术最终目的是培养人感知美、欣赏美、追求美，美化人的心灵，让人达到一个崇高的思想境界，最终获得美的享受。在声乐演唱中，“声”与“情”是相辅相成、相互统一、缺一不可的。“声”在声乐演唱中是最基本的要素，“情”在声乐演唱中能让作品主题得到升华，在演唱中是非常重要的组成部分。声乐表演首先要通过科学的发声方法，做到字正腔圆，演唱出优美的旋律，做到“以声传情”；其次是通过有感情地歌唱，做到“以情带声”，声情并茂，与观众产生情感共鸣，最终实现作品的艺术价值和演唱的目的。本文阐述了要做到“声情并茂”的五要素，同时也致力说明“声情并茂”在声乐演唱中的重要意义。

关键词：声乐；演唱；声情并茂

“声情并茂”这个成语出自清代珠泉居士所撰《续板桥杂记·张玉秀》：“余于王氏水阁听演《寻亲记·跌包》一出，声情并茂，不压梨园能手。”所谓“声情并茂”之“并”是“都”和“兼”的意思；“茂”指草木丰盛的样子，引申为美好。“声情并茂”指演唱的音色、唱腔和表达的情感都很动人。在声乐演唱中声情并茂主要是指表演者通过演唱中的音高、节奏、

---

① 作者简介：刘娟，歌唱艺术家，四川音乐学院声乐专业讲师。

音准、音色、音量、情绪、肢体语言等，表达更深刻的情感，能够让听者产生足够的共鸣。

声乐表演艺术是一门技术性和实践性都非常强的学科。有别于器乐的音乐表演形式，声乐演唱包含了呼吸、声音、共鸣、语言等基本要素。在演唱中，呼吸、发声和共鸣是有机统一的。声乐表演是以歌声为主的音乐表演形式，仅仅凭借所掌握的理论知识和文字资料去学习是非常困难的，必须通过正确的发声训练，掌握科学的发声方法。同时，声乐表演艺术与所有的艺术门类一样，都服从一定的审美意识，讲求美学原理，要在声乐表演中达到声情并茂，必须在艺术与美学之间找出科学和哲理上的依据，运用哲学的思维对声乐表演艺术中的美学规律进行逻辑的论证，从而使声乐表演上升到科学的高度。下面笔者结合演唱实践，从五个方面阐述如何在演唱中做到“声情并茂”。

一、需要掌握科学的发声方法和演唱技巧

声乐教育家金铁霖先生提出“中国声乐的科学性、民族性、艺术性、时代性”。他强调，“我们讲的科学性不是美声唱法，而是我们在声乐演唱实践中所获得的一种经验和理解”①，在既遵循传统又尊重规律的基础上去拓展中国声乐艺术的审美价值和特有的感情认知。科学的发声方法需要科学的理念，避免盲从。

演唱者在演唱一首作品时，首先需要通过对歌曲表达的思想情感进行研究，然后就是对作品的音乐结构、作品所塑造的音乐形象进行充分的分析，设计出适合作品的声音形象，通过不同的声音色彩、速度和力度来表现歌曲的内容和风格。一是经过科学的训练，在演唱和训练时按歌曲的旋律正确地运用好歌唱呼吸，用科学的方法有力控制气息。二是准确把握歌曲节奏、音准，准确地咬字、吐字、归韵，通过声音的强弱对比、力度、速度的变化来表达作品所塑造的音乐形象。三是正确、合理地运用好胸腔、口腔、头腔三大主要共鸣腔体。低声区、中声区、高声区在共鸣腔体上的

① 金铁林：《科学性、民族性、艺术性和时代性》，《人民音乐》，1991年第1期。

运用是相互联系又不完全相同的，低声区运用胸腔较多，中声区运用口腔共鸣较多，而唱高音时，需要提起上口盖，打开喉咙，充分运用头腔共鸣，把高音唱到位。总的来说，在声乐演唱中，三个主要共鸣腔体都在起着不同的作用，只是在不同声区，共鸣腔体有所不同。除了通过刻苦的训练掌握科学的发声方法，实现身体各个器官的协调配合，声乐演唱还需要有一定的生活阅历和经历，否则是很难做到“声情并茂”的。

二、需要对不同地区的语言文化进行研究，把握歌曲的演唱风格

任何一首作品都是词曲作家在某个特定的时期创作出来的，具有一定的时代性、地域性和民族性特点。汉语是世界上公认的较难学习和掌握的语言之一，跟音乐有很多相似性，是讲究声调的语言艺术。尤其在不同地区，汉语在咬字、吐字、发音上都有很大的差别，因此演唱者在咬字上要贴合地域性，更要清晰、圆润、纯正，从而使发声悦耳动听。以歌曲《茉莉花》为例。《茉莉花》是流行很广的民间歌曲，在中国民歌中的地位很高，更在海内外华人和西方音乐界中广为流传，也是最早传到海外的一首中国民歌。1982 年，该曲就成为联合国教科文组织向全世界各国人民推荐的优秀歌曲之一。《茉莉花》在中国多个地区有多个版本流传，各个版本的曲调、歌词大同小异，但风格各有特色。目前流行最广的是江苏一带的《茉莉花》，歌词反映青年男女纯真爱情，生动刻画了一个温柔贤淑的少女被洁白芬芳的茉莉花吸引，欲摘不忍、欲弃不舍的爱慕之情，全曲精美婉转、含蓄动情。歌曲为五声徵调式，起、承、转、合结构，乐句之间逻辑清晰，逐渐变化发展。歌词细腻含蓄，需要演唱者把握整首歌曲的风格，演唱时要做到柔中带刚，细腻中不失激情，使歌曲更加具有江南的风格。辽宁地区的《茉莉花》相对于江苏地区的变化很大，不论是调式，还是旋律的结构、走向，都大不相同，里面多处使用衬词，曲调凸显东北“二人转”的特点，充分显示东北人豪爽的性格特征和音乐风格。除了上面介绍的两个地区的《茉莉花》，还有四川、陕西等地的《茉莉花》，歌词大体相似，但旋律都有各自的地方风格特征。

三、需要充分了解声乐演唱作品的创作背景

作品的创作背景凝聚着词曲作者的思想感情和想要表达的主题，演唱者只有充分了解歌曲创作背景，才能够更好地把握音乐风格、主题思想、音乐形象和舞台形象，合理地进行二度创作。[①] 以歌曲《海风阵阵愁煞人》为例。这首歌曲是经典歌剧《红珊瑚》中珊妹演唱的一段咏叹调，作品难度比较大，旋律跌宕起伏，整首歌曲非常有画面感和时代感，歌名中一个"愁"字，起到画龙点睛的作用，也是贯穿整首歌曲的主要情绪。该剧主要讲述了女主人公珊妹家境贫苦，年幼丧母，与父亲相依为命，靠父亲打鱼为生，父亲因无法支付渔霸高昂的租金，受渔霸的长期欺压而病倒。此时，恋人阿青哥也被逼逃往大陆。珊妹别无选择，被迫去渔霸家赊药来挽救父亲的生命。这些都让珊妹不得不发愁和愤怒。正在这时，听说来了解放军，珊妹突然间看到了希望。全曲深刻反映了旧社会人民遭受封建地主的压迫，揭露了地主、恶霸的罪恶，同时反映了劳苦大众盼解放、坚定跟随共产党的信心和决心。

歌曲开篇由散板开始，看似散，实则表达出珊妹无比沉重的心情。歌曲旋律多处巧妙使用休止符，节奏灵活多变，一直给人说话的感觉，让观众可以真正作为一个忠实的倾听者，倾听珊妹诉说自己的遭遇。演唱者除了要具备良好的音乐素养，同时还要准确地把握剧中人物的个性特征和人物背景，从而真实地表现人物的性格和思想，成功塑造歌剧的人物形象和舞台形象。演唱中对声音的控制需要很高的技巧，能够在真正意义上做到以情带声，以声传情，这样才能在抓住人物、感动自己的同时，抓住观众的内心，与观众共情。

---

① 参见王艺蓓：《歌剧戏曲化的又一次成功探索——歌剧〈红珊瑚〉的艺术特色及其影响》，硕士论文，南京艺术学院，2007年。

四、需要用好肢体语言，引发观众共鸣

肢体语言对音乐形象的塑造起着非常重要的作用，它是通过简单的肢体动作，包括手势、眼神、表情来配合与表现音乐，表达音乐感受。音乐是看不见摸不着的，而肢体语言是一种无声的语言，首先通过手势、眼神、动作来推动情感表达、渲染气氛；感情不同，表情也要随之变化，切忌表情夸张不切实际，适得其反。其次要严格准确把握歌曲中附点音符、休止符、切分音符等节奏型，唱好滑音、倚音、波音、顿音等各种装饰音及衬字衬腔，处理好歌曲的细节。恰当合理地运用肢体语言，能够更好地传递演唱者想要表达的情感，为自己的舞台表演增色。

五、需要演唱者具备一定审美能力

审美能力不是与生俱来的，而是通过后天培养的。习近平总书记在全国教育大会上指出："要全面加强和改进学校美育，坚持以美育人、以文化人，提高学生审美和人文素养。"美育，即审美教育，旨在通过培养人的认识美、理解美、欣赏美、创造美的能力，提升人们的审美素养和美学素养。中华优秀传统文化饱含丰富的美育思想，出自《论语·泰伯》的"兴于诗，立于礼，成于乐"，从中华传统美育的角度，阐明了诗歌、礼仪、乐舞三者之间的关系以及在中国传统文化中的重要性。要想在声乐表演中真正做到"声情并茂"，表演者需要不断提高自身的审美能力和审美修养，包括演唱者对歌唱声音的审美、情感的审美、艺术形象的审美等。

总之，在声乐演唱中，只有将声音技巧和情感表达完美结合，才能唱出深情动人的好歌，"声情并茂"的演唱才能够深入人心，让听者产生情感共鸣，把歌曲的情感表达得更加深刻和生动。

学箫记趣

陈冠西[①]

摘　要： 本文是洞箫初习者对自己学习经历和体会的叙写。其中有生活情趣，也包含对人生和天地的思索。

关键词： 洞箫，武侠，游戏，天人合一

自 2022 年 12 月自学洞箫至今，已将近五个月的时间。虽然时间并不算长，但是每天练习的时长都在两小时以上，所以吹箫成为我目前生活的一个重要组成部分。

平时不仅仅是练箫，更是要花不少时间在网上看关于吹箫的教学视频以及关于箫的知识，如果不是因为箫需要存放妥当，我甚至想抱着箫睡觉。写作这篇文章的目的一是对自己学习到的一些内容和思考做分享，二是记录下自己目前的状态。

说起为什么想要学箫，追溯起来是多源头的。一是我自身就喜欢音乐，小学时学过小号，初中喜欢买 CD，不论是华语流行音乐还是欧美流行音乐都有涉猎。到了高中阶段，我发展成耳机发烧友，喜欢利用耳机设备仔细聆听音乐中的各种细节，遂逐渐开始喜欢听纯音乐、古典音乐。二是我喜欢玩河洛工作室制作出品的武侠游戏，喜欢金庸和古龙的小说衍生出的这些 IP，也醉心于这些上乘的游戏配乐，反复聆听，不觉厌烦。久而久之就

---

① 作者简介：陈冠西，首都师范大学德语学士，德国维尔茨堡大学德语硕士，现为北京某国际文化传播公司职员。

产生了一个念想：习武是不太现实了，但是如果能自己吹奏出这些曲子，把音乐作为现实与游戏世界的一个连接体，应该是比仅仅听音乐要来得更加真切。那么随之而来的问题就是：学什么乐器呢？在武侠游戏中其实我最喜欢的乐器应该是笛，笛声的表达是非常丰富的，高频的金属感与剑气相仿，荡气回肠；悠扬高远的曲风又似江湖儿女诉不尽的语短情长，引人神伤。但是我也知道，笛子非常讲究指法，而且笛子的声音偏大，一是在居民楼吹奏容易被投诉，二是笛子指法要求较高，个人感觉比较难入门。于是开始了解箫，搜寻箫曲，最终被《飞雪玉花》这首曲子惊艳，觉得箫声如水，悠远绵长，并且箫对指法的要求相对不高。仅凭着这些初步的印象，我在京东上花了 98 元买了自己的第一支箫，开始了自学之路。

有意思的是，第一支箫刚吹了几天，吹口处就开裂了，于是联系店家又换了一支新的。现在回想起来还好没有因为裂了就退货不学了。这支 98 元的箫基本上陪伴了我初学期 2 个月左右的时间，这 98 元里，店家还配了箫筒、教材，这么看性价比也算不错了，毕竟后面买更贵的箫还需要自己另购箫筒，也不会有教材相赠。

练习的过程就不再赘述了，简单来说就是每天都拿着吹。吹的时候还要思考出现了什么问题，去找相应的教学视频学习。真是感谢互联网时代让很多知识都能在网上免费获取！

我自己做留学方面的短视频也知道，如果想要留德的学生能够认真观看我的每一个视频，那么他们就应该发现我比市面上 90% 的留学顾问更加专业。抱着同样的理念，我虽然没有报课，但是很多老师在哔哩哔哩网站（B 站）或者抖音的视频我都会认真观摩，如果碰到具体问题比如高音吹不响，我还会去搜索相关视频，学习如何改善。

本文的重点并不是教朋友们如何吹箫，毕竟我自己也没达到可以教学的水平。我更多是想分享一些心得体会。首先，箫是一种很古老的乐器，最开始是用动物的骨头打孔制成，目前多为竹制。和笛子最简单的区别在于俗话说的“横吹笛子竖吹箫”。在《侠客风云传》前传的游戏里，铸剑山庄少公子任剑南和弦剑山庄少庄主萧复琴箫合奏《笑傲江湖》一曲时，画面上萧复吹的箫居然是横着拿的，这么一个低级的失误在我看来是整个游戏最大的败笔。在网上看到有人问“萧”吹不响怎么办，底下的人答曰：

吹响第一步，“箫”字先打对。这句话可以引申为你要先了解你要吹的这个东西。基础认知都不到位，怎么会吹响呢？哪怕吹响了，多半也不会吹出这个乐器应有的韵味。

接着上面这句话也就引出下一个问题，箫是吹什么？相关方面我也看过不少视频，我最认同的观点是箫体较长，一般在80～90厘米，通管，吹的就是共振音色。尤其是箫的低音，按照台湾文松老师的说法，同一个音是可以吹出不同层次的。吹箫是利用口型塑造口风，吹出一股气柱，由箫U型口的棱把气流分割为上下两股，下方气流进入箫管产生共振。想要吹好箫，主要是要研究如何让共振的音色更好听。箫多为竹制，每支箫的音色除了本身的材料，还和制箫人的偏好有关，可以说每一支箫的音色都是独一无二的，就像这个世界上没有两片完全相同的树叶一样。而不同的人因为口型、牙齿形状的不同，吹奏同一支箫的音色也会有所区别。所以我很认同一个老师说的，想吹出好的音色，三分靠箫，七分靠人，而且音色永远只有更好，没有最好。就好像中国的烹饪一样，问调料放多少，答曰适量，没有具体的克数，永远留给人们进步的空间。一旦量化了，就会觉得很机械呆板，没有意思了。

我在练箫阶段最大的一个误区就是使劲挤压嘴唇。最开始低音不太需要嘴唇使劲发力，但是练到高音我主观上一直认为挤压嘴唇让气柱变细，就可以吹出高音。其实吹响和吹好不是一回事，嘴唇过于紧张的话，时间一长口风就不稳定，吹出来的声音就发抖，最后也就吹不响了。高音紧完低音紧，整个人都变得烦躁，会觉得是箫出了问题，只想把箫砸掉。其实如果想吹好，整个人要静、要放松，如果感觉吹起来气息不畅，就是用错了劲。这个和道家的静中有动、动中藏静的思想相通。双唇是一定要放松的，高音和低音转换时气柱是要变细，但是更重要的是高音是由气流的速度加快激发的，并不是一味地挤压双唇，这大概是我练箫过程中走过的最远的弯路。

第二个小技巧就是利用内唇来塑造口风，因为外唇干燥，气流不够湿润。就像北方干燥，冬天的冷风吹在脸上就像刀割一样，这样的气流产生的声音自然不会温润悦耳。而且在北方，嘴唇经常会干燥起皮，自然也会影响到气柱的形状，导致吹不响。如果用内唇塑造口风，那就相当于内唇要微微外翻。当我知道这个技巧以后，我第一个想法就是这不是和《宠物小精灵》里的迷唇姐差不多吗？红毛猩猩的下唇甚至外翻，那岂不是地包天，感觉这个动作很好笑。其实真正吹箫时的动作并没有这么夸张，但是有了内唇的帮助，箫声自然就温润悦耳了。

最后我想说的是，能不能吹好箫和人的情绪状态也有很大的关系。如果当天状态不好，或者整个人很浮躁、很着急，那是一定吹不好的，不如把箫放一放，先静心再说。曾经在 B 站上看到一个日本吹尺八（尺八可以理解为箫的分支，箫的吹口为内切口，尺八为外切口，在我国逐渐被其他乐器取代，后传入日本）。日本的演奏家说，他吹了几十年了，也不能保证每天都能把尺八吹得很好，这和状态有很大的关系。文松老师说，人把气吸进体内，再呼出气流，吹入箫里，变成音乐发散到大自然，是中国哲学天人合一的具体体现。人的状态好不好，一方面和自身有关，另一方面和所处的环境气候也有关。这可能又是一种天人合一的体现吧！在不同环境下都能求静得静，“而无车马喧”是需要一定功夫的。那是一种境界。我很庆幸，在三十出头的年纪开始学箫，如果是退休后才开始学，花个三五年的时间终能有所成，还剩多少时间能留给我去享受吹箫带来的欢愉呢？三十而立，人渐沉稳成熟，吹箫练箫也是练心练体，如果身体没有好的状态也自然吹不好箫。

最后如果有人看了这篇文章也想买箫练箫，我个人可以给一些建议。初学 G 调或者 F 调的紫竹洞箫都是可以的，F 调的孔距更大一些，手指需要适应，但是 F 调因为调低更好吹，G 调的孔距更舒适一些，但是高音相对难激发，各有利弊。不过真的开始学箫了，G 调和 F 调迟早要各备一支的。G 调欢快，F 调阴柔，各有特色。另外就是价位问题，买箫并不仅仅是买一个乐器，更重要的是认识做乐器的这个人。简单来说初学 500 元以内的箫都够用了。打个比方，假如你想习武练刀，其实最开始拿一个不重的片刀就可以，挥舞轻松，把套路练熟了，肌肉有力量了，再练更重一些的。上来给你一把青龙偃月刀，提都提不动，那就更别说练了。所以直接花大价钱一步到位，最终则可能只是消磨了自己的兴趣，功力不到自然不能驾驭。

笔者乃初学者，如果以上内容有不对的地方欢迎指教。但是总归是在做自己愿意做的事情，所以也愿意分享自己的心得给大家。娱己娱人，初心之所愿也。

图书评论

连接文化：技术形塑与商业控制

——《连接：社交媒体批评史》读书札记

李慧敏[1]

摘　要：何塞·范·迪克是荷兰皇家艺术和科学院首位女性主席，阿姆斯特丹大学比较传媒研究院教授，其《连接：社交媒体批评史》被视为一份关于当下急剧变化的社交媒体生态系统的指南。范·迪克将技术文化视域与政治经济学视域相融合，用批判的眼光对社交媒体兴起过程进行了反思，她认为短短十年已完成从网络化交往到平台化社交，从参与式文化到连接式文化的转变。从技术文化视角看，社交媒体已形成连接性生态系统，成为日常生活的基础设施，将之称为连接媒体更为贴切。从政治经济学视角看，大型媒体企业通过扩张与联合建构了连接媒体生态系统，技术与商业的合谋促使"社交性"成为可以被制造的对象，形成了新的社会和文化规范，而用户则以公共集体主义精神与之抗衡。范·迪克希望借助提高个体的媒介素养，以及社会的文化多样性，来应对连接媒体生态系统中的意识形态操控，这一对策充斥着乐观精神与理想主义。

关键词：连接文化；技术形塑；商业控制；公共集体主义

---

① 作者简介：李慧敏，四川大学文学与新闻学院传播学专业博士研究生，研究方向为媒介理论。

一、连接文化：从连通（Connectedness）到连接（Connectivity）

何塞·范·迪克（José van Dijck）的《连接：社交媒体批评史》（*The Culture of Connectivity: A Critical History of Social Media*，2013，以下简称《连接》）是对社交媒体第一个十年的历史批评性研究。英国学者格雷厄姆·米克尔（Graham Meikle）将《连接》视为“迄今为止关于社交媒体最好的书”，米克尔认为由于“社交媒体”这个短语是作为营销口号，而不是分析性概念被创造出来，围绕它有许多未澄明之处，而范·迪克为这一文化现象提供了清晰且有用的分析概念、分类标准以及详细案例。① 范·迪克以生态系统法为指导，将社交媒体视为一个整体且动态的生态系统，以拉图尔的行动者网络理论和卡斯特的政治经济学观点构型了一个多层次分析模型，从而对社交媒体单个微系统平台一一拆解。

《连接》是对“社交媒体”之兴起历史的批判性考察，那么首先面临的问题便是，什么是“社交媒体”？范·迪克引用了西方学者普遍认同的定义：社交媒体是“一系列建立在 Web 2.0 的技术和意识形态基础上的网络应用，它允许用户生成内容（UGC）的创造和交换”②。在此基础上她进一步认为社交媒体“形成了人们组织生活的新的在线层……由于平台相互连接，出现了一种新的基础设施：一个连接媒体的生态系统，只有少数大型玩家，多数则是小型参与者”③。范·迪克认同社交媒体的三个关键元素——Web 2.0 技术、意识形态性、用户生成内容，同时将“连接”视为

---

① Graham Meikle. “Book Reviews”, *Media*, *Culture & Society*, 2014, Vol. 36 (7), p. 1057.

② ［荷］何塞·范·迪克：《连接：社交媒体批评史》，晏青、陈光凤译，北京：中国人民大学出版社，2021 年，第 4 页。范·迪克的定义引自 Andreas M. Kaplan & Michael Haenlein. “Users of the World, Unite! The Challenges and Opportunities of Social Media”, *Business Horizons*, 2010, Vol. 53 (1), pp. 59 – 68. 赵云泽等学者在文章《“社会化媒体”还是“社交媒体”?》中指出，卡普兰和亨莱茵的定义受到较多西方学者的引用与认可。

③ ［荷］何塞·范·迪克：《连接：社交媒体批评史》，晏青、陈光凤译，北京：中国人民大学出版社，2021 年，第 4 页。

社交媒体的本体论，她甚至认为“连接媒体”一词要比“社交媒体”更贴切。范·迪克为何会把“连接”作为社交媒体之本体呢?

人们对于“连接”的关注，早已暗含在“社交媒体”这一概念提出之时。安东尼·梅菲尔德（Antony Mayfield）于2007年发表的电子书《什么是社交媒体》（*What Is Social Media*）通常被视为社交媒体研究的起点。梅菲尔德在书中总结了社交媒体的五大特征：参与（participation）、公开（openness）、对话（conversation）、社区（community）与连通性（connectedness）。有学者指出，虽然梅菲尔德对社交媒体的定义并不清晰，但他指明了一些重要属性，被后来的研究者反复提及和强调。[①] 范·迪克在梅菲尔德的方向上，更加审慎地观察了社交媒体的历史脉络，从而辨识出社交媒体从“连通”（connectedness）向“连接”（connectivity）的转变。

“连通”与“连接”有何区别呢? 英文connectedness一词在connect基础上加形容词后缀-ed和名词后缀-ness构成，英语中以-ed结尾的形容词通常用来形容人，由此可知connectedness更多是指人与人在某些方面建立起联系。《牛津简明英语词典》里，connectivity是指连接的状态或者范围，它是平台、系统和应用程序互联的计算机能力。[②] 范·迪克指出“‘社交’的含义似乎既包含（人际）连通，又包含（自动）连接。这是被许多首席执行官混淆的概念”[③]。首席执行官，即各大社交媒体企业的领导者。他们在推介自己的社交平台时，通常强调人际连通，却淡化自动连接。范·迪克虽未给“连通”与“连接”下明确的定义，但她将两者相对立，并给予“连通”以“人际”（human）之定语，给予“连接”以“自动”（automated）之修饰。由此观之，范·迪克认为连通是人与人之间通过社交而具有的一种相连状态，而连接则是技术，尤其是计算机与互联网技术的一项功能。当我们将脸书（Facebook）、推特（Twitter）、微信、微博等新媒

① 田丽、胡璇：《社会化媒体概念的起源与发展》，载《新闻与写作》，2013年第9期，第27页。

② 皮尔索尔（编）：《牛津简明英语词典（英语版）》，北京：外语教学与研究出版社，2004年，第302页。

③ ［荷］何塞·范·迪克：《连接：社交媒体批评史》，晏青、陈光凤译，北京：中国人民大学出版社，2021年，第12页。

体平台称作“社交媒体”时，更多的是在人的主动性层面，强调人与人之间的社会性联系，却忽视了自动化技术正在引导人类的社交行为。因此，范·迪克更倾向于称“社交媒体”为“连接媒体”，以突出其社会技术合集之层面。但鉴于“社交媒体”这一概念已被广泛使用，在书中，她将两个概念并用。

范·迪克通过梳理社交媒体前十年的历史，发现许多用户出于连通的需求主动访问早期的社交网站。新千年的头几年，参与式文化蓬勃发展，参与式文化作为流行语“暗示了互联网培养人脉、建立社区和推动民主的潜力”①。普遍认为，“参与式文化”（participatory culture）的概念由亨利·詹金斯（Henry Jenkins）于1992年在《文本盗猎者：电视粉丝与参与式文化》（*Textual Poachers: Television Fans and Participatory Culture*）中提出。该书出版20年后，詹金斯在一次谈话中讲道：“我最开始使用这个词是为了将粉丝视为参与者，把他们从更传统的观众概念中区分开来。但是当我们进入电脑网络时代，我们可以清楚地看到，粉丝只是更广大的参与式文化现象中的一个例子而已……我们正在看到形形色色日益增加的文化参与形式，更多群体开始宣称自己有能力控制文化生产和流传的过程。”② 无论是1992年的“参与式文化”，还是2006年的“融合文化”，抑或是2013年“可扩散的媒体”，詹金斯都高举参与式受众的大旗。这也是范·迪克对融合文化不赞成之所在——“融合理论缺乏对社交媒体平台的企业结构和商业模式的批判性质疑”③。范·迪克从技术文化、政治经济视角出发考察社交媒体的历史，她认为在短短十年中，社交媒体已完成“从网络传播到‘平台化’社会，从参与式文化到连接式文化的转变”④。这一转变建立在算法技术与信息公司的连接之中——算法技术将信息编码，使得“连接”

---

① ［荷］何塞·范·迪克：《连接：社交媒体批评史》，晏青、陈光凤译，北京：中国人民大学出版社，2021年，第4页。

② ［美］亨利·詹金斯：《文本盗猎者：电视粉丝与参与式文化》，郑熙青译，北京：北京大学出版社，2016年，第287页。

③ ［荷］何塞·范·迪克：《连接：社交媒体批评史》，晏青、陈光凤译，北京：中国人民大学出版社，2021年，第143页。

④ ［荷］何塞·范·迪克：《连接：社交媒体批评史》，晏青、陈光凤译，北京：中国人民大学出版社，2021年，第4页。

本身成为一种有价值的资源，信息公司借助这种算法技术塑造出特定形式的在线社交平台，并在全球市场中营利。平台与平台相互连接，从而形成了一个连接媒体生态系统，它在常态化中成为一种新的基础设施。

企业宣传社交平台时往往向大众承诺更广泛、更民主的连通性，比如谷歌（Google）的“不作恶”，脸书（Facebook）“让网络更具社交性”，雅虎相册（Flickr-Yahoo）“分享你的照片，观看世界”。但网络公司所大肆宣传的连通性通常是其意欲达到的连接性之手段。范·迪克论述道：“在现实中‘让网络社交化’其实是指‘让社交技术化’。由技术编码的社交使人们的活动变得正式、可管理、可操作化，并且使人们可以利用平台在日常活动中制造（engineer）出社交。”① 社交，即社会性交往、社会性连通，它是人作为社会性动物所具有的本性。借助现代技术化交往手段，人们用时间消灭空间，力求实现远距离交往。社交平台在互联网中的迅速发展，看似让互联网社交化，实则使得人们的社交更加技术化。例如，好友列表将朋友标记为可划分的等级，点赞按钮量化了喜欢的情感，“关注人数”被视为受欢迎的程度。当社交平台成为一种基础设施，从技术的角度来讲，“连接媒体”要比“社交媒体”更为合适。连接性成为一种可以量化的价值。“通过编码技术将连通性转换为连接性所实现的商品化关系，正是企业平台……下的‘金蛋’……即使术语‘连接性’一词起源于技术，指的是计算机的传输，但在社交媒体的背景下，它很快且越发具有用户积累社会资本尤其是经济资本的内涵。”② 技术与资本在“社交媒体/连接媒体”中最终合谋，早期的非营利模式（免费向所有用户敞开）在走向营利的过程中，产生了两种精神——公共集体主义与新自由主义——的角力。

二、公共集体主义精神及其失落

通过考察社交媒体早期历史，范·迪克认为早期“非市场和非营利原

① ［荷］何塞·范·迪克：《连接：社交媒体批评史》，晏青、陈光凤译，北京：中国人民大学出版社，2021 年，第 12 – 13 页。

② ［荷］何塞·范·迪克：《连接：社交媒体批评史》，晏青、陈光凤译，北京：中国人民大学出版社，2021 年，第 17 页。

则的支持融合为互联网注入了公共集体主义的精神，这种精神被那些希望用网络技术基础设施开放社会空间的人拥护”①。非市场、非营利一方面意味着社交媒体向所有公众免费敞开，另一方面则鼓励用户以共同参与、共同分享为导向形成在线社群，这无疑使得用户成为社交媒体忠实的拥趸与实践者。从社交媒体诞生起，用户生成内容便一直是其核心所在。学者彭兰站在用户的角度指出了社交媒体的逻辑链条：“社会化媒体的特点是用户唱主角。用户用社会化媒体干什么？他们是在生产内容，但是推动他们生产内容的底层心理需求是社交。用户不是为生产内容而生产内容，而是要扩大自己的社交圈子，获得更多人的关注。”② 无论是生产共识的 Wikipedia（与国内百度百科相似），还是进行分享的 Facebook（与国内微信相似），抑或是建立共享的 YouTube（与国内 B 站相似），其内容都是基于用户的自主性与社区精神。

公共集体主义既强调个人的创造力，又强调生产中的共同参与、分配中的共享精神、传播中的社群精神。社交平台早期的社区模式浸润于公共集体主义精神之中，在这种精神指导下，用户倾向于维护社区的需求与价值，而这一需求与价值是建立在他们自由交往、开放共享、创新创意的理念之上的。这导致许多传媒理论家认可了新媒体所带来的融合趋势。他们认为“有朝一日，用户和制作人、业余爱好者和专业人士、媒体制造商和消费者之间的融合将使得各种媒体行业融入同一个全球生产网络。融合理论的支持者认为在线平台是完美的空间，可以用于协调用户与公司利益”③。范·迪克则认为，虽然早期“大量在线平台由集体主义支撑，该集体主义的前提源于一种信念，即 Web 2.0 技术提供了一种新的媒介社交性，可以将社区需求与市场力量顺畅地融合在一起”④，然而，伴随着平台的发展，

---

① ［荷］何塞·范·迪克：《连接：社交媒体批评史》，晏青、陈光凤译，北京：中国人民大学出版社，2021 年，第 17 页。

② 彭兰：《社会化媒体与媒介融合的双重挑战》，《新闻界》，2012 年第 1 期，第 4 页。

③ ［荷］何塞·范·迪克：《连接：社交媒体批评史》，晏青、陈光凤译，北京：中国人民大学出版社，2021 年，第 143 页。

④ ［荷］何塞·范·迪克：《连接：社交媒体批评史》，晏青、陈光凤译，北京：中国人民大学出版社，2021 年，第 120 页。

“最初的集体主义和基于社区的协作概念，不论其出发点多么良好，实施方案多么完整，都与逐渐以企业为基础、以利润为导向的生态系统格格不入”①。

范·迪克将用户的公共集体主义精神与公司所宣扬的公共集体主义精神进行了区分，她认为后者借用“文化逻辑（协作、集体主义、用户参与）削弱了经济学逻辑（股东价值、公司利润）”②，更多的是一种话语上的修辞术。她一针见血地指出，社交媒体中的“社交性、创造力和知识的融合，是线下根植于新自由主义的市场化和去管理化趋势的延续”③。那么，什么是新自由主义呢？《新自由主义和全球秩序》一书的作者乔姆斯基认为，新自由主义是在亚当·斯密古典自由主义思想基础上建立起来的，是一个强调全球秩序由市场为导向，主张贸易自由化、价格市场化、财产私有化的理论体系。新自由主义适应了国家垄断资本主义向国际垄断资本主义之转变，它在强调全球化、自由化、市场化之同时强烈反对国家干预和集体干预。④ 在剖析了社交媒体发展的历史后，范·迪克认为连接文化正是建立在新自由主义经济原则之上的。“连接源于来自同伴和技术的持续压力，即如何通过竞争扩张以及战略联盟获得权力。人气原则和排名机制等平台策略几乎不涉及可靠的技术结构；相反，它们牢牢扎根于一种重视等级制度、竞争和赢者通吃心态的意识形态中。”⑤ 同伴的压力是指平台微系统之间激烈的竞争，技术迭代更是加速了同行竞争。大型社交媒体公司依靠扩张与联盟，既推动以技术连接为主的基础设施铺满整个社会甚至全球，又通过平台策略，将不断竞争、大吃小、赢者通吃等新自由主义思想渗透平台社

---

① ［荷］何塞·范·迪克：《连接：社交媒体批评史》，晏青、陈光凤译，北京：中国人民大学出版社，2021 年，第 120 页。

② José van Dijck & David Nieborg. “Wikinomics and its Discontent: A Critical Analysis of Web 2.0 Business Manifestos”, *New Media & Society*, 2009, Vol. 11 (5), p. 867.

③ ［荷］何塞·范·迪克：《连接：社交媒体批评史》，晏青、陈光凤译，北京：中国人民大学出版社，2021 年，第 187 页。

④ 中国社会科学院“新自由主义研究”课题组：《新自由主义研究》，《马克思主义研究》，2003 年第 6 期，第 18 - 19 页。

⑤ ［荷］何塞·范·迪克：《连接：社交媒体批评史》，晏青、陈光凤译，北京：中国人民大学出版社，2021 年，第 22 页。

会之中。“新自由主义的社会的目的就是将各种经验商品化，并为消费者提供更多也更为精细的选择。人类貌似可以在市场所提供的无穷无尽的可能性中完成具有个性化的生活方式的选择”①，但这实际上却是不可能的，所有的选择都在平台算法的总体可能性之中，这是一种早已确定好大前提的“自由选择”。

范·迪克更倾向于将“社交媒体”称作“连接媒体”。她指出“早期社区主义理想的足迹可见于平台化社交中的许多边缘化的小平台上；而存在于大平台上的社区主义理想，则往往只是有效唤起初始使用者乌托邦幻想的策略而已”②。依照新自由主义经济原则，小平台不可避免被大平台吞噬，公共集体主义精神以及社区精神将成为一种乌托邦幻想，平台使用者利用包装后的“公共集体主义精神”话语使得初始使用者依恋于平台。更重要的问题在于，当社交媒体常态化，当其成为一种理所应当的基础设施时，只有初始使用者强烈地感受到了转变——“社群形成和民主赋权的精神促使他（们）成为连接媒体的早期使用者，而这种精神已经为许多平台充满商业动机和强制性的连接逻辑所消解。”③——参与式文化已悄然转变为连接式文化。正如鱼不知道水的存在，在连接媒体之中长大的新一代更自如地接受了连接媒体的生态环境，这亦是范·迪克的担忧所在。她认为新一代需要提高媒介素养，需要“在参与享受和务实批判之间保持一种健康的平衡”④。

三、多面棱镜：技术形塑、商业控制与文化规范

社交媒体并不将现实生活中的人际交往模式照搬进网络空间。美国传

---

① ［英］马丁·李斯特等：《新媒体批判导论（第二版）》，吴炜华、付晓光译，上海：复旦大学出版社，2016年，第25页。

② ［荷］何塞·范·迪克：《连接：社交媒体批评史》，晏青、陈光凤译，北京：中国人民大学出版社，2021年，第187页。

③ ［荷］何塞·范·迪克：《连接：社交媒体批评史》，晏青、陈光凤译，北京：中国人民大学出版社，2021年，第176页。

④ ［荷］何塞·范·迪克：《连接：社交媒体批评史》，晏青、陈光凤译，北京：中国人民大学出版社，2021年，第197页。

播学者拜厄姆认为，利用数字技术的“中介化交流应该被视为一种新颖、兼容的混合交往方式，而不仅仅是具身交流的缩减版本”①。新型社交媒体中缠结着文化、技术、社会、政治、经济等多种元素。范·迪克在评析社交媒体研究时指出，技术文化视角忽视了社交媒体的企业结构和商业模式，而社会经济视角则掩盖了技术与文化的形塑力量，她力图将技术文化视角与社会经济视角相结合，从而形成新的分析范式。在技术文化层面，她具体分析了技术、用户、内容三个要素，而社会经济层面，她分析了所有权、管理模式、商业模式三个要素。

就技术文化而言，“算法是各种各样在线社交行为的支撑基础，它们变得越来越具兼容性，因此可以互换……代码可被视为新的在线社交的世界语——一种使得社会、文化、政治和经济话语可以互联的通用语”②。“但构建平台的技术操作背后都具有类似的社会规范和文化逻辑……它们采用相同的价值观或原则：流行度原则、等级排名原则、中立原则、迅速增长原则、大流量原则和快速周转原则。”③ 由此观之，范·迪克认为，一方面，技术形塑了在线社交方式，另一方面，社会规范和文化逻辑建构了技术的底层原则。

就社会经济而言，“在连接媒体生态系统中，不存在一个单独的、与商业空间相隔离的非营利性或公共的平台空间。社交性、创造力和知识都融入了由企业主导的生态系统结构，所有编码活动和对连接性的利用都在其中进行”④。所有的连接媒体平台基于相同的意识形态原则——“人气原则和中立原则、连通性原则和连接性原则、快速收益原则和持续的数据流原则、赢家通吃原则和互操作性原则、由用户排名的生态系统和依明星人气

① ［美］南希·K. 拜厄姆：《交往在云端：数字时代的人际关系（第二版）》，董晨宇、唐悦哲译，北京：中国人民大学出版社，2020 年，第 55 页。

② ［荷］何塞·范·迪克：《连接：社交媒体批评史》，晏青、陈光凤译，北京：中国人民大学出版社，2021 年，第 177－178 页。

③ ［荷］何塞·范·迪克：《连接：社交媒体批评史》，晏青、陈光凤译，北京：中国人民大学出版社，2021 年，第 179 页。

④ ［荷］何塞·范·迪克：《连接：社交媒体批评史》，晏青、陈光凤译，北京：中国人民大学出版社，2021 年，第 187 页。

排名的好莱坞系统原则。”①范·迪克指出这些原则显得相当兼容与互补，但其可信度让人怀疑。“连接媒体生态系统并不反映社会规范；互联平台设计了社交性，将现实生活中的规范化行为过程（同伴压力）用于操纵模型和操纵对象（人气排名）。”② 平台所有者通过竞争与合作建构了连接媒体生态系统，技术与商业合谋，促使“社交性”（sociality）成为可以被制造的对象，形成了新的社会和文化规范。在此一规范化过程中，公开、透明、参与、协作、分享、好友、点赞、流行、关注等原有的文化含义被转换。范·迪克创造了“社交性工程”（the engineering of sociality）这一术语，用以指涉社交媒体平台试图对用户施加影响与指导的行为。

从范·迪克的理论视角来看，她秉持着社会形成论（social shaping）的理念，即认为技术和社会在不断彼此影响。从其结论来看，经济力量在连接媒体中发挥着主导性作用，大型媒体企业在连接媒体的生态系统具有更大的控制力。连接性已经成为由技术所支持，由商业活动所推动的意识形态，弥漫在整个连接媒体生态系统。针对这一现象，一些行动者仅仅将连接平台视为可使用的基础设施，一些行动者则对平台的意识形态引导持批评态度，还有相当多的行动者不得不接受与平台的合作。当连接平台成为基础设施，其影响是难以察觉的，其力量是难以撼动的。用户、大型企业、监管机构，各方的力量在角逐：平台的内容由用户生成，但巨大的网络已将用户绑定；大型企业通过流量数据变现营利，却也受用户、监管机构限制；民众授权监管机构保护隐私安全，但技术之黑箱已超出了监管机构的权力范围。范·迪克将希望放在了个体的媒介素养及他们所创造的多样文化上。她认为“文化多样性对该系统的繁荣发展至关重要”，同时“连接媒体的生态系统需要谨慎的管理员和各类园丁才能维持下去”。③ 英国学者朱利安·麦克杜格尔（Julian McDougall）指出：“对于一个媒体教育者来说，

---

① ［荷］何塞·范·迪克：《连接：社交媒体批评史》，晏青、陈光凤译，北京：中国人民大学出版社，2021年，第195－196页。

② ［荷］何塞·范·迪克：《连接：社交媒体批评史》，晏青、陈光凤译，北京：中国人民大学出版社，2021年，第196页。

③ ［荷］何塞·范·迪克：《连接：社交媒体批评史》，晏青、陈光凤译，北京：中国人民大学出版社，2021年，第197－198页。

‘批判性素养’的建议可能显出古怪的乐观。”① 而文化的多样性这一建议则更像是从政治正确的语料库中拿出的趁手工具，因为其分析模式假设了用户在媒体空间中保持一致性，不会产生任何文化冲突。

《连接：社交媒体批评史》中文译名省略了“culture”一词，但该词很关键。透过原书名 *The Culture of Connectivity: A Critical History of Social Media* 可知，范·迪克将“连接”视为一种文化，将连接文化视为社交媒体的生态环境。范·迪克批判的眼光实际上是将一种文化现象翻转过来，从另一面来审视它的结构，社交媒体即是连接媒体，连接文化即是社交文化，其二者是一体两面。“比识别权力策略和工具更难的是准确说明某种文化下的规范。规范通常以一种明显的，在结构、默认设置或言论中固有的形式出现。揭露被认为是显而易见的东西是费力的。”② 当分享、共享、开放、参与、协作等文化样态成为社会的主流观念，成为每个人都认同的价值取向时，人们很难意识到众口一词的话语背后究竟缠绕着怎样的利益纠纷、权力关系。例如，用户希望“共享”的是信息与内容，但企业在宣传中意图“共享”的是数据与隐私；用户的“参与”旨在发挥创造性和社群精神，而企业通过鼓励“参与”意欲变更内容的所有权，从而实现变现。“连接媒体几乎已成为社交的代名词：你可以随时在‘想要’下线的时候下线，但你永远无法离开它。”③ 正如朱利安所说，这本书最重要的贡献是提供了一种分析棱镜④，我们需要用批判性的历史眼光去审视急剧变化的连接媒体。

---

① Julian McDougall. “Book Reviews”, *Convergence*, 2015, Vol 21 (2), p. 285.

② ［荷］何塞·范·迪克：《连接：社交媒体批评史》，晏青、陈光凤译，北京：中国人民大学出版社，2021 年，第 196 页。

③ ［荷］何塞·范·迪克：《连接：社交媒体批评史》，晏青、陈光凤译，北京：中国人民大学出版社，2021 年，第 197 页。

④ Julian McDougall. “Book Reviews”, *Convergence*, 2015, Vol 21 (2), p. 285.

基于感性认识理论的美学
——《气氛美学》解读

李 波①

摘 要：德国当代哲学家格诺特·波默的《气氛美学》基于生态自然美学，将“气氛”作为一种概念引入美学中，改变了以趣味批判为核心的传统美学，促进了美学的革新。“气氛”是介于主客体之间的东西。作为客体的物从自身走出，对外显现，其所营造的气氛散射到空间中，由主体加以感知和经验。波默的“气氛美学”不仅弥合了传统认识论中主客体的二元对立，也使美学最终回归到鲍姆加登意义上的感知学。

关键词：《气氛美学》；气氛；面相学；物的迷狂

格诺特·波默（Gernot Böhme，1937— ）是德国当代最著名的哲学家之一，也是达姆斯塔特工业大学（Technical University Darmstadt）的荣休教授。他对古典哲学有很深的造诣，在自然哲学、技术哲学、美学、人类学等方面都有自己独到的见解。其研究著作包括：《气氛美学》（*Atmosphäre: Essays zur neuen Ästhetik*，1995）、《图像理论》（*Theorie des Bildes*，1999）、《感知学：普通感知理论的美学讲稿》（*Aisthetik: Vorlesungen über Ästhetik als allgemeine Wahrnehmungslehre*，2001）和《柏拉图的理论哲学》（*Platons*

---

① 作者简介：李波，首都师范大学博士研究生，研究方向为比较文学与世界文学。

Theoretische Philosophie，2016）等。

《气氛美学》① 一书出版于1995年，是波默的代表作。波默基于生态自然美学，关注自然本身之美以及主体的情感参与，将“气氛”作为概念引入美学中。“气氛”作为主客体的中介，在某种程度上提供了解决西方二元对立思维定式的路径。波默通过对“感知”概念的恢复，改变了传统的批判美学，使美学真正变成了美学自身之所是——作为一般知觉理论的感知学。

一、“气氛美学”提出的背景

波默的“气氛美学”是基于生态学的自然美学和实在审美化。生态学起初是作为一门自然科学而产生的，也就是说，从自然科学的角度研究自然界中物质对人类健康的有害性，这对于生态研究来说远远不够。除了从自然科学的角度研究生态，波默认为还应该从“社会自然科学”的角度来研究“使环境成为人类环境的东西”，研究“作为人类环境的自然”。所以，波默用“生态构造”取代了自然科学中“生态系统”的概念，生态除了自然的构成成分，还有社会的规定性，这种社会规定性指明“自然物应该是什么”，并赋予自然环境一种审美特质，正如波默所指出的：“一个生态构造并非只是通过自然的序列而形成的，而必然也是由人的劳动——通过种植、除草和收割等——所制造出来的。”② 可见，波默致力人类环境的审美特质，在主体－人与客体－环境之间引入了“气氛”这个概念。但是，正如鲍德里亚所言，现代社会已成为一个“拟象”的世界，一个可以自我复制的人造自然，虚拟的东西占据了实在事物的空间，实在事物遭到排挤并变得不可见。然而，造成“拟象世界”的技术媒介，却恢复了人的感知，重塑了人的感知方式。气氛美学的发展也促进了感知概念的恢复，对气氛的感知关涉艺术品与身体的共在场，即艺术品所塑造的空间性，气氛的营

---

① ［德］格诺特·波默：《气氛美学》，贾红雨译，北京：中国社会科学出版社，2018年。

② ［德］格诺特·波默：《气氛美学》，贾红雨译，北京：中国社会科学出版社，2018年，中文版前言第2页。

造与被发现和身体的在场三者是同存的。对波默来说，这两个方面是互补的："虚拟空间和新感性是技术文明中的文化发展的两个方面。"① 与传统美学所关注的判断不同，这种新感性才是美学所关涉的对象。

"气氛美学"是波默的新美学尝试。1750 年鲍姆加登《美学》的出版标志着"美学"成为一门独立的学科，"美学"被表述为"感性认知之科学"，并在艺术中达到完善。在康德、黑格尔的美学中，自然美被排除在外，美学最终被狭隘化为注重理性分析的判断美学，美学的任务也被窄化为对艺术品的领悟。波默认为这样的美学产生的后果是：美学成了艺术批评家的工具；发生在知觉方面的情感参与被唾弃；邀请人进行情感参与的艺术品被视为低劣艺术品；美学家并不去感受，而是按照美不美、崇高不崇高，对自然或某个艺术品进行评判。② 更重要的是，传统美学无法解决当代的审美问题：当代的日常生活、经济、政治和文化等都趋向于审美化，这种实在审美化在传统美学中仅仅是被当作庸俗艺术品而不在其研究范围之内；环境的突出问题也促使我们重新思考人与环境的关系；尤其是现代艺术的迅猛发展迫使传统美学进行改革，以与当下艺术的发展相适应。为了应对这些外部的变化，新美学必须应运而生。波默特别强调由此产生的新美学"绝不是已有美学的发散扩展，新美学的目的毋宁是要为审美经济学批判和自然审美理论制定出一种概念工具"③。简言之，这种新美学就是借助"气氛"概念所形成的"气氛美学"。

以上是波默提出"气氛美学"的背景，同时也解决了他为何把"气氛"概念引入美学这一问题。波默的气氛美学是生态自然美学，致力研究人类环境的审美特质，以及人身处其中时环境发挥着怎样的作用，人有何感受。波默首先解决的是何为"气氛"的问题。

---

① ［德］格诺特·波默：《气氛美学》，贾红雨译，北京：中国社会科学出版社，2018 年，前言第 5 页。

② ［德］格诺特·波默：《气氛美学》，贾红雨译，北京：中国社会科学出版社，2018 年，前言第 3 页。

③ ［德］格诺特·波默：《气氛美学》，贾红雨译，北京：中国社会科学出版社，2018 年，前言第 1 页。

二、何为“气氛”？

在日常生活中，我们对“气氛”一词并不陌生，对于究竟什么是“气氛”，却很难说清楚。对此，波默认为把“气氛”界定为不确定的、难以言说的东西只不过是为了掩盖我们的失语。为了解决这一问题，就必须从存在论的角度加以考虑，考察气氛究竟是源自客体还是主体。波默把“气氛”作为一种概念引入美学，与日常使用的“气氛”相区别而成为新美学的根本概念。他指出，“新美学涉及的是环境质量与人的处境感受之间的关系。这个‘与’，这个介于两者之间，也即环境质量与处境感受通过它而被相互关联起来的东西，就是‘气氛’”①，由此可见“气氛”成为连接主客体的中介。

就客体而言，新美学扭转了传统美学的审美视角。传统美学的审美工作是对高级的艺术品进行审美判断，将大众的、低俗的艺术品排除在外。而新美学要做的是给低劣艺术平反，对所有产品都一视同仁，将研究范围扩大，包括“美容、广告、室内设计、舞台布景，直到狭隘的艺术”②，其审美工作一般被规定为“气氛的制造”。气氛来自物，是对物的感知。物首先是从手工生产的过程来理解。物由形式和材料构成，材料是事先给定的，人类活动赋予物以形式，物的形式决定了其功能。在传统美学中，关于美的问题就是关于形式的问题，如毕达哥拉斯学派的“黄金分割”所提倡的比例的对称与和谐，康德认为美的契机要到形式那里去寻求，所以长期以来，物的材料被忽视了。而波默非常重视物的材料，他指出在《大希庇阿篇》中苏格拉底通过材料与功能之间的关系来探讨美——无花果木制的搅拌勺比金制的搅拌勺更适合小米粥和瓦罐，因为无花果木制的搅拌勺不会打破瓦罐，而且给小米粥“带来更好的味道”，这是一种日常的感性，而美学关切的正是这种感性。气氛的制造不仅来自材料，还在于光、声空间的

① ［德］格诺特·波默：《气氛美学》，贾红雨译，北京：中国社会科学出版社，2018 年，第 11 页。

② ［德］格诺特·波默：《气氛美学》，贾红雨译，北京：中国社会科学出版社，2018 年，第 13 页。

塑造，舞台布设艺术就是气氛制造的典范。这种气氛制造的独特性在于，所建构的不是气氛，而是物，是景观，气氛是被召唤出来的，也是由主体加以经验的。

就主体而言，新美学是关于知觉的理论，知觉在这里被理解为“对当下的人、对象和环境的经验”①，即感受气氛，气氛是最先被感知到的东西。那么人如何知觉气氛？波默认为“人们对气氛的知觉不是通过个别感官或个别感官之间的共同作用”②，换言之，知觉到的气氛不具有单个感官的特征，而具有通感特征。赫尔曼·史密茨（Hermann Schmitz）认为，通感从根本上说就是“自己身体的察觉之特征”③。波默在此基础上更进一步，认为身体的察觉是自我察觉，气氛是正被知觉的东西，即“在气氛知觉中，我察觉到我身处何种环境”④ ——一方面是散发某种气氛的环境，另一方面是身处此环境中的我。例如对蓝色的知觉，不仅在视觉上被确定为蓝色，而且它笼罩着周围的环境，我身处其中，是对蓝色气氛的感受，以至于蓝色被感觉为冷或歌德所说的空洞感。除了通感特征，还要关注社会特征。这些社会特征是由文化变迁或时尚决定的。如歌德的颜色理论：黑白代表一种悲痛的颜色，灰色在歌德的年代没有优雅这一特征。

气氛作为一种概念，不仅是被制造和召唤的空间的情感色调，也是主体身处此空间而知觉的东西。那么作为主体的人的面相与气氛有何关系？作为客体的物在气氛美学中又有何特征？这是波默接下来要解决的问题。

三、气氛与面相学

波默从气氛的角度解决了传统面相学的困境。面相学是通过一个人的

---

① ［德］格诺特·波默：《气氛美学》，贾红雨译，北京：中国社会科学出版社，2018年，第13页。

② ［德］格诺特·波默：《气氛美学》，贾红雨译，北京：中国社会科学出版社，2018年，第84页。

③ ［德］格诺特·波默：《气氛美学》，贾红雨译，北京：中国社会科学出版社，2018年，第81页。

④ ［德］格诺特·波默：《气氛美学》，贾红雨译，北京：中国社会科学出版社，2018年，第84页。

身体外貌特征而了解到这个人的内在，它约定俗成地预设了内在、外在之间的一种统一，这种预设使得面相学被理解成关于本性的知识，但是苏格拉底的身体构造颠覆了这一认知，引发了面相学的困境。一般来说，了解一个哲学家是通过他的著述，而不大可能把他的身体构造与其思想相联系。但是对于没有文字流传的哲学家苏格拉底来说，他的外貌成为其哲学研究的一部分。我们可以从苏格拉底的半身像和相关的文学描述中了解到苏格拉底的面相：凸出的眼睛，朝天鼻，宽唇的嘴巴，与西伦①有些类似。根据《面相学》中的记载："谁的鼻子在额头的圆弧那里开始弯曲，而圆弧则是向上延伸的，谁就是好色之徒"，"眼睛前凸之人，头脑简单"②，这样的记载体现出传统面相学通过外在认知内在的方式，由此可以确定苏格拉底的面部特征最终指向了其"内在"：苏格拉底是丑陋的好色之徒。但是苏格拉底并不是像他看起来那样，因为当进一步了解他时，就能看到他"内在的神的形象"，用尼采的话说，苏格拉底外在是狄奥尼索斯式的，内在却是阿波罗式的。③ 这样，苏格拉底的内、外之别就造成了面相学的矛盾：人的外在与内在并不总是体现为一种统一或相符，存在与显现是相互区别的。

如何解决这一矛盾？波默认为"气氛正是来自面相或诸如此类的身体外形"④，换言之，一个人的面部或身体特征的面相是他外在性的表达，观察者通过一个人的面相所经验的不是这个人的内在，而是来自他的身体特征所传达出的气氛。最具代表性的是演员的面相。演员通过外貌和行为举止使特定的角色表现为在场，这一在场是对气氛的营造，而观众则是通过演员的面相察觉人物的在场，并经验气氛，这时候演员所表现的并不是其内在，而是气氛，所以这种新面相学与传统面相学相区别："面相学所推断

---

① 西伦最初可能是一位严肃的森林之神，而在5世纪末的时候，西伦、萨蒂尔诸神则作为与狄奥尼索斯有关的粗野、色欲之徒闻名于世。

② ［德］格诺特·波默：《气氛美学》，贾红雨译，北京：中国社会科学出版社，2018年，第177－178页。

③ ［德］格诺特·波默：《气氛美学》，贾红雨译，北京：中国社会科学出版社，2018年，第170页。

④ ［德］格诺特·波默：《气氛美学》，贾红雨译，北京：中国社会科学出版社，2018年，第187页。

出的特征并非一个人那隐藏着的本质或本性，而是出自这个人的气氛规定性。一个人的面相并非其隐藏着的内在性的外部标记，而是他的身体性在场的表达。”① 面相学处理的不再是内与外的矛盾，而是“外在的、对象的特征与其气氛效果之间的关系”②，美学框架中的内外之别失去了意义。波默进而探讨了美者面相学和自然美学中的面相学。对波默而言，美者的面相不再是难以言说的，美是“某种带有色情气氛的面相”③。而植物－风景面相学要讨论的是对自然的认知。自然的面相不涉及其内容，而是规定了其外部特征，观察则是对这些外部特征所传达出的气氛的经验，是对风景的表达价值的感知。

所以，面相学是一种分析性的知识，涉及的是事物的基本特征与此基本特征所规定的气氛之间的关系。④ 事物的面相显示了事物的外在特征，观察者通过外在特征认知该事物，而这种认知主要是对气氛的察觉，这些特征就是气氛的组成部分。同时，对气氛的经验表明了主体与客体的在场性。可以发现，波默的面相学认知也赋予客体以主体性地位，客体不再仅仅是作为主体的认知对象，而是也作为主体，其基本特征是从自身走出来并对外显现，成为事物的在场即迷狂的条件。

四、物的迷狂

物通常是指“人们恰恰不能说或不想说出其名的东西，或指向的主要是所谈论、所观察的对象”⑤。新美学的研究不仅包括物，也包括非物质性

---

①［德］格诺特·波默：《气氛美学》，贾红雨译，北京：中国社会科学出版社，2018年，第184页。

②［德］格诺特·波默：《气氛美学》，贾红雨译，北京：中国社会科学出版社，2018年，第184页。

③［德］格诺特·波默：《气氛美学》，贾红雨译，北京：中国社会科学出版社，2018年，第189页。

④［德］格诺特·波默：《气氛美学》，贾红雨译，北京：中国社会科学出版社，2018年，第194页。

⑤［德］格诺特·波默：《气氛美学》，贾红雨译，北京：中国社会科学出版社，2018年，第217页。

的东西。波默指出，对物的关注是因为物在传统存在论中的优先性，而且传统存在论对自然美学的发展造成了阻碍。

传统存在论是以物为例证发展起来的。柏拉图将物作为个别的存在者，而诸神是本真的存在者，物的存在是“分有”理念的结果。亚里士多德将对存在者的追问变成了对物的基本构造的追问，把存在者界定为由四种因素而构成的实体，即存在者出自某种物质（质料因），具有某种形式（形式因），是某个致动因的后果（动力因），朝向某种目的（目的因）。① 在笛卡尔那里，实体是能自己存在而并不需要别的事物的一种事物，这种物是有限的实体，具有相对独立性，只有上帝才是真正独立自存的。笛卡尔认为，广延是具有长、宽、高三向量的形体，是实体的根本属性，也就是说物质必须占据空间。物性存在论在康德那里更加一目了然，康德认为，本真的存在者是经验中的对象，实体被设想为杂多的量，我思必须能够伴随着我的一切表象，而物自体不可知。由此可见，物的存在论把物的属性理解成其规定性，通过自身来刻画自己的特征，并把物封闭于自身。所以，波默总结道：“欧洲的存在论本质上是物存在论，而此种存在论中的物在那些重要的发展阶段中似乎都被设想为封闭于自身。”②

如今，物的存在论已经过时了，波默认为，现在我们需要按照物在场的形式刻画物。传统存在论给物划定界限，使其封闭于自身，而“物在场的形式”要求物从自身走出，这种方式被波默称为“物的迷狂”。那么何者才是“物的迷狂”呢？波默从空间性、显现、面相和感觉质等方面来解释物的在场形式或迷狂。首先可供使用的是空间性本身。在传统的物存在论中，物的空间性被理解为可定位性（占据某个方位）和体积。但是，作为第一性的质，如物的广延与形式，它们赋予其所在场空间的方位与体积依然是可被察觉的，同样可以被理解为迷狂，被视为“物在空间中在场之威

---

① ［德］格诺特·波默：《气氛美学》，贾红雨译，北京：中国社会科学出版社，2018 年，第 220 页。

② ［德］格诺特·波默：《气氛美学》，贾红雨译，北京：中国社会科学出版社，2018 年，第 227 页。

力”[1]。第二种在场形式是某种东西的显现，这种东西是某个物的显示。物的存在主要是一种凸显。波默以雕塑为例，认为“雕塑的本质和意义就在于使某物或某人成为显明的和在场的”[2]。第三种迷狂的方式就是面相。物具有或展示一个面相，各种面相学上的基本特征在物的表达中具有不同的作用，主要有三种方式。第一种是作为标记的面相，标记被视为一种风格、音调或情调性。作为标记的面相，并不意味着“要认识物的本质，而只是对该物的表达能力的一种限定”[3]。第二种是在面相学中物的本质被或多或少地确定了。如在一个人的面部特征中，笑纹表明了他快乐的本质。这些特征“能被解读、被经验为迹象，并借此来暗示人们关于事物的表达的经验”[4]。第三种是面相的基本特征本身就被视为物借以自我呈现的方式，这种基本特征邀请主体去经验，去感知。最后，第四种迷狂方式是感觉质。首先是颜色。波默认为在传统的主、客二分那里被视为第二性的质，如颜色、气味，也可以是物的一种迷狂。颜色性是空间性的东西，是物在场的显现。除了颜色，还有声、音和气味，通过能量的“流溢”，物填满了空间并证明其在场。

波默通过对物的存在论的修改，使物不再局限于自身，而是作为迷狂者从自身走出来，走入外部，走入空间中，且对外显现，这就使得美学从传统存在论本身中解放出来。从这个角度来说，作为新美学的根本概念——气氛，就是空间，是某物在场的领域，是物在空间中的现实性。正如波默所言：“气氛是某种空间性的东西。”[5]

---

① ［德］格诺特·波默：《气氛美学》，贾红雨译，北京：中国社会科学出版社，2018年，第21页。

② ［德］格诺特·波默：《气氛美学》，贾红雨译，北京：中国社会科学出版社，2018年，第229页。

③ ［德］格诺特·波默：《气氛美学》，贾红雨译，北京：中国社会科学出版社，2018年，第231页。

④ ［德］格诺特·波默：《气氛美学》，贾红雨译，北京：中国社会科学出版社，2018年，第231页。

⑤ ［德］格诺特·波默：《气氛美学》，贾红雨译，北京：中国社会科学出版社，2018年，中文版前言第4页。

五、结语

波默的“气氛美学”解决了鲍姆加登没有解决的问题，是对其最初工作的恢复。鲍姆加登建立美学学科的初衷是提升艺术的地位，促进一种感性认识的完善。因为在此之前，感性认识通常被认为是一种低级的、含混的认知能力，美学中的认识方式受到美与崇高理念的影响，不是根据认识，而是根据判断，同时，它也禁止情感参与，排斥身体和自然，将研究对象限定在高雅的艺术和艺术品中。但是在后续的研究中，鲍姆加登把艺术看作一种知识形式，最终把美学窄化为关于艺术品的理论，偏离了最初的目的。而波默基于生态美学的“气氛美学”，改变了生态学的自然科学研究范式，以一种新的方式来看待自然：一方面，自然作为一种显现，自然之物从自身走出；另一方面，在于自然对人的意义，从人在自然中的感受和身在性方面来考察，将两者联系起来就是“气氛”，气氛是介于主、客之间的东西，既有似物性，也有似主体性。波默将“气氛”作为一种概念引入美学中，这样美学才真正变成了其自身之所是：一种感性认识理论的美学。

编后记

《差异》作为一个学术平台，毫无疑问应以呈现当代学术成果为要务。但是与时下对“学术”的理解有所不同，我们认为学术除了表达“认识”和采用“认识”所特有的科学表达方式之外，也可以表达“体验”并遵从“体验”所要求的“前科学”的表达方式。我们知道，知识可以教授和传播，编辑图书、开办学堂都属于此一性质，但我们同时知道，有“言传”也有“身教”，有明理也有感染。要之，学术有理性的方式，也有感性的方式，有成体系的表达，也有碎片式的感悟。如果我们能够放下体系性的傲慢，不再以为似乎只有体系性才占居了最终的真理，那就会看到碎片性的独立价值。碎片当然可以作为用以进一步发展成为体系的砖石，但它同样也可以径直通向真理。对于真理本身而言，即便是体系性的论著也是碎片性的，也是“一得之见”或“一隅之说”。基于这一观点，《差异》在发表长篇大论之外，也欢迎思想的吉光片羽，它们是世界的一部分。本辑之所以接纳尚杰、刘娟、陈冠西等学人的感悟性文字，正是基于这一考虑。易晓明教授的论文是对匿名评审专家问题的回答，并不着意于体系性的建构，但在这种看似未经设计的、“事”不由己的、流散性的“一问一答”中，一种成体系的、对于西方现代主义文学的媒介视角已经令人信服地展露出来。实际上，哪里都有体系，关键是我们不能拘泥于一种定义的“体系”。

本辑继续设置“理论工具箱”栏目，这类似于现今流行的关键词介绍和研究，但我们更重视与关键词原有含义的协商和修正。诺特教授对“表征危机”以及我本人对“比较”概念的再赋义，都是朝着这一方向的努力。克格勒教授的论文对于我们了解何为“批判阐释学”及其最新发展颇有帮助，也可以被作为一种放大版的“理论工具箱”。其实，致力更新知识、生产新知识一直是我们的初心所愿。

建构中国人的学术自信离不开与国际同行的“学术互鉴”。虽然目前学术评价体系不重视甚至排斥“译文”，但为了发展中国学术，我们还是要坚持《差异》多年来的“引进”传统。在一个全球化时代，中外双方“不打交道是不行的”，而“翻译”则是最基本的“打交道”，是“学术互鉴”乃至“文明互鉴”的第一步。

金惠敏

2023 年 11 月 16 日夜于成都双流文星花园

著作权使用声明